CON
BOOK.

Clemens Sehi • Anne Steinbach

BACKPACKING IN PAKISTAN

Unsere Reise durch ein verborgenes Land

Für Foto- & Videomaterial des Abenteuers einfach die QR-Codes scannen und miterleben!

MIX
Papier aus verantwortungsvollen Quellen
FSC® C014496
FSC www.fsc.org

1. Auflage

www.conbook-verlag.de

Fotos im Bildteil: Clemens Sehi, Anne Steinbach
Einbandgestaltung: Birgit Kohlhaas, kohlhaas-buchgestaltung.de
Karte: Peter Palm, Berlin
Satz: Röser MEDIA, Karlsruhe
Druck und Verarbeitung: GGP Media GmbH, Pößneck

Printed in Germany

ISBN 978-3-95889-327-6

»Die gefährlichste Weltanschauung ist die Weltanschauung derer,
die die Welt nie angeschaut haben.«

Alexander von Humboldt

Prolog

Clemens | Wie der rotierende Lichtkegel eines Leuchtturms durchsäbelt das Blaulicht unseren Toyota, so grell, dass es in den Augen wehtut.

Wir sind auf dem Weg vom Norden Pakistans in die Hauptstadt Islamabad. Unsere nächtliche Route führt 500 Kilometer durch karges Gebirge und damit unweigerlich durch den Teil des Landes, dem der Ruf als Taliban-Gebiet vorauseilt. Seit vielen Jahren hält die islamistische Terrorgruppe die ansässige Polizei in Atem.

Nach zwei Tagen am Fuße des Nanga Parbat reisen wir faktisch mit Magen-Darm und Höhenkrankheit, dafür aber ohne Reisepass. Den hat uns der Polizeichef im schwer bewachten Checkpoint abgenommen. Und wir? Wir werden von seinen Lemmingen durch die Nacht eskortiert: ein Polizei-Pick-up vor uns, einer hinter uns.

Es gab viel Gegenwehr gegen unser Vorhaben: Diese Region sei viel zu gefährlich, um uns alleine fahren zu lassen, zu gefährlich für eine Nachtfahrt auf den Serpentinen. Ohnehin gebe es zu viele Überfälle, gerade in der Nacht. Das skeptische Gesicht des Polizeichefs haben wir jetzt, in der Dunkelheit, immer noch vor Augen. Zumindest bis das Blaulicht das nächste Mal seinen Weg zu uns findet und unseren Wagen wie eine Discokugel beleuchtet.

Von Langeweile und Müdigkeit kann jedoch nicht die Rede sein. Unser Blick aus dem Auto fällt zwangsläufig auf den Pick-up vor uns. Auf zwei Bänken sitzen sich zwei Polizisten in kastenförmiger Uniform gegenüber. Sie halten ihre Kalaschnikows fest in beiden Händen, eine Hand an der Schulterstütze, eine am Handschutz, sodass sie im Notfall sofort bereit wären, um kompromisslos einzuschreiten. Ihre nervösen Blicke durchsieben das Gelände nach potenzieller Gefahr durch in den Felsen lauernde Taliban. Ihre Augen inspizieren jeden Zentimeter des Terrains, erst links des unebenen Schotterwegs, dann rechts. Ab und zu geht der prüfende Blick zu den Kollegen im Pick-up hinter uns, und eine kurze Handbewegung gibt die Meldung durch, dass alles im grünen Bereich ist.

Dann, mit einem Mal, reißt einer seine Taschenlampe vom Gürtel und zeigt ruckartig in eine dunkle Ecke abseits des Weges. Völlig apathisch leuchtet er das Gestein ab. Seine Augen weiten sich mit jeder Millisekunde. Seine Hand wird immer zittriger. Was eigentlich in Sekundenschnelle passiert, erleben wir wie in Zeitlupe. Im größten Schockmoment bleiben mit dem Herz auch die Gedanken stehen. Es wirkt, als sei plötzlich die Filmrolle gerissen, und alles, was man hört, ist das Klackern des Filmprojektors, in dem sich die Spule immer und immer weiter dreht. Klack, klack. Klack. Klack.

Pakistan? Das ist doch verrückt

Anne & Clemens | Wir leben im goldenen Zeitalter des Reisens. Jedes Jahr reisen mehr als eine Milliarde Menschen ins Ausland, mehr denn je in der Geschichte der Menschheit. Noch nie gab es so viel Information, um uns davon zu überzeugen, dass wir reisen sollten, um uns zu sagen, wohin wir reisen sollten, um uns anzuweisen, was wir tun sollten, wenn wir dort ankommen. Einfacher als heute war das Reisen noch nie.

Warum aber verlassen wir überhaupt unser trautes Heim? Vereinfacht gesagt, geht es beim Reisen um Tapetenwechsel. Es geht um Ruhe und Entspannung, um Flucht vor dem Alltag und Abenteuer, um Aufregung und Genuss. All das gibt es heute per Klick in Sekundenschnelle auf dem Silbertablett serviert. Das leckerste Streetfood in Thailand? Ist schnell ergoogelt. Die beste Rooftop-Bar in New York? Steht im Reiseblog des Vertrauens. Bleibt die Frage: Wann ist Reisen eigentlich so langweilig geworden?

Der Drang, Neues zu entdecken, ist tief in uns verwurzelt. Schließlich stammt unsere Spezies aus Afrika und ist von dort aus bis zu den entferntesten Stellen des Planeten gelaufen. Ziemlich beeindruckend, oder? Mit anderen Worten: Wir sind Nomaden. Der Wunsch zu reisen ist ein Teil unserer evolutionären Verfassung. Er liegt uns im Blut. Ob Mikroabenteuer in den bayerischen Alpen, Camping-Urlaub in Italien oder ein mehrmonatiger Roadtrip durch Neuseeland – all das sind nichts anderes als moderne Versionen unseres ewigen Entdeckungsdrangs.

In einer Welt, die bis in die entlegensten und unzugänglichsten Winkel vermessen ist, in der man auf den kleinsten Südseeinseln Handyempfang hat und Teile der Antarktis mit Google Street View erfasst wurden, sind wir dennoch längst keine Entdecker mehr. Haben wir unserem Entdeckergen die Lebensgrundlage entzogen?

Immer wieder verlassen wir unser Zuhause, weil dem Reisen ein befreiendes Gefühl innewohnt. Es geht mit einer gesunden Portion Ungewissheit einher – besonders dann, wenn es herausfordernd ist und uns dazu zwingt, unsere ganz persönlichen Grenzen auszuloten.

Wir reisen auch, um uns ein Stück weit zu verlieren und uns selbst neu zu finden. Das weiß jeder, dem bei der Heimreise schon einmal merkwürdig wehmütig ums Herz wurde, jeder, der am Flugzeugfenster eine kleine Träne verdrückte.

Wir reisen, um mehr über diese Welt zu erfahren. Wir reisen, um einen Einblick davon zu bekommen, wie andere Menschen leben. Um zu sehen, wie sie wohnen, was sie zum Frühstück essen und wie sie Geburtstage feiern. Wir reisen, um zu verstehen, wie andere die Welt sehen und wie ihr Glaube, ihre Kultur, ihre Bräuche und ihre Geschichte ihre Weltanschauung prägen.

Nein, beim Reisen geht es nicht einfach nur darum, neue Orte zu sehen, die wir vorher noch nicht gesehen haben. Es geht darum, die Welt mit neuen Augen zu entdecken, wie ein Neugeborenes, das sie zum ersten Mal öffnet. Genau hier, an den entlegensten Orten der

Welt, fühlt sich jeder Moment wieder so an wie am allerersten Tag. *Rewind!* Alles auf null.

Pakistan ist ein Land, über das jeder eine Meinung hat, und das, obwohl es die meisten doch nur aus Zeitungen und Breaking News kennen. Wie viele Menschen fällen ein Urteil, ohne zu sehen und zu verstehen? Wie viele reisen, ohne wirklich hinzuschauen?

Wir wollen dir daher die gleichen Fragen stellen, die wir uns bei dem Entschluss, diese Reise zu machen, gestellt haben.

Hand aufs Herz: Woran denkst du, wenn du an Pakistan denkst? Vielleicht dass es irgendwo bei Indien liegt? Oder dass es ein islamisches Land ist und dass die Menschen an Allah glauben?

Welche Bilder hast du im Kopf? Vielleicht denkst du auch an Großstadtmoloche, an dichten Smog und daran, dass zu viele Menschen auf zu kleinem Raum leben.

Oder du assoziierst Pakistan mit kriegerischen Auseinandersetzungen und Terrorakten – mit Koranschulen, Taliban, Al-Qaida, 9/11 und Osama bin Laden.

Die Wahrscheinlichkeit ist groß, dass wir mit mindestens einer Vermutung richtig liegen. Haben wir recht?

Eines wollen wir klarstellen: Wir sind nicht hier, um dich eines Besseren zu belehren. Denn wir wussten es vor unserer Abreise nach Pakistan vermutlich auch nicht besser. Für uns war diese Reise keine Mutprobe. Wir wollten uns keiner Gefahr aussetzen. Und doch wussten wir, dass uns ein Land erwartet, das uns vor mehr Hürden stellen könnte als zuvor Indien, Senegal, Ghana, der Iran oder der Libanon. Pakistan könnte ein ganz anderes Kaliber werden, eine echte Herausforderung. Aber wer weiß das schon, ohne loszuziehen, um es in Erfahrung zu bringen.

Unser Plan? Wir hatten keinen Plan. Nur ein Flugticket nach Islamabad und zurück von Karatschi. Außerdem eine Unterkunft für die erste Nacht und eine Eintragung in der Krisenvorsorgeliste des

Auswärtigen Amts, die mehr unsere Eltern beruhigen soll als uns. Wir hatten keinen Zeitplan, keine Termine. Die Route? Es geht vom Norden in den Süden. Die Zwischenstopps lassen wir auf uns zukommen.

Ob es einfach wird, auf eigene Faust durch Pakistan zu reisen? Ob uns Hürden in den Weg gelegt werden? Wo wir schlafen werden? Und ob es auch mal so richtig gefährlich werden kann? Wir wissen es nicht. Wir wollen es selbst herausfinden. Auf ins Abenteuer! Kommst du mit?

Destination: Unbekannt

ISLAMABAD

Clemens | Als wir in den Sinkflug gehen, zeigt meine Armbanduhr genau 04:03 Uhr. Viel zu früh am Morgen, um sich darüber bewusst zu sein, dass es gleich losgeht, das Abenteuer Pakistan.

Der Pilot von TK710 kennt kein Erbarmen. Seine Durchsage scheppert so gnadenlos aus den Lautsprechern über den Sitzen, dass es mich aus dem Tiefschlaf reißt. Das Cockpit will uns unmissverständlich wissen lassen: »Wir! Landen! Gleich!« Damit haben wir also Gewissheit. Jetzt gibt es kein Zurück. Da hilft auch mein ausgiebiges Augenreiben nicht.

In dem Moment, in dem wir die Reiseflughöhe verlassen, stellt sich ein ganz eigenartiges Gefühl ein. Der Druck in meinem Ohr wird immer größer und lässt meine Augen so weit aufreißen, dass ich nicht merke, wie ich aufhöre zu blinzeln. Meine Gedanken kommen mir wirr und unentschlossen vor, sie pendeln zwischen kindlicher Neugier und erwachsener Achtsamkeit wild hin und her wie ein kaputtes Metronom. Wo ich gerade noch selig schlummerte, bohren jetzt tausend Fragen Löcher in mein Nervenkostüm.

Kann man durch ein Land reisen, dem ein schlechter Ruf vorausgeht? Einer, der von Taliban, Terroranschlägen und Osama bin Laden erzählt? Pakistan ist ein weißer Fleck auf der Reiselandkarte, ausgefüllt nur durch das, was wir aus den Medien kennen.

Der Inflight-Screen teilt mir mit, dass ich mich physisch genau 10.324 Meter über den südwestlichen Ausläufern Islamabads befinde. Mental aber bin ich irgendwo zwischen ›Was machen wir hier eigentlich‹ und ›Wird schon alles irgendwie‹. An dieses Gefühl sollte ich mich besser gewöhnen.

Schlagartig bin ich hellwach, im Gegensatz zum zartrosa schimmernden Himmel. Auch Anne, die bis eben noch meine Schulter weichgelegen hat, sitzt jetzt kerzengerade neben mir. Durch das beschlagene Flugzeugfenster sieht die Landschaft märchenhaft verschlafen aus, aber auch ungewöhnlich nichtssagend. Fast so, als hätte sie jemand amateurhaft mit einem viel zu breiten Pinsel und dunkel gepanschter Farbe in das Tal hineingemalt. Statt eines kunstvoll arrangierten Lichtermeers begrüßt uns ein eintöniges Nebelfeld mit nur spärlichen Lichtakzenten. Seit wann hat Grau eigentlich so viele Nuancen? Meine Augen wollen nicht von der aufwachenden Szenerie lassen. Meine Nase klebt an der kalten Plexiglasscheibe. Wie ein kleines Kind kauere ich mit meinen fast 1,90 Metern Körpergröße am tief verbauten Flugzeugfenster.

»Bing!« Über den Köpfen der Passagiere leuchten Anschnallzeichen auf. Zwei Stewardessen beginnen von beiden Seiten der Kabine mit einem abschließenden prüfenden Gang. »Bitte anschnallen!« »Sind Sie angeschnallt?« Die Anweisungen kommen nicht nur in Dauerschleife daher, sondern Reihe für Reihe immer näher, während die Silhouette von Islamabad mehr Kontrast bekommt. Konturen werden stärker, Lichtpunkte heller. Allmählich zeichnen sich dahinter auch die sanften

Margalla Hills ab, an die sich die Hauptstadt im seichten Morgenlicht schmiegt wie an ein kuscheliges Kissen. Guten Morgen, Islamabad!

Touchdown um 04:40 Uhr, Pakistan Standard Time. Die Passagierbrücke ist stark heruntergekühlt. Darin würden auch die hartnäckigsten Viren und Bakterien freiwillig tot umfallen. Die große Ankunftshalle wirkt nigelnagelneu: hohe Decken, viel Glas und noch mehr Chrom. Eine imposante Wanduhr thront über dem Geschehen, und grelle LED-Monitore weisen den Weg zur Passkontrolle. Der Islamabad International Airport begrüßt uns wie jeder andere moderne Flughafen auch.

Bei Immigration Officer Nr. 8 ist die Schlange am kürzesten. Wir reichen unsere zerfledderten Reisepässe über den Tresen. Er ist so sorgfältig poliert, dass ich darin mein Spiegelbild beobachten kann, während der Einreisebeamte durch unsere Länderstempel blättert, wie durch eine wertvolle Briefmarkensammlung. Sie scheint ihn allerdings wenig zu beeindrucken.

»Wie lange bleibt ihr in Pakistan?«, nuschelt er, ohne aufzuschauen. Kein Funken einer Melodie liegt in seiner Stimme.

»Vier Wochen«, antwortet Anne ähnlich monoton.

Stille. Ich kann den Sekundenzeiger bis hierher hören. Für eine halbe Minute kreist der Einreisebeamte mit seinem Caran-D'ache-Kugelschreiber 849 in Saphirblau über einem leeren Blatt Papier, und dann schießt er eine zweite Frage hinterher, diesmal deutlich druckvoller und mit einer bedeutungsschwangeren Betonung: »Was wollt ihr in Pakistan?«

Erst jetzt treffen sich unsere Augen. Die meinen, laut Reisepass grün-braunen und westeuropäischen, mit den seinen: tiefen, dunklen. Solchen, die über einen Menschen mehr erzählen können, als jedes Wort es vermag, und sie erzählen mir gerade vor allem, dass wir extrem aufpassen müssen, was wir sagen. Denn seine Frage nach der Intention unserer Reise garniert er mit einem Blick, der so misstrauisch ist, dass er uns schneidet wie ein leicht erwärmtes Buttermesser.

»Reisen!« Ich versuche genauso sachlich zu bleiben wie er. Hoffentlich will er nicht wissen, was wir genau vorhaben. Dann müsste ich ihm erzählen, dass wir zuerst in den Norden in die Region Gilgit-Baltistan reisen wollen (ein Rückzugsgebiet der Taliban), dann nach Peschawar im Osten (an der Grenze zum nächsten Problemherd: Afghanistan), danach an die Grenze mit Indien (dem ewigen Erzfeind) und zuletzt einmal quer durchs Land bis nach Karatschi am Persischen Golf (eine der gefährlichsten Städte der Welt, wo gleich mehrere Nationen ihre Schlachtschiffe im Arabischen Meer Gassi führen). Ja, das könnte definitiv ein längeres Gespräch werden. Vorsichtshalber füge ich besänftigend hinzu: »Tourismus.«

Wieder übertönen meine Gedanken darüber, ob wir uns gerade richtig in die Scheiße reiten oder nicht, eine sekundenlange Stille. Kurz scheint die Zeit in Islamabad stillzustehen. Unsere Augen heften aneinander wie ein Klettverschluss.

Es gibt Reiseländer, die Backpacker förmlich anlocken: zum Beispiel Thailand, Indonesien und Vietnam. Alle drei sind Klassiker unter den Individualreisenden. Sie bieten günstige Unterkünfte, wilde Nachtmärkte, dampfendes Streetfood auf den Nachtmärkten und günstige Transportmittel, die von Stadt zu Stadt und von Land zu Land fahren. Alles zum Schnäppchenpreis, versteht sich.

Auch Pakistan wurde im Jahr 2013 vom Lonely Planet als *»next big thing«* gehandelt, das nächste große Reiseland. Der Tourismus im Land blieb seither trotzdem auf Sparflamme. Im Jahr 2018 machte CNN Pakistan zum »am besten gehüteten Geheimnis« in Sachen Abenteuerreisen. Ein Geheimnis, das der Einreisebeamte nicht zu kennen scheint. Seine verhaltene Reaktion lässt zumindest vermuten, dass das Wort »Tourismus« bei ihm nichts auslöst.

Der Mann mustert Anne, dann wieder mich. Und dann kann ich seine Mundwinkel dabei beobachten, wie sie bedächtig nach oben wandern. Scheint ein anstrengender Klettersteig zu sein. Erst ist nur eine klitzekleine Erhebung zu erkennen, dann bilden sich in seinen wohlgeformten Wangen tiefe Grübchen, bevor er über das ganze Gesicht strahlt und es aus ihm heraussprudelt: »*Welcome to Pakistan!*«

Puh! Endlich eine Aussage, aus der man keine Zweifel herauslesen kann und keinen prüfenden Unterton. Endlich Worte, die uns nicht auf die Finger fühlen, sondern vor allem eines sind: ehrlich. Ein aufrichtiger Willkommensgruß. Der erste Schritt wäre getan.

Am Gepäckband drehen unsere Backpacks schon die eine oder andere Ehrenrunde. Wir aber müssen uns erst mal durch andere Passagiere kämpfen, die am Nebenband auf ihr Gepäck warten. Sie alle sind in strahlend weiße Gewänder gehüllt, die wie eine Mischung aus Bademantel und Yukata anmuten, dem traditionellen Kimono eines Sumoringers. Manchmal sind es auch improvisierte Outfits aus Frottee-Handtüchern, die leger um die Hüften gebunden wurden. Der klinische Geruch des Flughafens mischt sich mit einem charakteristischen Moschusgeruch, der erst einmal für eine Weile in der Nase bleibt.

Wie ein menschlicher Scanner schaue ich mich um und sinniere über die ungewöhnlich abgestimmten Outfits, da höre ich eine tiefe Stimme. Sie ist so laut, als stünde der Mann genau neben meinem Ohr. Dann schallt ein lang gezogener Ton durch die Gepäckhalle und kommt als Echo von den hohen Wänden zurück, was die Wirkung noch verstärkt: »*Allaaaa…*« Plötzlich kommt Bewegung in die Menschenmasse. Mit einem stumpfen »*…hu akbar!*« vollendet die Stimme ihre Botschaft – Gott ist der Größte, ruft sie. Wieder ertönt die Stimme, und jetzt merke ich auch, dass sie aus dem Lautsprecher kommt, der über uns an der Decke hängt.

Der Ruf des Muezzins lässt alle Anwesenden auf den Boden knien, mal zwischen den Gepäckbändern, mal in einer Ecke. Sie rollen kleine Teppiche aus und beugen sich darauf in dieselbe Richtung. Dann drücken sie ihre Stirn fest auf den Boden. Zeit für das Morgengebet, für das es keinen speziellen Ort gibt, dafür aber eine Himmelsrichtung: Mekka. Wieder schallt der Singsang aus den Boxen: »*Allahu akbar!*«

Die Anzeigetafel des Gepäckbands erklärt auch ihr weißes Gewand. Der Flug kommt aus Dschidda, einer saudischen Hafenstadt am Roten Meer, die als Tor zu Mekka gilt, der heiligsten Stadt des Islams und zugleich Geburtsort des Propheten Mohammed und des Glaubens selbst. Das weiße Outfit ist also nicht der neuste pakistanische Schrei in Sachen Mode, sondern die traditionelle Kleidung auf der Haddsch, der islamischen Pilgerfahrt. Und die Passagiere dieses Fliegers sind, na klar, auf dem Rückweg aus Mekka.

Meine Gehirnzellen schlagen Purzelbäume. Die Betenden murmeln leise vor sich hin und legen einen beruhigenden Soundteppich über die Ankunftshalle. Mehrmals am Tag wenden sich also alle Muslime derselben Richtung zu. Nicht Hunderte oder Tausende, sondern allein in Pakistan rund 200 Millionen Menschen.

Anne | Pakistan und uns trennt nur noch eine Schiebetür. Sie ist mit einer undurchsichtigen Folie beklebt. Darüber prangen vier dicke knallrote Buchstaben: E, X, I und T. Ich fühle mich wie eine Kandidatin bei der Mini Playback Show, die kurz davor ist, durch die Zauberkugel zu gehen und in einer anderen Welt zu landen. Ich bin nervös, merke ein Stechen im Magenbereich. Die Tür öffnet sich viel schneller als gedacht, und schon steht sie vor uns, die pakistanische Realität in Form einer Traube von Männern. Alle Augen landen auf mir. Schade, von Marijke Amado keine Spur. Stattdessen schauen mich etwa 50 Männer mit langen ergrauten Bärten und dicken braunen Filzumhängen an. Einige von ihnen tragen die passenden Mützen, die sie leger schräg auf dem Kopf liegen haben. Sie mustern mich von oben bis unten und von vorn bis hinten, wo mein riesiger Backpack meinen Rücken leicht zurückzieht. Auch ich mustere die Menschenansammlung von links nach rechts, von rechts nach links. Und mir fällt auf: Niemand achtet auf die anderen Passagiere, auf die Pilger, die aus Dschidda zurückkommen und mit ihren weißen Umhängen durch das Airport-Gebäude zu schweben scheinen. Auch Clemens ist Luft für die Männer. Alle Blicke sind auf mich gerichtet, auf die europäische Touristin mit dem riesigen Rucksack auf dem Rücken.

Für mich gehören die ersten Minuten an einem neuen Ort zu den spannendsten. Es sind die Momente, in denen mir fremde Gerüche auffallen, in denen ich das erste Mal fremden Menschen einer noch fremderen Kultur in die Augen blicke. Ich spüre, dass ich mich erst wieder warmlaufen muss, um in den Rhythmus zu kommen, wie ein altes Auto, das lange nicht bewegt wurde. Langsam nehme ich dann alles um mich herum wahr, sauge Eindrücke auf und verarbeite sie ganz automatisch in den Tiefen meines Bauchs, wo seit Sekunden sowieso schon das Adrenalin vor sich hin köchelt. Und dann, wenn ich angekommen bin und diese paar Sekunden, die sich wie Stunden anfühlen, verarbeitet habe, dann kann es starten. Dann brettert der bis eben noch schlummernde Motor hinein in das neue Abenteuer. Das neue Land. Die neue Kultur.

Bisher besteht all die vor allem aus Hunderten Männeraugen. Ein komisches Gefühl. Vor allem wenn sie mich mit ihren Blicken gleichzeitig ausziehen. Ich spüre sie überall. Auf meiner Brust, an meinen Beinen und sogar an meiner Hüfte, und die ist nun wirklich nicht spektakulär. Und all das, obwohl ich mich schon vor unserem Weiterflug von Istanbul nach Islamabad in passende Kleidung geworfen habe. Mein Körper und alle weiblichen Rundungen sind bedeckt von einer lockeren schwarzen Stoffhose, einem langärmligen, dünnen hellroten Pullover, der weit über den Po reicht, und um meinen Hals hängt ein Tuch, das meinen Oberkörper verdeckt. Und doch fühle ich mich nackt.

Pakistan-Lektion #1: Frauen sollten keinerlei Rundungen zeigen sowie Knie und Schultern verdecken. Auch bei Männern werden kurze Shirts und Hosen nicht gern gesehen.

Clemens | Während uns die Köpfe wie beim Tennis folgen, manövrieren wir uns aus dem Pulk heraus und begeben uns direkt in die Fänge der Marktschreier, die wir von vielen anderen Flughäfen der Welt kennen: der mehr oder weniger offiziellen Taxifahrer.

Gleich vier Männer mittleren Alters reden gleichzeitig auf uns ein, einer wilder und schneller als der andere. Ihre Aussprache des Englischen klingt wie jene, die man von indischen Charakteren in Filmen und TV-Serien kennt: Die Wortwahl ist sehr gut, aber der für westliche Ohren ungewohnten Melodie wohnt ein spezieller Charme inne.

Anne beäugt jedes Schild über unseren Köpfen ein zweites und drittes Mal, auf der Suche nach den magischen drei Buchstaben ›ATM‹. Doch davon keine Spur.

Bevor ich eine adäquate Lösung parat habe, fällt uns einer der Fahrer ins Wort: »Geld?«

Ich bin anscheinend nicht der Einzige, für den Annes Augen ein offenes Buch sind. Der ambitionierte Fahrer gibt vor, uns einen Geldautomaten zeigen zu können. Ja, er würde uns sogar hinführen. Wir stehen mit dem Rücken zur Wand. Sollten wir um halb sechs am Morgen mit einem fremden Mann um die Ecke gehen und hoffen, dass da tatsächlich ein Geldautomat steht? Klingt ziemlich fahrlässig. Oder sollten wir lieber ablehnen und, bis es hell wird, einen Plan B, C oder D machen?

Annes Bauchgefühl entscheidet sich für die unvernünftige Variante. Als wäre damit auch die Taxifahrt ins 50 Kilometer entfernte Islamabad bereits in trockenen Tüchern, lassen seine Konkurrenten abrupt von uns ab. Der potenzielle Bankautomatenräuber führt uns aus der Ankunftszone heraus und über eine Treppe ins obere Stockwerk. Er geht voran, wir schwanken, mit unseren dicken Backpacks beladen, wie eine Ameisenkolonne hinterher. Unsere Mission endet fürs Erste vor einem Eingang und zwei mit Kalaschnikows bewaffneten Polizisten.

»ATM?«, rufe ich ihnen fragend zu und deute dabei auf eine Schiebetür.

Keine Reaktion.

Der Taxifahrer ergreift das Wort in einer mir völlig unbekannten Sprache, die wie Hindi klingt, gepaart mit einem Hauch Arabisch. In Pakistan sind mehr als 50 verschiedene Sprachen verbreitet. Die Wahrscheinlichkeit, dass ich eine davon spreche, liegt bei genau null.

Seine Ansprache scheint jedoch gewirkt zu haben. Nach einem händischen Sicherheitsscreening und einem zusätzlichen Gang durch den Körperscanner, habe ich mein Ziel erreicht. Mein Gepäck, mein Handy und Anne muss ich draußen zurücklassen.

Anne | »Seid ihr verheiratet?«, fragt mich einer der Polizisten. Es ist der jüngere von beiden. Seine Statur ist schmal, aber muskulös, sein Camouflage-Anzug vorbildlich gebügelt.

 # Pakistan-Lektion #2: Als Paar einfach als verheiratet ausgeben, das erspart eine Menge Stress.

»Ja, sind wir.« Die Antwort habe ich mir schon längst bereitgelegt. Ein Allheilmittel, um lästige Fragen zu umgehen und einfach nur innerhalb von Sekunden den eigenen Standpunkt klar zu vermitteln. Dass Clemens und ich nicht verheiratet sind, das muss jetzt niemand wissen. Pakistan gilt als eines der konservativsten Länder der Welt. Die Beziehung zwischen Mann und Frau passiert hier hinter verschlossenen Türen und Fenstern, so kennen wir es zumindest aus anderen muslimischen Ländern wie Indonesien, dem Libanon und dem Senegal. Aber ehrlich, wie genau es funktionieren wird, als Paar durch Pakistan zu reisen: keine Ahnung. Für jetzt sind wir verheiratet, und das sogar ohne Ring am Finger.

»Wie lange seid ihr in Pakistan?«, bohrt der Polizist weiter. Ein dicker Aufnäher prangt über seiner rechten Brust. Eine weiße Mondsichel und ein fünfzackiger Stern auf grünem Grund – die Flagge Pakistans. Dabei ist das Dunkelgrün als Farbe des Islams auch ein Symbol für die Muslime, die mit 96,4 Prozent die klare Mehrheit im Land sind. Daneben ist in lateinischer Schrift »Burki« auf sein Namensschild genäht. Ich finde, der Name passt, auch wenn es nur der Nachname ist. Er passt zu seinem jugendlichen Auftreten und zu seiner schmalen Figur.

»Wir bleiben einen Monat.« Dieses Mal lüge ich nicht.

Ein Grinsen macht sich auf seinem Gesicht breit. »Wow«, ruft er und übersetzt meine Aussage seinem Kollegen, der sein Vorgesetzter sein könnte. Er ist älter, seine Schläfen bereits angegraut, und neben seinem Namensschild kleben etliche Auszeichnungen wie kleine Fähnchen in verschiedenen Musterungen.

Aus dem anfänglichen Verhör wird der erste richtige Smalltalk. Dabei habe ich ganz vergessen, auf Clemens zu achten, der immer noch hinter der dicken Scheibe am Geldautomaten steht.

»Kein Problem«, beruhigt mich Burki, der in meinen Kopf gehorcht haben muss. »Das ist Pakistan. Alles ist ein bisschen langsamer«, erklärt er.

Clemens | Ich bin kurz davor, aufzugeben. Erst beim achten Anlauf rattert es endlich im Inneren des Automaten. Kurz darauf schießt ein Geldbündel von 17.000 pakistanischen Rupien aus dem Schlitz. Das macht umgerechnet etwas mehr als 100 Euro in kleinen Scheinen – fast zu viel für meinen schmalen Geldbeutel. Er ist jetzt so prall gefüllt, als hätte er sich überfressen.

In Pakistan gibt es neben regulären Taxis sowohl den Fahrdienstvermittler Uber als auch die Nahost-Variante Careem. Vorbereitet, wie wir als ordentliche Deutsche sind, haben wir uns bereits informiert und den Fahrpreis vom Flughafen in die Stadt notiert. Nicht bedacht haben wir allerdings, dass so früh am Morgen noch kein offizieller Fahrer unterwegs ist.

»Fahrzeuge in Ihrer Umgebung: null«, zeigt die App an. Läuft bei uns. Umso weniger überrascht es, dass unsere männliche ATM-Eskorte das Vierfache des Standardpreises verlangt. Die Frage nach seiner Taxilizenz hat sich damit auch geklärt.

Wir schalten mit unseren deutschen Reiseweltmeisterqualitäten in den nächsten Gang: auf Verhandeln.

»Ich habe ein wirklich modernes Auto«, versucht der Fahrer es mit einem weiteren Lockmittel.

Wir handeln ihn noch um die Hälfte herunter und schlagen darauf ein. Die Bezeichnung »modern« ist, wie sich auf dem Parkplatz herausstellt, nicht ganz präzise. Sein Suzuki Alto ist eine alte Schrottmöhre. An der Stoßstange und der Fahrertür klaffen Dellen, der Lack ist an vielen Stellen abgeblättert, und das Sitzpolster müffelt nach Raucherkarre. Über so was wie den TÜV könnte er nur lachen. Kaum ist der Schlüssel in der Zündung, wummert pakistanische Musik aus den Lautsprechern. Schon nach wenigen Kilometern passt sich unser Herzschlag dem einlullenden Beat an.

Der Schwarze Afghane

ISLAMABAD

Clemens | Unser Fahrer stellt sich als Momi vor. Er ist kräftig gebaut mit breiten Schultern. Sein Polohemd ziert ein kleiner Aufnäher: »Polo Ralph Laurel« steht drauf. Der Rechtschreibfehler fällt mir erst auf den zweiten Blick auf.

Kaum haben wir den Flughafen hinter uns gelassen, redet er wie ein Wasserfall, als wäre die Fahrt ein Vorstellungsgespräch. Ich aber bin noch zu müde für eine richtige Unterhaltung, und mein Kopf ist ganz diesig. Wieso ist er überhaupt schon so wach? Und konzentriert er sich beim ständigen Umdrehen zur Rückbank eigentlich auf die Straße?

Momi ist neugierig: »Was wollt ihr denn gerade in Pakistan? Ihr könnt mit eurem deutschen Pass doch überall hin«, ergänzt er und hat sehr wohl recht damit. Das belegt der jährliche Henley Passport Index. Er analysiert, basierend auf Daten des internationalen Dachverbands der Fluggesellschaften, wie frei und ungehindert von Visabestimmungen und Einreisebeschränkungen sich die Bürger eines Landes dank ihres Reisepasses im Rest der Welt bewegen können. Das Ergebnis im Jahr 2019: Deutsche können derzeit in 187 Staaten einreisen, ohne vorher ein Visum beantragen zu müssen. Nur Bürger aus Japan und Singapur können noch mehr Länder visumfrei bereisen, und zwar 189. Pakistan hingegen landet mit 30 Ländern, in die visafrei eingereist werden kann, abgeschlagen auf einem der letzten Plätze, unterboten nur noch von Syrien (29), Irak (27) und Afghanistan (25).

Momi argumentiert weiter: »Also wir Pakistaner dürfen ja kaum einfach so irgendwo einreisen. Wisst ihr, wenn ich einen deutschen Pass hätte, ich würde überall hinreisen, nach Amerika, Thailand, Australien, Frankreich oder England, aber doch nicht nach Pakistan!«

»Wir wollen einfach schon sehr lange nach Pakistan, wir wollen das Land kennenlernen«, erklärt Anne unsere lang gehegten Reiseträume.

Wieder dreht er sich hastig zu uns um. Diesmal aber reißt er seine Augen so weit auf, dass man Angst hat, seine Augäpfel könnten herauskullern. »Ja, wirklich?«, prustet es aus ihm heraus. Er lacht dabei mit einer tiefen Bärenstimme in seine große, fleischige Hand hinein.

Ja, wirklich.

»Raucht ihr Shit?«, ruft Momi gut gelaunt zu uns nach hinten und hat dabei ein kleines Etwas eng zwischen seinen schwarzen Fingern, die aussehen wie eine stark geräucherte Wildsalami. Er hält uns einen etwa zwei Zentimeter großen Klumpen Schwarzer Afghane unter der Nase und formt ihn in seiner Hand zu einem Würfel.

»Nein, nein, den rauchen wir nicht«, antworten wir.

Enttäuscht zieht er seine Hand zurück und schiebt sich mit der anderen einen Glimmstängel zwischen die gelb verfärbten Zähne. »Wirklich nicht?« Er scheint doch ziemlich erstaunt über unsere Antwort. »Es ist wirklich gute Qualität«, versucht er seine Ware anzupreisen, »die Beste.« Er würde uns ja auch einladen, ergänzt er mit eindringlicher Nettigkeit. Dabei dreht er den Batzen wie Knete zwischen seinen Fingern und fuchtelt damit herum. Dichter Rauch stößt aus seinem Mund und zieht sofort durch das leicht geöffnete Fenster wie in eine Dunstabzugshaube. Wie das Wageninnere liegt auch die Landschaft draußen in einem mystischen Dunst.

Nach fast einer Stunde ist die Straße besser zu erkennen. Sie ist so gar nicht das, was wir uns unter den Straßen in Pakistan vorgestellt hatten. Die Fahrbahn ist frisch geteert, die Straßenmarkierungen scheinen erst gestern gemalt. Kaum ein Auto ist unterwegs.

Anne | Vor ein paar Tagen sah es noch ganz anders aus. Da haben wir vom heimischen Wohnzimmer in Berlin-Friedrichshain aus die Aufnahmen von den Straßen Islamabads verfolgt. Sie waren dicht gefüllt mit Männern und schwarzen Flaggen, mit denen sie gegen die Freilassung der Christin Asia Bibi demonstrierten, die als erste Frau Pakistans 2010 wegen Blasphemie zum Tode verurteilt worden war. Die Bilder gingen durch alle deutschen Kanäle und ließen unsere Familien und unsere Freunde noch misstrauischer gegenüber unserer Reise werden.

 # Pakistan-Lektion #3: Gotteslästerung und jegliche Form der Blasphemie wird in Pakistan mit der Todesstrafe geahndet.

Der Grund für die Proteste war ein erneutes Aufflammen der Thematik. Genau eine Woche vor unserer Einreise war Asia Bibi vom Obersten Gerichtshof freigesprochen worden, ihr Urteil wurde fallen gelassen. Tausende von Menschen füllten daraufhin die Straßen in Islamabad. Sie rissen ihre Arme in die Höhe, wehten die Flaggen der dschihadistisch-radikalen Partei TLP durch die Luft und forderten Bibis sofortige Tötung. Jetzt fahren wir auf genau diesen Straßen, als das einzige Auto weit und breit, durch die morgendlich verschlafene Großstadt. Und doch schweifen meine Gedanken immer wieder zurück zu den Bildern, die in Momis kleinem Dealer-Auto weit weg scheinen. Langsam kommen wir dem Zentrum näher, die Straßen werden noch breiter, die Gehwege grüner.

Gericht hebt Todesurteil auf

Pakistans Islamisten toben nach Freilassung der Christin Asia Bibi

(Quelle: Tagesspiegel)

Clemens | Unsere Unterkunft trägt den bezeichnenden Namen Exclusive Tourist Apartment, wobei sich das ›Exclusive‹ vor allem auf die Wohngegend bezieht, den Sektor F-8, das Zuhause der besser gestellten Gesellschaft und der meisten Botschaften. Das sagt, wie an vielen Orten dieser Welt, einiges über den Mietspiegel aus. Kein Wunder also, dass über fast jeder Straßenecke eine Überwachungskamera thront. Auch findet man keine Straßennamen weit und breit.

Das Hotel hat kein Schild vor der Tür. Nicht einmal an der Klingel finden wir einen Namen. Die Vorhänge sind zugezogen, die Scheiben verspiegelt. Über dem Eingang zeigt eine teetassengroße Sicherheitskamera genau auf unser vorgefahrenes Auto. Momi ist sich sicher, dass wir an der richtigen Adresse sind. Gemeinsam steigen wir aus und drücken den Klingelknopf aus schickem Messing. Keine Reaktion. Weder antwortet jemand über die Gegensprechanlage, noch ist Bewegung an den Vorhängen zu erkennen. Gerade wollen wir wieder in den Suzuki Alto steigen, da öffnet sich von innen das zwei Meter hohe Eingangstor.

Wir sind da!

Zum Abschied reicht uns Momi eine Visitenkarte mit seiner Handynummer darauf. »Sagt Bescheid, wenn ihr was braucht!« Dabei schaut er uns so aufgedreht an, dass ich mir nicht sicher bin, was er eher meint: einen Transport oder den Schwarzen Afghanen.

Freundschaftsanfrage versendet

ISLAMABAD

Clemens | Rashid dürfte an der 50 kratzen. Er trägt eine weite Leinenhose, glänzend polierte Lederschuhe und ein weißes Anzughemd, aus dessen Kragen schwarze Brusthaare herauswuchern. Genau dieselbe Farbe hat auch sein breiter Schnurrbart, der so perfekt voluminös und rundum getrimmt ist, dass ich ihn zuerst für eine Filmrequisite halte.

Kaum sind wir in den Honda Civic gestiegen, beugt sich Rashid zu seinem chinesischen Smartphone vor, das im festen Klammergriff einer Plastikhalterung von der Windschutzscheibe hängt. ›Pakistan Monument‹ ist darauf als Ziel angegeben. Und darunter ist die genaue Adresse zu erkennen: Shakarparian Hills, Islamabad, Islamabad Capital Territory, Pakistan.

»Dann wollen wir mal«, sagt Rashid und schaltet in den D-Modus seines Automatikgetriebes. Schon nach wenigen Kurven durch das Botschaftsviertel biegen wir auf eine sechsspurige Straße ab, den Kashmir Highway, der die Stadt exakt in der Mitte durchschneidet.

Rashid ist sichtlich erfreut über den besonderen Fang, den er mit uns gemacht hat. Immer wieder äugt er durch den schmalen Rückspiegel zu uns auf die Rückbank. Schauen wir zurück, huscht ein Lächeln über sein Gesicht.

»Wusstet ihr, dass früher Karatschi unsere Hauptstadt war, ganz im Süden am Arabischen Meer?«

Nein, das wussten wir nicht.

»Von der Unabhängigkeit Pakistans 1947 bis zum Jahr 1958. Dann sollte aber eine Stadt in einer besseren Lage gefunden werden, mit besserem Klima und so.« Er hält kurz inne und dreht sich zu uns um. »Na ja, die gab es aber nicht!« Er bricht in ein gelöstes Lachen aus, als hätte er gerade den Witz des Tages gemacht. Und obwohl wir überhaupt nichts Lustiges erkennen können, wirkt sein Lachen ansteckend. Also lachen wir mit.

Die Geschichtsstunde geht weiter. Wir erfahren, dass es eine Planstadt sein sollte. Sie sollte nordwestlich von Rawalpindi aus dem Boden gestampft werden, am Fuße der ersten Ausläufer des Himalayas, wo die Temperaturen wesentlich besser sind als im heißen Karatschi.

Als hätte er parallel zu seinen Erläuterungen eine Schautafel hingestellt, zieht Islamabad an der Fensterscheibe vorbei und unterstreicht seine Ausführungen. Es gibt breite Alleen. Die Straßen sind sauber. Parks und Gartenanlagen wirken wie abgezählt. Und die Straßen sind ähnlich kerzengerade wie in Mannheim oder Manhattan.

»Habt ihr denn die Sektoren schon verstanden?«

Islamabad wurde am Reißbrett entworfen und dabei kurzerhand in Sektoren unterteilt. Anstatt wohlklingender Namen für die einzelnen Stadtviertel, trifft man auf kryptische Bezeichnungen, gepaart mit einer farblichen Kennzeichnung: I-9, G-6/4, F-5/1 usw. Die Sektoren tragen eine Art Suchindex als Namen. Der Buchstabe steigt von Nord nach Süd an. Wird die Stadt erweitert, und das wird sie ständig, dann geht es einfach weiter im Alphabet. Wie es wohl wäre, wenn ich Islamabad in 50 Jahren besuchen würde? Würde ich dann vielleicht in Sektor X übernachten und in Y frühstücken gehen?

Das relativ junge Land Pakistan ist in seiner Entwicklung aber noch lange nicht am Ende, schon gar nicht was seine Bevölkerungsdichte angeht. Dabei liegen Pakistan und Deutschland einer aktuellen Statistik zufolge dahingehend gar nicht so weit auseinander. In Deutschland leben laut der jüngsten Bevökerungsprognose der Vereinten Nationen auf einem Quadratkilometer im Schnitt 232 Menschen. In Pakistan sind es 272. Soviel zum Status quo. In Zukunft jedoch wird eine riesige Kluft zwischen diesen Zahlen liegen, die immer größer werden wird. Denn während sich die Bevölkerung in Pakistan bis zum Jahr 2100 mehr als verdoppeln wird, soll die in Deutschland um ein Fünftel schrumpfen.

Die Steigung auf den letzten Metern zu den Shakarparian Hills schafft der neue Honda mühelos. Schon auf der Zufahrt wirkt das Pakistan Monument heroisch, vor allem, da sich dahinter das Panorama von Islamabad entfaltet, mit den Marghalla Hills als Kulisse, wie mit Wasserfarbe an den Himmel gemalt. Von oben lässt sich besonders gut erkennen, dass die Stadt am Reißbrett entstanden ist.

Wir schlagen Rashid vor, auf uns zu warten, dann würde die gemeinsame Erkundungstour durch die Hauptstadt nach unserer ersten Sehenswürdigkeit weitergehen. Wann bekommt man schon mal eine Geschichtslektion umsonst? Sein breites Grinsen heißt »Ja« auf Esperanto.

Das riesige, blütenblattförmige Monument von Islamabad wurde 2007 eröffnet. Es soll die Einheit der Pakistaner beschwören und ist, wie es die Macher selbst formulieren, all jenen gewidmet, die ihr ›Heute‹ für ein besseres ›Morgen‹ geopfert haben. Märtyrern also. Ob mit dem Morgen der Sektor Z gemeint ist?

Ich versuche, den monströsen Bau auf ein Foto zu bekommen, da spricht mich eine Gruppe junger Männer an, beziehungsweise derjenige von ihnen, der auserkoren wurde, den ersten Schritt zu machen. Doch er ist weniger an mir interessiert als an meiner Kamera, deutet auf meine schwere Spiegelreflex und möchte, dass ich ein Foto von ihm und seinen Freunden mache.

Schon stellen sich die Jungs in eine Pose, die ich nur von Actionfilmplakaten kenne. Die Körperhaltung ist lässig, der Blick cool. Klick, klick, klick. Ob ich ihm die Fotos zuschicken könne, fragt er, und ja klar, das kann ich machen. Aber erst, wenn ich sie auf meinen Laptop gezogen habe. Und der ist zu Hause in Deutschland. Ping! Ich habe einen WhatsApp-Buddy mehr: Samir und ich, wir wollen in Kontakt bleiben.

Wieder im Auto scheint es Rashid gar nicht abwarten zu können, das nächste Ziel unserer spontanen Tour zu erfahren.

»Faisal-Moschee«, sagt Anne mehr zum Rückspiegel als zum Fahrer.

»Das ist die schönste Moschee in ganz Pakistan«, lässt uns Rashid wissen. »Sie ist unser Wahrzeichen, schöner als alle anderen Moscheen im Land, ach was, in ganz Asien.«

Die nächsten 20 Minuten macht er zu einer kleinen Sightseeing-Tour. Aus Taxifahrer wird Geschichtslehrer wird Kurzzeitreiseleiter. Unsere Route geht vorbei an der Centaurus Mall, deren drei Türme wie riesige stählerne Pinnadeln aus dem flachen Stadtbild herausragen. Für den Einlass müssen Besucher laut Rashid einen Wertcoupon kaufen, den sie am gleichen Tag in den Shops des Einkaufszentrums einlösen können. In der öffentlichen Bekanntmachung wurden 23 Personengruppen aufgeführt, die die Eintrittsgutscheine nicht kaufen müssen. Darunter alle Frauen, Kinder unter zwölf Jahren, Senioren, Gesetzgeber und Führungskräfte, Diplomaten und Ausländer, Journalisten und Anwälte, Mitglieder von Country Clubs, eingetragenen Ingenieure, Ärzte und Lehrer. Ferner heißt es in der

Bekanntmachung, dass »berühmte Spieler von Hockey, Cricket, Fußball und Golf« und »Prominente« den Eintrittsgutschein nicht kaufen müssen. Mit anderen Worten dürfte Anne gleich dreimal umsonst hinein: einmal als Frau, einmal als Ausländerin und einmal als Journalistin. An der großen Cricket-Karriere arbeiten wir noch.

Als wir uns der Faisal-Moschee nähern, erklärt uns Rashid, dass sie die größte Moschee in Südasien ist, zumindest was die Kapazität angeht: Das Gebäude samt Außenbereich soll 300.000 Gläubige fassen. Heute hoffen Anne und ich auf weniger Besucher, das könnte sonst ganz schön anstrengend werden.

Als wir sie zum ersten Mal sehen, erscheint uns die Moschee jedoch überhaupt nicht so majestätisch, wie sie in Rashids Erzählungen klang.

»Da vorne, das ist sie!« Er deutet auf ein weißes Etwas am Ende der Straße, das eher an ein Raumschiff der *Star-Wars*-Saga erinnert als an eine Moschee, wären da nicht die vier Minarette, die sich an allen Seiten in die Höhe strecken.

Noch würde ich das angebliche Fassungsvermögen nicht unbedingt bestätigen wollen; noch ist sie ganz klein und wirkt wie ein Farbtupfer vor der fein gepinselten Bergkulisse.

»Sie ist unser Nationalsymbol«, platzt es stolz aus Rashid heraus. »Benannt wurde sie nach König Faisal von Saudi-Arabien«, erklärt er weiter. Das Panorama der Stadt habe dem König vom freistehenden Platz aus besonders gut gefallen. Die Finanzierung habe die saudische Regierung und damit Faisal persönlich übernommen. Erst nach seiner Ermordung im Jahr 1975 sei die Moschee nach ihm benannt worden.

Auf dem Parkplatz vor der Moschee ändert sich der Anblick schlagartig. Aus spacigem Raumschiff wird perfekte pakistanische Postkartenidylle. Und noch dazu ein echtes architektonisches Highlight. Das liegt daran, dass sie zwar erst 1986 fertiggestellt wurde, aber schon Ende der 1970er entworfen worden war. Und genau dieser 70er-Jahre-Touch ist unverkennbar und wirkt wundervoll futuristisch. Die harten Kanten, die strikten Strukturen, jedes noch so kleine Detail führt zusammen und flüchtet nach oben, zu Allah. Auch seine letzte Lektion erteilt Rashid liebevoll.

Wir sagen auf Wiedersehen und bedanken uns für die unerwartete Stadtrundfahrt.

Auf dem Vorplatz der Moschee sind wir mit Flo verabredet, einem Schweizer, den wir aus einer Facebook-Gruppe kennen und den wir heute bei einem der wichtigsten Gotteshäuser Pakistans zum ersten Mal treffen wollen. Andere Reisende kennenzulernen, das geht im Internetzeitalter schon lange vor der Abreise ins Abenteuer und kommt gerade in Ländern abseits der gängigen Backpacker-Reiserouten mit einigen Vorteilen daher, vor allem emotionalen. Je ungewöhnlicher und unbereister das Land, umso größer ist die Freude über eine neue, westliche Reisebekanntschaft. Im unbekannten Terrain begrüßt man sich wie alte Freunde, dabei hat man sich gerade zum ersten Mal gesehen. Einen Menschen aus dem gleichen Kultur- und damit Dunstkreis zu treffen hat dann fast etwas Heimeliges an sich.

»Hi Flo! « Wir winken ihm schon vom Parkplatz aus zu. Er ist barfuß auf dem glatten Marmorboden unterwegs, so wie alle Besucher. Es sind nicht viele, denn genau wie wir es uns ausgerechnet haben, sind wir nicht zur Gebetszeit da. Wir wollten unbedingt den Massen entgehen und stattdessen die Moschee im goldenen Licht der Abendsonne bewundern.

Wir stellen unsere Schuhe in die dafür bereit stehenden Regale und laufen Flo auf dem von der Sonne angenehm aufgewärmten Marmorboden entgegen. Über dem Areal liegt der markante Geruch von Stinkefüßen. So intensiv, dass es in der Nase wehtut. Ich glaube, gleich mehrere Abstufungen von Gouda erkennen zu können: jung, mittelalt und alt. Auch wünschte ich, ich hätte Ersatzsocken dabei, um meine Füße und Schuhe vor dem Gestank zu schützen.

#Pakistan-Lektion #4: Für den Moscheebesuch immer ein Paar Extrasocken einpacken, um Käsefüße zu vermeiden.

Unser Schweizer Eidgenosse wirkt nicht besonders Schweizerdeutsch, zumindest solange er nicht den Mund aufmacht.

»Ihr seid gut angekommen, oder?« Das Abgehakte in der Schweizer Mundart wirkt auf mich vom ersten Ton an warm und schwungvoll. Da ist sie wieder, die Heimeligkeit. Ich glaube, das schwungvoll aus dem Mund gepresste »Oder« am Satzende ist weniger als Frage gemeint, sondern vielmehr als Verdeutlichung seiner Aussage.

»Ja, alles super. Wir hatten auch kaum Jetlag, und du?«, antworte ich wahrheitsgemäß, während wir über den Moscheevorplatz schlendern.

Flo ist einen Kopf kleiner als ich, dafür aber umso trainierter. Er wirkt wie ein kleines Kraftpaket. Seine blonden Haare ragen in Form etwa drei Millimeter langer Stoppeln aus der Halbglatze. Eins fällt mir an ihm sofort auf: seine Ohren. Nicht dass diese besonders klein oder groß wären oder besonders abstehend. Sie sehen so aus, als hätte sie jemand wie ein Stück Knete zusammengedrückt und einfach verformt.

Nach wenigen Minuten fühlen wir uns beobachtet. Und tatsächlich haben drei Männer uns im Visier.

»Hallo, wo kommt ihr her?« Die erste Hand wird mir entgegengestreckt. Dann die zweite. Und dritte.

»Wir kommen aus Deutschland, und er kommt aus der Schweiz.«

Reihum schütteln sie Flo und mir die Hand, nur Anne nicht. Sie wird keines Blickes gewürdigt, als stünde sie gar nicht neben uns.

»Wie alt seid ihr?«

»Ich bin 35, sie ist 28, und er ist ...« Ja, wie alt ist er eigentlich?

Flo übernimmt lachend die Antwort.

Wieder wird Anne nicht einmal angesehen, als wäre sie ein Geist. Schnell entzieht sie sich der merkwürdigen Situation und fotografiert stattdessen die Minarette.

Im nächsten Atemzug fragt uns einer der Männer: »Können wir ein Foto machen?«

Ich kann bei so was einfach nicht nein sagen, also sagen Flo und ich zu, ohne auch nur annähernd zu wissen, was das an der berühmtesten Moschee der Stadt für eine Kettenreaktion auslöst. Kaum haben wir das Gruppenfoto hinter uns gebracht, will der Erste auch ein Selfie mit mir. Und dann auch sein Kumpel. Und dann der Kumpel vom Kumpel. Und Flo! Flo soll auch noch aufs Foto.

Schon stehen die nächsten Selfie-Paparazzi bereit. Bald sind zehn Selfies geknipst und mindestens genauso viele Hände geschüttelt. Flo und ich können uns keinen Schritt weiter über den Vorplatz bewegen, ohne von Passanten angesprochen zu werden. Fängt man einmal mit einem Selfie an, geht es reihum. Jeder will ein Foto mit den europäischen Touristen. Und jeder will ein Wort mit uns wechseln.

Wo ist eigentlich Anne? Sie steht in einem Sicherheitsabstand, beobachtet die Situation sichtlich amüsiert und wird von den pakistanischen Männern immer noch kein bisschen beachtet.

Pakistan-Lektion #5: Männer schütteln nur anderen Männern die Hände, nie Frauen.

Anne | Fatima hat das zarte Gesicht einer Zwölfjährigen. Sie hat mich längere Zeit gemustert, mich beobachtet. Jetzt schwebt sie in ihrer hochgeschlossenen Abaya zu mir, im Schlepptau vier Freundinnen, die ich schon von Weitem kichern höre.

Wie die Zeiger einer Uhr strecken die fünf Freundinnen ihre Hände in meine Richtung aus. Ich schüttle sie alle, nach und nach. Wir schreiben das islamische Jahr 1440, gerechnet wird von der Geburt des Propheten Mohammeds an. Eine Zeitspanne, in der sich viel hätte ändern können. Doch das hat es nicht. Während Clemens und Flo in ihrer Männertraube zu echten Stars werden, habe ich meinen ganz eigenen weiblichen Harem um mich herum.

Fatima und ihre Freundinnen sind Studentinnen an der National University of Modern Languages in Lahore. Sie studieren Englisch und sind gerade zu Besuch in Islamabad, um sich die Moschee anzuschauen. Ihr Englisch üben sie am liebsten an Touristinnen. Und davon gibt es gerade nur eine: mich.

»Wie alt bist du?«, fragt Fatima und landet dabei einen grammatikalisch korrekten Satz.

»28«, antworte ich.

»Ich auch«, erklärt sie. Ihr kindliches Gesicht, die weichen Konturen und die schüchterne Stimme versprühen keinen Funken von Selbstbewusstsein.

»Hast du Kinder?«, fragt mich ein anderes Mädchen. Sie ist rundlicher, wirkt kräftiger und auch stärker als die anderen. Bei den Spice Girls wäre sie ganz klar Tough Spice. Schade, dass es diesen Charakter nie gab.

»Nein, ich habe keine Kinder«, gebe ich zu und ernte offene Münder. Das hätten sie nicht erwartet.

»Und er?« Tough Spice bohrt tiefer und zeigt auf Clemens, der mittlerweile eine bestickte Gebetskappe auf dem Kopf hat und mit zwei zum Victory-Zeichen geformten Fingern in eine Handykamera grinst.

»Das ist mein Ehemann.« Meine Antwort kommt wie aus der Pistole geschossen.

»Oh, er ist sehr schön«, flüstert Fatima, jetzt noch leiser als vorher. Ihre Freundinnen fallen in ein herzliches Lachen, verstecken es jedoch hinter vorgehaltenen Händen. Die Moschee ist kein Ort für einen Lachanfall.

Clemens | Als Tourist hat man in Pakistan schnell ein Dutzend neue Freunde, nicht unbedingt fürs Leben, aber zumindest für ein paar Minuten. Die Wahrscheinlichkeit ist groß, dass man sie dazu noch als

Facebook-Freunde bezeichnen kann oder, je nach medialer Neigung, vielleicht als Instagram-Follower.

Pakistan-Lektion #6: Immer mehr Zeit einplanen, denn spontane Gruppenfotosessions dauern ewig.

Das Spiel mit den Selfies geht jetzt schon über eine halbe Stunde. Ich habe mit 53 Männern völlig unterschiedlichen Alters Selfies gemacht, habe mit 45 die Hand geschüttelt und mit 36 von ihnen persönliche Worte über meine Herkunft, mein Alter und unsere Reiseabsichten gewechselt. Auch haben wir 21 neue Instagram-Follower und 16 neue Facebook-Fans. Fünf von ihnen haben mir direkt eine offizielle Freundschaftsanfrage gestellt.

Die Mehrheit der Pakistaner ist genauso aktiv in den sozialen Netzwerken wie Europäer, Asiaten und Nordamerikaner, ganz gleich welchen Alters. Unter den 200 Millionen Pakistanern haben Facebook, Twitter, Instagram und Co. 150 Millionen Nutzer. Das heißt, uns folgen nun 0,00002 Prozent der pakistanischen Bevölkerung im Social-Media-fähigen Alter. Na, immerhin.

Um uns herum stehen immer mehr Menschen. Dabei verliert die Sonne bereits an Kraft. Wollten wir nicht eigentlich Fotos von der Moschee machen statt von uns? Vielleicht sollten wir mal damit anfangen, bevor es dunkel wird. Stattdessen werden uns von allen Seiten Fragen gestellt, zu unserer Herkunft, unseren Reiseplänen und wie uns das pakistanische Essen gefällt.

»Hey du!« Ein Halbstarker in einer abgewetzten Lederjacke wendet sich an Flo. Dabei ballt er seine Hände zu Fäusten zusammen, zieht seine Schultern nach oben und verschiebt den Unterkiefer nach vorne, sodass er mich an King Kong erinnert. Schnell wird mir klar, dass seine spontane Geste keine Anmache sein soll, sondern vielmehr eine

Frage, die er pantomimisch stellt. Vielleicht weil ihm die passenden englischen Worte nicht einfallen?

Flo fängt an zu lachen. »Ja! Stimmt, ich war mal Wrestler«, antwortet er sichtlich amüsiert von der Slapstick-Einlage seines Gegenübers. Dabei stellt er für eine Sekunde selbst die berühmte King-Kong-Geste nach, was bei ihm natürlich viel authentischer wirkt. Ein Ringer also! Das erklärt auch seine seltsam geformten Ohren. Weil Ringer, Judoka und andere Kampfsportler regelmäßig auf die Ohren bekommen, sehen diese oft deformiert aus. In der Fachsprache nennt man sie daher auch Blumenkohlohren.

»Bruder!« Einer meiner neuen Facebook-Freunde klopft mir auf die Schulter und winkt Flo mit hektischen Handbewegungen herbei. »Lasst uns reingehen!«

In der Gebetszeit bleibt keine Zeit für Schnappschüsse. Wie auf Kommando laufen alle schnurstracks zu den Eingängen. Es gibt einen für Frauen und einen für Männer, wobei dieser deutlich größer ist. Mit einer Mädelsgruppe ins Gespräch vertieft, steht Anne vor dem Fraueneingang. Wir nicken uns wissend zu.

Pakistan-Lektion #7: Niemals den Moschee-Knigge missachten.

Schuhe aus!

Man zieht seine Schuhe aus, bevor man eine Moschee betritt. Im Eingangsbereich befinden sich dafür Schuhregale. Es ist eine gute Idee, Schuhe zu tragen, die sich leicht ausziehen lassen. Extrasocken sind eine noch bessere Idee.

Frauen: Haare bedecken!

Für Frauen gilt beim Besuch einer Moschee die Kopftuchpflicht. Dafür reicht meist auch ein Tuch oder Schal, um das

Haar zu bedecken. Auch der Rest der Kleidung sollte eher weit geschnitten und langärmlig sein sowie Proportionen verdecken.

Männer: Angemessene Kleidung tragen!

Auch für Männer ist es angemessen, auf kurze Kleidung zu verzichten. Lange Hosen und Hemden/T-Shirts sind für Männer geeignet.

Separate Zugänge benutzen!

In den meisten Moscheen gibt es für Frauen und Männer unterschiedliche Eingänge. Frauen beten hinter Trennwänden oder in abgetrennten Bereichen, nicht in der Hauptgebetshalle. Einige Moscheen lassen Frauen aufgrund des Platzmangels und der Tatsache, dass einige Gebete für Männer obligatorisch, für Frauen jedoch freiwillig sind, überhaupt nicht zu.

Handy aus!

Vor dem Besuch einer Moschee sollte man unbedingt das Handy ausschalten. Alles andere wäre respektlos.

Nicht essen oder trinken!

In Moscheen wird nicht gegessen oder getrunken, mit Ausnahme des Teilens von Süßigkeiten zu besonderen Anlässen wie dem Ramadan, Eid Mubarak oder bei Hochzeiten.

Ruhe, bitte!

Eine Moschee ist ein Ort der Ruhe. Man sollte nicht sprechen, sondern sich lautlos verhalten.

Besuchszeiten beachten!

Muslime beten fünfmal am Tag. Das beginnt schon vor der Morgendämmerung und geht bis in die Nacht. Man sollte sich vorab über Öffnungszeiten informieren (auf der Website oder auf Facebook).

Freitage beachten!

Das Freitagsgebet ist eine im Koran verankerte religiöse Verpflichtung. Es ist für muslimische Männer und Jungen ab der Pubertät vorgeschrieben und für muslimische Frauen empfohlen. Moscheen sind dann besonders gut besucht. Nichtmuslime dürfen manche Moscheen während des Freitagsgebets nicht besuchen.

Nicht stören!

Es gilt als respektlos, vor jemandem zu gehen oder zu stehen, der betet. Man sagt, das Gebet sei dann ungültig, da zwischen dem Gläubigen und Gott kein zweites Lebewesen treten darf.

Grüße erwidern!

Viele Besucher begrüßen sich beim Betreten der Moschee auf Arabisch: *»As-Salamu alaikum«* (Friede sei mit dir). Wenn man antworten möchte, lautet die Gegengrußbotschaft *»Wa alaikum as-Salam«* (Und Friede sei auch mit dir).

Bei der ersten Begegnung mit Muslimen ist es üblich, nur Gleichgeschlechtlichen einen Händedruck anzubieten. Viele Muslime nicken mit dem Kopf oder legen ihre Hand über ihr Herz, wenn sie jemanden des anderen Geschlechts begrüßen.

Anne | Mit dem Ruf zum Abendgebet ändert sich auch die Kulisse in der Moschee. Von allen Seiten strömen Männer, Kinder, Frauen und Babys auf den riesigen Vorplatz und in Richtung Eingang. Wer keinen Platz in der Moschee bekommt, der kann seinen Teppich vor den Toren ausrollen. Clemens und Flo folgen ihnen, während ich im Zentrum wallender Gewänder stehe. Eine Frau nach der anderen schwebt förmlich an mir vorbei, grüßt mich und streckt im Vorbeigehen noch schnell die Hand für ein Selfie hoch.

Für mich bleibt die Tür zur Moschee geschlossen. Zu viele Frauen sind heute da, zu wenig Plätze für Frauen in der Moschee.

»Du bist sehr schön«, schreibt mir Fatima um 17:45 Uhr auf Instagram.

Gut, dass Mohammed keine Ahnung von sozialen Medien hatte.

Fatima: Hi, haben uns in der Fasil Masjid getroffen. Hab gesagt, dass ich dir auf Insta folge. Bitte folge mir und antworte mir.

Anne: Hi! Klar weiß ich, wer du bist.

Fatima: Du bist sehr schön.

Anne: Danke fürs Folgen! Bis bald 😀

Fatima: ❤

Inside Islamabad

ISLAMABAD

Anne | »Kommt ihr aus Deutschland?«

Ich bin gerade dabei, ein letztes Foto von der Moschee zu schießen, als mich von hinten eine weibliche Stimme anspricht – auf Deutsch. Ich drehe mich um, und vor mir steht ein junges pakistanisches Paar. Sie hat lange glänzend schwarze Haare. Ihre Skinny Jeans betont ihre dünnen Beine, darüber trägt sie einen schmal geschnittenen Mantel. Er hat einen perfekt getrimmten Bart, um seinen Hals hängt ein ordentlich gefalteter Burberry-Schal, der sich passgenau an sein Wintersakko schmiegt. Zusammen sehen sie aus wie pakistanische Superstars und passen damit genauso wenig auf den Vorplatz der Moschee wie wir drei Touristen.

Mina und Abdul kommen aus Islamabad. Mina hat die ersten acht Jahre ihres Lebens in Frankfurt gelebt und spricht bis heute sehr gutes Deutsch. Abdul lebt schon immer in Islamabad, spricht dafür aber akzentfreies Englisch.

Ich ertappe mich dabei, wie ich jetzt diejenige bin, die die beiden, gerade Mina, von oben bis unten mustert. Noch vor unserer Abreise habe ich all meine Schränke auf den Kopf gestellt, nach langen, weiten Kleidungsstücken gesucht, mir neue Kleider gekauft, und jetzt reise ich mit einem Potpourri an Kartoffelsäcken, die zwar kulturell passend sind, aber, rein physisch gesehen, unpassender nicht sein könnten. Während ich aussehe, als würde ich mir heute einen entspannten Tag vor dem Fernseher machen, ist Mina so hübsch zurechtgemacht, dass sie locker im nächsten Tanzfilm die orientalische Hauptrolle kassieren könnte.

»Wir haben euch schon die ganze Zeit beobachtet«, erklärt Mina schüchtern.

Wir stechen heraus mit unseren Kameras, den westlichen Klamotten und den Rucksäcken. Aber das tun auch Mina und Abdul. Damit haben sich die einzigen beiden Ausnahmen wie Magnete inmitten der großen Masse an Moscheebesuchern angezogen.

Minas Deutsch ist gut, aber langsam. Mit Bedacht bahnt sie sich ihren Weg durch ihre eigenen Sätze und verpasst damit dem quirligen Gewusel um uns herum eine besondere Ruhe. Wir vergessen schnell, dass wir schon Pläne für den ersten Abend in Islamabad gemacht haben, aber ehrlich, das könnte gerade nicht unwichtiger sein. In einem Kauderwelsch aus Englisch und Deutsch versuchen wir beiden gleichzeitig zu erklären, was wir die nächsten Wochen vorhaben.

»Habt ihr Hunger?«, fragt Mina.

Noch bevor ich eine Antwort geben kann, ist mir klar, dass es sowieso kein Nein geben wird.

Außer für Flo, er winkt freundlich ab. »Nein, danke, ich muss noch ein paar Sachen organisieren«, ruft er und steigt ins nächste Taxi.

Schon sitzen wir im schicken schwarzen Peugeot von Abdul und Mina. Wer sich auf die Pakistaner vorbereiten möchte, der muss mit stets geöffneten Armen rechnen. Unser nächstes Ziel: die brutzelnden Grillstationen des Jinnah Supermarkets.

Pakistan-Lektion #8: Einladungen aller Art niemals ausschlagen. Das gilt als unhöflich.

»Mach das ja ordentlich«, ruft Mina dem Mann hinter dem Grillstand zu. Sie klingt dabei forsch und fordernd. Der Mann lässt sich jedoch nicht aus der Ruhe bringen und entgegnet ihr durch ein gekonntes Kopfsenken nach rechts ein eindeutiges »Ja, klar!«. Sein Oberteil ist gezeichnet von seiner täglichen Arbeit, sein Bart vollends grau. Er dreht und wendet gekonnt seine Fladenbrote, brät weiterhin Fleisch und vereint beides zu einer kleinen Rolle, die mich an Dürüm-Döner erinnert.

Essen und Reisen gehört für Clemens und mich zusammen. Wir haben schon lange aufgehört, ein bestimmtes Essverhalten mit auf unsere Reisen zu nehmen, sondern probieren uns wild durch das komplette Angebot. Denn genau hier, finden wir, ist ein riesiger Teil der Kultur des Landes verankert.

Mina hat unseren Abend fest im Griff. In Pakistan ist Gastfreundschaft genauso wichtig wie der Islam. Noch besser, sie ist ein Teil von ihm. Dahinter steckt der arabische Begriff Adab, ein Verhaltenskodex, der dazu führt, dass man als Gast auf Händen getragen wird, ob man es nun will oder nicht. Dass Mina und Abdul deshalb auch alles bezahlen, ist uns fast noch unangenehmer, als nichts entscheiden zu dürfen.

Abdul hält hinter uns die Stellung, während Mina ihre kleine Food-Tour im Herzen von Islamabad weiterführt.

»Kennt ihr Paan?«, fragt sie und grinst dabei verschmitzt.

Nein, natürlich nicht. Wir sind gerade einmal knapp zehn Stunden im Land.

Paan ist eine Droge. Aber keine, die man raucht oder die einen in komplett andere Sphären schießt. Sie ist eher eine von der sanften Sorte, die gegessen wird und langsam eine beruhigende Wirkung entfaltet. Dahinter verstecken sich die knallgrünen Blätter der Betelnuss, die mal mit Tabak, mal ohne Tabak gefüllt werden. Mina nimmt die tabaklose Variante, lässt sich die Blätter mit Süßigkeiten und Rosenwasser füllen und steckt sie uns in den Mund.

Ich kann mit Drogen nicht gut. Gras lässt meine Arme und Beine einschlafen und färbt mein Gesicht an schlechten Tagen grün. Vor all den anderen Sachen habe ich mehr Respekt als vor einem Flug nach Pakistan. Das letzte Mal, dass mir etwas einfach in den Mund gesteckt wurde, war auf Fidschi. Da war es Kava vom Stammesältesten, der meinen Mund in Windeseile betäubte. Aber so richtig. So sehr, dass ich prüfen musste, ob mir aus den Mundwinkeln Speichel läuft. Testergebnis: negativ.

Bisher spüre ich nichts. Gut so, denn es geht weiter. Und ich habe viel zu viele Fragen an Mina, da wäre eine wie ein Waschlappen hängende Zunge nicht der beste Zustand. Und doch lasse ich meinen Daumen einmal kurz über meinen Mundwinkel fahren. Kein Speichel. Ein Glück. Vom Jinnah Supermarket geht es in eine ganz andere Gegend, in der die Straßenlampen neuer und moderner scheinen als die meisten bei uns Deutschland.

Es geht in das Lieblingsrestaurant der beiden. Und zwar im schicken F-7-Bezirk von Islamabad – mit noch dickeren Mauern vor den Häusern, noch präsenteren Kameras. Es ist die Heimat der absoluten Oberschicht des Landes. Mittendrin wird an einem Rondell aus westlichen Restaurants alles angeboten, was wir in Pakistan eigentlich nicht haben wollten: Burger, Pizza, Sandwiches, Pommes.

Mina bekommt eine persönliche Begrüßung vom Inhaber, den besten Platz des Ladens und vier Heizstrahler, die uns in der kühlen Nacht ganz edel von hinten den Nacken wärmen.

Heute Morgen noch hat uns Momi, unser Taxifahrer, mit seinen verdreckten Händen Schwarzen Afghanen angeboten. Jetzt gibt es Curly Fries. Die Terrasse des Howdy, eines US-amerikanischen Tex-Mex-Restaurants mit Cartoon-Cowboy als Logo, ist bis auf den letzten Tisch besetzt. An einem sitzen nur Männer, an einem anderen nur Mädels. Das typische Bild einer gemischten Freundesgruppe aus Mädels und Jungs sieht man in Pakistan nicht. Mit einer Ausnahme: uns vieren.

Dieser Abend ist eine typische Clemens-Anne-Situation. Immer wieder passiert es uns, dass wir an fremden Orten angesprochen werden. Das war schon beim viel zu alkohollastigen King's Day in Amsterdam so, als eine Niederländerin uns einfach umarmte und schrie, dass uns eine ganz besondere Aura umgebe. Und auch sonst schaffen wir es, immer und überall die richtigen Leute zu finden – oder die richtigen Leute schaffen es, uns zu treffen. Ein Freund meinte mal über uns, dass wir Menschen lieben würden, während er dafür viel zu skeptisch sei. Damals hatte ich diese Aussage nicht verstanden. Aber jetzt, am Tisch mit Mina und Abdul weiß ich, glaube ich, was er meint. Wir schrecken nicht zurück vor Begegnungen mit Fremden. Wir ziehen sie vielmehr an und gehen in ihnen auf.

Kurz vor Mitternacht werden wir vor unserem Gasthaus abgesetzt. Wie schon den ganzen Abend fährt Abdul – wenigstens ein weltweites Mann-Frau-Klischee erfüllen die beiden.

»Kommt gut in den Norden«, ruft Mina und umarmt mich fest, wie eine gute Freundin. Clemens reicht sie die Hand. »Und meldet euch, wenn ihr wieder da seid.«

Das machen wir, ganz bestimmt.

Zu Besuch bei Osama bin Laden

RAWALPINDI

Anne | Ein Stadtbild kann sich schnell ändern. Nämlich dann, wenn geordneter Verkehr hektischem Gewusel weicht und Abgase dem Geruch von Frittierfett, Urin und scharfen Gewürzen. Wir sind in Rawalpindi, der kleinen chaotischen Schwester vom öden Islamabad mit seinen Schachbrettstraßen. 20 Kilometer und ganze Welten liegen zwischen den beiden.

Es ist 10 Uhr abends, und die Dunkelheit wird auf dem Busbahnhof nur von alten Autolichtern und den vergilbten Scheinwerfern der rostigen Busse erhellt. Es wird gehupt, gedrängelt und gegafft.

Während sich die angestauten Abgase unter dem Bahnhofswellblechdach wie ein Film auf meine Haut legen, spüre ich das erste Mal ein Gefühl, das ich in den letzten zwei Tagen ausgeblendet hatte: Unsicherheit.

Sich unsicher zu fühlen ist der erste Schritt ins eigene Verderben. Es öffnet die Pforten für all das, was sicherlich sowieso schon in den Ecken auf einen gewartet hat. Für die Diebe, die Betrüger und die Dummschwätzer. Gerade aber habe ich mein ganz eigenes Sicherheitsschloss für etliche Männer geöffnet, die unter ihren dicken Filzdecken ihre rußschwarzen Augen auf mich richten. Diesmal sehe ich kein Glänzen in ihren Augen, kein Grinsen im Gesicht. Ich sehe ernste, bestimmte Blicke, wie ich sie das letzte Mal vom Vater Pakistans, Muhammad Ali Jinnah, von den übergroßen Plakaten am Flughafen kassiert habe.

Wir wollen an den Fuß des Nanga Parbat nach Fairy Meadows, der Märchenwiese. Hier sei der schönste Ort, um den Achttausender zu beobachten, ohne in Atemnot zu kommen. Und doch sei man nah genug dran, um die Begeisterung aller Bergsteiger zu verstehen. Das sagt zumindest Tripadvisor, wo die Wiese vier von fünf Sternen von sieben anderen Reisenden bekommen hat. Ich bin zuversichtlich, auch weil wir beschlossen haben, den Trip in den Norden zu dritt zu machen. Flo ist mit dabei. War ja klar. Kaum ein Schweizer würde einen Trip in die Berge ablehnen, oder?

In einer halben Stunde fährt vom Bahnhof in Rawalpindi unser Bus in den Norden des Landes. Unser Ziel ist die 18 Stunden entfernte Stadt Gilgit im Sonderterritorium Gilgit-Baltistan. Eine Stadt der Superlative. Sie liegt an der höchsten Fernstraße der Welt, dem Karakorum Highway, der gleichzeitig die wichtigste Handelsroute zwischen Pakistan und China darstellt. Sie ist das Tor zu zwei der höchsten Berge der Welt, dem K2 und dem Nanga Parbat. Und sie liegt zwischen den größten Brandherden der Region: der teilautonomen Region Asad Kaschmir, Afghanistan, dem indischen Bundesstaat Jammu und Kaschmir und damit direkt an der Line of Control.

»Von Reisen entlang der »Line of Control« (LoC) wird angesichts der aktuellen Spannungen in Kaschmir dringend abgeraten. Es ist derzeit nicht absehbar, wie sich die militärische Lage an der LoC entwickelt und wie sich diese auf die Sicherheit der Umgebung auswirkt.

(Auswärtiges Amt, Oktober 2018)

In abgebröckelten Buchstaben steht über dem kleinen Kabuff am äußeren Rand des Bahnhofs der Name des Unternehmens, bei dem wir die Tickets gekauft haben: Daewoo. Auf Koreanisch heißt das ›Großes Weltall‹. Das Büro ist allerdings auf dreimal drei Meter beschränkt und alles andere als ein Ort funkelnder Sterne.

»Ich brauche eure Pässe und zehn Passkopien von jedem«, erklärt ein Mann, dessen Augen durch die dicke Glasscheibe hindurch strahlen. Immerhin einer nimmt das mit dem Weltall ernst.

Passkopien und Pakistan gehören zusammen wie Minarette und Moscheen. Es ist ein bürokratischer Spießrutenlauf, der nur durch die immerwährende Existenz schwarzweiß bedruckter Zettel gemildert werden kann. Wir sind vorbereitet und schieben unsere glänzenden Klarsichtfolien 4795, transparent, genarbt, durch den kleinen Schlitz zwischen Glasscheibe und gesplittertem Holztresen. Damit sind wir *All In* und unsere Passkopien *all gone.*

 # Pakistan-Lektion #9: Wer längere Strecken auf dem Landweg zurücklegt, der sollte circa 40 Passkopien parat haben. Für jeden Checkpoint eine.

Unser Bus ist ein blauer Daewoo BS 105 aus dem Jahr 1986. Sein Alter sieht man ihm an. Beulen, Kratzer und rostige Löcher beflecken das Äußere des Busses wie eine ganz normale Musterung. Auf der Windschutzscheibe klebt ein Schild mit arabischen Schriftzeichen (vielleicht das Ziel?), darüber hängt eine islamische Gebetskette. Der Bus ist jetzt, kurz vor der Abfahrt, schon komplett voll, wir sind die letzten, die die Plätze einnehmen. Ganz vorne sitzt eine junge Frau mit ihrem Säugling, den sie liebevoll in ein paar Tücher gewickelt hat. Dahinter nur Männer, von jung bis alt, von grau bis schwarz, von westlich gekleidet bis traditionell.

Mit dem ersten Schaukeln und Rütteln des Busses kehrt Ruhe ein. Es sind die koordinierten Bewegungen eines Busses, die mich immer und überall ganz natürlich in den Schlaf wiegen. Hinter der dicken, gemusterten Gardine, die vor meinem Fenster wackelt, kann ich die letzten Ausläufer von Rawalpindi erkennen, bis wir auf den Highway Richtung Norden abbiegen und die komplette Landschaft in tiefstem Schwarz versinkt.

Im Bus bleibt es still. Einzig das Flüstern der beiden Männer hinter uns stört die Ruhe. Die beiden sind mir vorhin beim Einsteigen schon aufgefallen. Sie tragen strahlend weiße Turbane, die perfekt zu ihren krausen, langen grauen Bärten passen. Für die Busfahrt haben sie sich in ihre schönsten Kleider geworfen. In Senfgelb und Petrolblau stechen sie zwischen den anderen Passagieren heraus. Sie tragen den traditionellen Shalwar Kamiz, die pakistanische Nationaltracht, die von 80 Prozent der Pakistaner getragen wird. Sie besteht immer aus einem Shalwar, einer weiten Hose, und einem Kamiz, einem langen Hemd. Die Gesichter der Männer sind von den vielen tiefen Falten gezeichnet, die sie in den letzten Jahren gesammelt haben wie Briefmarken. Ihr monotones Gemurmel passt zum Einheitsschwarz, das am Fenster vorbeizieht, und legt sich wie die kuschlige Sofadecke um meinen Körper.

Zum Tod von Osama Bin Laden

Ende einer langen Jagd

Anti-Terror-Kampf

Osama bin Laden ist tot

Spezialisten für Kommandoaktionen

Navy Seals töteten Bin Laden

Nueva York celebra la muerte de Bin Laden

Curiosos, vecinos, turistas, familiares de víctimas del 11-S y militares pasaron varias horas de celebración en la Zona Cero

Tod des Qaida-Chefs

Bin Laden starb im Kugelhagel der US-Elitesoldaten

AUSLAND US-LIQUIDIERUNGSAKTION

Bin Laden ist tot – "Sieg der Gerechtigkeit"

'Al-Qaeda statement' confirms Osama Bin Laden's death

OPERATION „GERONIMO"

Terror-Chef Osama bin Laden getötet

(Quellen: BBC, Bild, El Pais, n-tv, Spiegel, taz, Welt, Zeit)

Clemens | Abbottabad steht auf dem beleuchteten Ortsschild am Straßenrand. Weiß auf grünem Grund, erst in arabischen Buchstaben, dann in lateinischen. Es ist die Stadt, in der der meistgesuchte Terrorist der Welt am 2. Mai 2011 in einer Nacht-und-Nebel-Aktion von US-amerikanischen Navy Seals umgebracht wurde. Das Versteck von Osama bin Laden, Gründer und Anführer der Terrorgruppe al-Qaida und Strippenzieher der Terroranschläge vom 11. September 2001.

Lange Bärte, Turbane, Tuniken und Pumphosen: ein Bild, das in der westlichen Welt oft voreilig in die Kategorie Terror gesteckt wird. Dazu ein grimmiger Gesichtsausdruck, die Waffe im Anschlag? Schublade auf, Klischee rein.

Viel ist mir nicht in Erinnerung geblieben, und doch reicht es aus, um mir auch jetzt, acht Jahre nach dem Tod von bin Laden, ein fieses Stechen in der Magenkuhle zu geben.

Während wir durch eine Marktstraße tuckern, rauscht vor meinem inneren Auge die mediale Typisierung der Gefahr von damals vorbei wie ein kurzer Einspieler auf n-tv. Ich sehe die zusammenstürzenden Twin Towers des World Trade Centers und Menschen, die von den gigantischen Staubwolken in den Straßenschluchten Manhattans verschlungen werden. Ich sehe, wie sich American-Airlines-Flug 77 in die Seite des Pentagons bohrt und die Videobotschaften der Terroristen, wie sie mit ernster Miene auf dem Boden sitzen und Ansagen an die Weltgemeinschaft machen. Das alles ist fast 20 Jahre her. In Abbottabad aber fühlen sich die Bilder unerwartet präsent an, als wäre es erst letzte Woche passiert.

Fast zwei Jahrzehnte nach den Anschlägen vom 11. September 2001 ist das islamistische Terrornetzwerk al-Qaida, das sie verübte, nur noch ein Schatten seiner selbst. Während die Philosophie bin Ladens, die einst seine Anhänger inspirierte, viel von ihrer Attraktivität eingebüßt hat, bleibt die Geschichte dahinter in Stein gemeißelt.

Bin Laden und sein Stellvertreter Aiman az-Zawahiri bauten unter dem Schutz der afghanischen Taliban und der pakistanischen Regierung in den 1990er Jahren al-Qaidas Kerninfrastruktur in Afghanistan und Pakistan auf. Der De-facto-Staat im ›Islamischen Emirat Afghanistan‹, der von den Taliban im Oktober 1997 ausgerufen wurde, überlebte den von den USA seit 2001 geführten Afghanistankrieg, indem er seine Führung nach Pakistan verlegte. Hier blieben die Taliban weithin unbehelligt, denn die USA verlegten ihren Fokus auf ein anderes Land: den Irak, wo sie 2003 den als ›Operation Iraqi Freedom‹ bezeichneten Krieg mit gezielten Bombardements begannen.

Die Al-Qaida-Führung aber machte weiter. Von Pakistan aus wurden gezielte Angriffe durchgeführt: der Bombenanschlag von Madrid im Jahr 2004, eine Welle von Angriffen auf Ziele in Saudi-Arabien von 2003 bis 2006 und der Bürgerkrieg im Irak.

Um der weltweiten Welle der Gewalt ein Ende zu setzen, machte sich die sogenannte AfPak-Strategie von Präsident Barack Obama 2009 eine Niederlage der Al-Qaida-Führung in Pakistan zur obersten Priorität. Es folgte ein Drohnenkrieg, und 2011 kappte man die Spitze des Eisbergs. Zehn Jahre hatte die Jagd nach dem Al-Qaida-Führer gedauert, im Mai 2011 war sie beendet. Das US-Spezialkommando der Navy Seals meldete den Tod Osama bin Ladens. Es galt, Rache zu nehmen für 9/11. Auf ein juristisches Tribunal wollte Amerikas politische Führung offenbar verzichten. Der Terrorpate sollte keinerlei öffentliche Bühne mehr finden, sein Leichnam schlicht verschwinden. Damit galt das Kapitel al-Qaida für die Weltöffentlichkeit als beendet.

Falsch gedacht. Bin Ladens Nachfolger Aiman az-Zawahiri plante im September 2014 sein Opus Magnum: die Entführung der Fregatte Zulfiqar der pakistanischen Marine, mit der ein Schiff der US-Marine im Indischen Ozean versenkt und ein Krieg zwischen den USA und Pakistan ausgelöst werden sollte. Anschlagspläne, die im letzten Moment vereitelt werden konnten.

Zawahiri ist noch immer am Leben und gibt weiterhin Erklärungen aus seinem Versteck in Pakistan ab. Bin Ladens Sohn Hamza wurde 2019 mit Unterstützung der Trump-Administration auf mysteriöse Weise getötet. Das Erbe von al-Qaida gilt noch immer nicht als besiegt: der sogenannte Islamische Staat.

Abbottabad aber, die stinknormale pakistanische Stadt, ist weiterhin gezeichnet von den Machenschaften eines Mannes mit Turban.

Kurze Zeit später passieren wir den Ortsausgang. Diesmal ist die schnörkelige arabisch-persische Schrift auf dem Ortsschild mit einer geraden weißen Linie durchgestrichen. Meinem Magen geht es schlagartig besser.

Der Zehn-Stunden-Stau

CHAKAI

Anne | Der höchste Sieg Pakistans im Fußball war ein 7 : 0 gegen Thailand im Jahre 1960, nur getoppt vom 9 : 2 gegen Guam im April 2008. Ich habe keines der beiden Spiele verfolgt. Und auch sonst ist Fußball in Pakistan eher raus. Die Nation ist ein Cricket-Land und das, obwohl 75 Prozent aller Fußbälle in Pakistan produziert werden.

Beim ersten Stopp unserer 18-Stunden Fahrt in den Norden landen wir drei auf eiskalten Metallstühlen. Vor uns Holztische, die liebevoll mit nach altem Waschlappen riechenden Plastikdecken bezogen wurden. Auf jedem Tisch stehen rote Wasserkanister, deren Inhalt uns ganz sicher den schnellstmöglichen Klobesuch bescheren würde. Clemens und Flo sitzen mir gegenüber. Wir machen dumme Scherze. Solche, die man nur macht, wenn man nicht weiß, wohin mit seinen Gefühlen. Man sagt ja, nach müde kommt dämlich. Ich glaube, nach Unsicherheit kommt Dummheit.

Als das heiße Paratha-Brot an unseren gelb bezogenen Tisch gebracht wird, fühle ich mich wie bei der Fütterung hungriger Wölfe. Wir reißen uns mit der rechten Hand ein Stück der Teiglinge ab und stopfen sie uns so hastig in den Mund, als hätten wir stundenlang nichts mehr gegessen. Wie abgesprochen sitzt der gesamte Bus in der gleichen Reihenfolge – nur eben auf harten Hockern, statt durchgesessenen Polstern. Hinter uns die bärtigen Männer mit ihren strahlenden Turbanen, am anderen Ende die Frau mit ihrem Säugling.

»Gut?«, rufen uns die beiden Männer zu. Sie müssen uns beobachtet haben.

»Ja, sehr«, antwortet Clemens und zaubert den beiden ein Grinsen ins Gesicht. Das Eis ist gebrochen. Diesmal durch heißes Brot, ein paar Kilometer hinter Abbottabad.

 # Pakistan-Lektion #10: Zum Essen, Überreichen und Entgegennehmen niemals die linke Hand benutzen, denn sie gilt als unrein.

Clemens | Ein lauter Knall an der Fensterscheibe reißt mich ruppig aus dem Schlaf. Dann noch einer und noch einer. Ich schiebe den festen Stoff der Gardinen beiseite und kneife reflexartig meine Augen zusammen. Gleißend helles Licht schießt in mein Gesicht. Wie im schmalen 4:3-Format eines Röhrenfernsehers sehe ich, dass eine Gruppe von Männern Steine gegen unseren Bus wirft.

Es ist kurz vor halb eins am Mittag und damit genau zehn Stunden her, dass unsere Busfahrt ein überraschendes Ende fand. Mitten in der Nacht hielten wir an, auf einem engen Gebirgspass auf halbem Weg nach Gilgit. Im Dunkel der Nacht war nicht auszumachen, was los war. Nur die Umrisse einer Autokolonne konnte ich erkennen, darunter Pkws, Reisebusse und monströse Trucks. Und irgendwann schlief ich ein, ohne dass wir uns weiterbewegt hatten.

Inzwischen steht die Tür offen und lockt mit dem Geruch von Freiheit. Tatsächlich kann ich mir gerade nichts Erfrischenderes vorstellen als Bergluft. Alle anderen Passagiere haben den Bus schon verlassen.

»Erdrutsch«, beantwortet der Busfahrer meinen fragenden Gesichtsausdruck. Ein Bein angewinkelt, lehnt er an der Seite des Busses. Dass ihm die eingefahrene Situation reichlich egal ist, unterstreicht er mit einem Schulterzucken und zusammengepressten Lippen. Busse haben in Pakistan feste Abfahrtszeiten, aber nie eine feste Ankunftszeit. Jetzt weiß ich warum. Im EU-Recht heißt es: Ist die Strecke länger als 250 Kilometer und beträgt die Verspätung mehr als zwei Stunden, so ist das Busunternehmen verpflichtet, eine Entschädigung zu zahlen. Doch ich bezweifle, dass ich mit diesem Anliegen in Pakistan weit kommen würde. Zumal es sich auch noch um äußere Umstände handelt.

Ein endloser Stau zieht sich kilometerweit den Berg entlang bis zu einer bestimmt zwei Kilometer entfernten Bergkuppe. Ob er dahinter weitergeht? Das kann ich nicht erkennen.

Hunderte Menschen vertreiben sich entlang der Straße die Zeit. Männer, verschleierte Frauen, Kinder. Jemand führt einen Esel Gassi. Viele haben kapituliert und füllen die unvorhergesehene Wartepause mit improvisierten Tätigkeiten. Die einen sind in ein Kartenspiel vertieft, andere hören auf alten koreanischen Klapphandys laut Musik, und wieder andere schlafen noch. Nämlich genau zwei: Anne und Flo.

Auf der anderen Seite der Kolonne wird gejubelt. Ich schlüpfe zwischen einem Pick-up und einem Viehtransporter hindurch und treffe auf eine kahle Felswand, vor der sich ein ebener, steiniger Untergrund befindet. Darauf stehen Männer unterschiedlichsten Alters im Kreis und klatschen begeistert. In ihrer Mitte steht ein Teenager, der mit einem Stock gegen einen Ball schlägt, der ihm gerade entgegenfliegt. Jetzt erkenne ich auch den Werfer auf der anderen Seite.

Das Spiel scheint von oben bis unten improvisiert. Während das Spielfeld mit Schlappen abgegrenzt ist, wird zum Schlagen des Balls ein derart krummer Ast verwendet, dass es für mich völlig unverständlich ist, wie der Junge damit überhaupt treffen kann. Aber er kann. Und wie! Der Ball fliegt über den Werfer hinaus und über die Köpfe der Zuschauer, die beim Ducken abermals in Jubel verfallen.

Wie mir der Busfahrer erklärt, heißt der Werfer beim Cricket eigentlich Bowler und der Fänger Batsman. Der Bowler will den Batsman zu einem Fehler bewegen, damit dieser ausscheidet. Der wiederum versucht den Ball möglichst kräftig wegzuschlagen, um Punkte zu erzielen, einen sogenannten Run. Der Bowler wird durch die anderen Feldspieler unterstützt, die den Ball so schnell wie möglich zurückzubringen versuchen. Wenn sie nicht gerade lauthals jubeln und klatschen.

Wieder ein Schlag, wieder ein Mann, der hektisch einem Ball hinterherrennt, wieder Jubel. Dann ein lautes Hupen, wie ein Startschuss, der von den Felswänden als Echo zurückkommt. Alles, was Beine hat, ist in Bewegung. Es wirkt, als würde ein ganzes Dorf über die Bergstraße rennen. Das Cricketspiel ist schnell aufgelöst. Spieler werden wieder zu Fremden, Zuschauer zu Buspassagieren und der Cricketschläger zum Ast, der hastig auf den Boden geworfen wird. Tumultartig rennen alle kreuz und quer zu ihren Bussen. Das sollte ich schleunigst auch mal machen. Welcher war meiner noch mal?

»Kommst du?« Anne steht in der Tür und winkt mir hektisch zu. Genauso überraschend, wie sich der Stau mitten in der Nacht bildete, löst er sich jetzt auf. Die Karawane gerät in Bewegung und arbeitet sich in mühsamen Schritten die Serpentinen entlang.

Anne | Wir sind noch weit entfernt von unserem Ziel. Die Landschaft um uns herum wirkt karg und das, obwohl sich zwischen den grauen Bergen ab und an glänzend türkisfarbene Flüsse den Weg bahnen. Die einzigen Farbflecken im hohen Norden Pakistans sind die Trucks, die gekonnt die Serpentinen rauf- und runterfahren. Sie sind wild gemustert und viel zu hoch – an jeder deutschen Autobahnbrücke würden sie zum Cabrio gemacht. Auf ihren gewellten Containern lachen uns die Gesichter pakistanischer Größen an. Mal ist es Staatsgründer Muhammad Ali Jinnah, mal der riesige weiße Halbmond auf einer dunkelgrünen Unterfläche, die Flagge Pakistans. Zwischendrin ranken sich gemalte Blumen über den Koloss, Fantasievögel fliegen an Jinnahs Kopf vorbei, bis die Neonfarben des Trucks sich zu einem großen Ganzen formen, das in Goa alle zum Ausrasten bringen würde. Hinter einem viel zu großen Lenkrad hüpft ein kleiner und vor allem junger pakistanischer Fahrer auf seinem roten Polstersitz im Motorentakt nach oben und unten. Dass über ihm die mit arabischen Zeichen verzierte Metallplatte apathisch wackelt, scheint ihn nicht zu stören. Er heizt an uns vorbei, hinterlässt eine dicke Abgaswolke und den von seinem Heck grüßenden Schriftzug ›*Inshallah*‹, so Gott will.

Gerade will Gott, dass wir stehen bleiben, und zwar in einem kleinen Bergdorf, das scheint, als wäre es in die kahlen Felsen hineingebaut worden. Rechts und links entlang des Highways N15 ragen Holzdächer hervor, darunter stehen zu Tischen umfunktionierte Holzplatten, auf denen Süßigkeiten, Snacks und Taschentücher verkauft werden. Mit ihren improvisierten Holzbalken und den Hütten, die mit alten Mehlsäcken und Planen geschützt werden, wirkt das Dorf wie eine Welt aus einem Science-Fiction-Roman. Eine, in der Menschen in langen Gewändern von Haus zu Haus gehen und dabei von rechts nach links, von oben nach unten klettern.

Geparkt wird auf einem kleinen Hof zwischen Daewoo BF106, BH119 und BS090. Einer ist grün, einer silbern und einer blau, so wie unserer. Zu viert bilden sie eine so hohe Mauer, dass mir kaum auffällt, wie hoch wir eigentlich schon sind. Unter uns breitet sich ein Tal aus, in dem nichts außer ein paar kleinen Wasserströmen die Landschaft aufpeppt.

»*Chalo!*«, rufen uns die beiden Männer mit den Turbanen zu, als sie sich einer der Hütten nähern. Die Finger ihrer rechten Hand drücken sie dabei zusammen und führen sie energisch zum Mund. Übersetzt aus Urdu heißt *chalo* »Los geht's« und hat damit die gleiche Wirkung wie das spanische *vamos* und das arabische *yallah*. Es bringt die Gruppe in Bewegung.

Unser Bus sitzt versammelt um kleine Tische herum. Schalen mit Reis, Fleisch und Brot werden nach und nach verteilt. Es ist das beste lieblos hingepfefferte Essen, das ich in den letzten 18 Stunden hatte. Und das, obwohl nach dem ersten Bissen der Strom ausfällt und wir im stockdunklen Raum sitzen und die Kichererbsen kaum von Reiskörnern unterscheiden können. Nach und nach leuchten die Taschenlampen alter Handys auf den Tischen. Wir sind eben doch eine kleine Familie.

Clemens | Es ist 19:30 Uhr als der Muezzin zum Gebet ruft. Wir sind jetzt seit mehr als 21 Stunden unterwegs. Das Gebet kommt außerplanmäßig. Doch in den Bergen ticken die Uhren anders. In den Tiefen des pakistanischen Gebirges ruft er nicht etwa durch ein Mikrofon aus einem Minarett heraus, sondern nur mit der Kraft der eigenen Stimme. Ein Mann mit einem ordentlich prallen Bauch steht inmitten der Menschen vor dem Restaurant, formt mit seinen dicken Händen einen Trichter vor seinen Mund, nimmt einmal tief Luft und ruft zum Gebet. Muezzin unplugged. Seine kräftige Stimme hallt durch die Gruppe, die alle Gespräche abrupt einstellt.

Im Land der Taliban: Geh mit Allah, aber geh

GILGIT-BALTISTAN

Anne | 55 Kilometer nach Gittidas macht der N15 einen Knick. Wir sind jetzt auf dem Karakorum Highway. Würden wir immer weiter geradeaus fahren, kämen wir am höchsten Grenzübergang der Welt raus, nämlich an einem riesigen Tor auf 4.600 Metern Höhe mitten auf dem Khunjerab-Pass, der nach China führt. Doch das wären noch einmal neun Stunden Fahrt und mindestens zehn Passkopien.

Mit dem Beginn des Karakorum Highways landen wir auch im Sonderterritorium Gilgit-Baltistan. Vor unserer Reise nach Pakistan haben wir uns überlegt, wie weit wir gehen würden. Wir wollten die Städte und die Berge sehen und zwischendurch die Pakistaner kennenlernen und ihren Geschichten lauschen. Uns unnötig in Gefahr bringen, das Entführungsschicksal aus der Reserve locken oder genervte Beamte in der deutschen Botschaft in Islamabad aus der Ruhe bringen, das wollten wir nicht. Das Auswärtige Amt sagt, dass man diese Strecke nur fahren sollte, wenn es einen wirklich wichtigen Grund dafür gibt. Unser Grund ist 8.125 Meter hoch und das Wohnzimmer von Reinhold Messner.

Am 23. Juni 2013 wurden elf Bergsteiger im Basislager des Nanga Parbat von Terroristen erschossen. Zu dem Attentat bekannte sich eine zu den Taliban gehörende Gruppe namens Dschundallah, die als Grund für den Anschlag den Tod des Taliban-Führers Wali ur Rehman durch eine US-Drohne angab. Alle weiteren Besteigungen des Berges wurden sofort abgebrochen und die Bergsteiger evakuiert. Die Chancen stehen gut, dass wir für diesen kleinen Trip ein paar pochende Zeigefinger auf der Stirn unserer Freunde kassieren werden. Zum Glück haben wir kein Netz, keinen Empfang und keine Chance, jemandem davon zu erzählen.

Terroranschläge auf unschuldige Zivilisten sind für ein Land schlimm. Terroranschläge auf Touristen sind für ein Land wie Pakistan das Schlimmste. Seit 2014 haben sich genau aus diesem Grund die Sicherheitsvorkehrungen in Gilgit-Baltistan um 150 Prozent verschärft.

Kurz nachdem wir die gestrichelte Linie auf meiner Google-Maps-Karte auf dem Handy überquert haben, stoppt der Bus. Der blaue Punkt auf der Karte steht. Und wir auch. Von vorn bekommen wir ein hastiges Winken nach draußen. Es ist das erste Mal in den letzten 20 Stunden, dass wir bei der Passkontrolle dabei sein müssen. Die letzten Kontrollen hat der Busfahrer allein mit der Hilfe unserer zehn Passkopien gemacht. Doch wo Terror ist, sind auch die Kontrollen strenger.

Ohne darüber nachzudenken, ziehe ich mir mein Tuch vom Hals über meinen Dutt. Bei meinem ersten offiziellen Treffen mit der Polizei in Pakistan möchte ich einen guten Eindruck machen.

Zu dritt verlassen wir den Bus, der am Straßenrand zwischen selbst in der Dunkelheit wie Kolosse wirkenden Bergen zum Stehen gekommen ist. Wir werden in eine kleine Holzhütte geführt, in der ein junger Polizist auf uns wartet. Seine Strickmütze mit der aufgenähten Aufschrift ›POLICE‹ wirkt, als wäre sie vom Fake-Market. Über seiner rechten Brust klebt die Flagge von Gilgit-Baltistan. Sie ist dunkelgrün und vereint den Halbmond mit der Silhouette eines Berges, ein paar nach Weihnachtsbäumen aussehende Tannen, alles umgeben von einem Blumenkranz.

»Reisepass, bitte«, fordert er und deutet dabei auf mich. *Ladies first.* Während Clemens und Flo mit dem Busfahrer auf dem ausgelatschten Stoffsofa sitzen bleiben, setze ich mich an den Schreibtisch des Polizisten. Es ist ein dicker brauner Holztisch. Auf ihm steht mittig ein kleiner Aufsteller mit der pakistanischen Flagge, auch hinter mir hängt ein riesiger Halbmond, der im Deckenlicht glänzt.

Ich habe mir angewöhnt, in solchen Situationen meine eigene Unsicherheit durch schlechte Witze herunterzuspielen. Das hat einmal an der Elfenbeinküste ganz gut geklappt. Da bin ich auch in einer kleinen Holzhütte gelandet, war umgeben von breiten Männern und noch breiteren Waffen und musste mich dafür rechtfertigen, warum unser Fahrer an diesem Tag Gras in der Tasche hatte. Den Witz kenne ich (zum Glück) nicht mehr, aber er half mir, den Männern ein paar Geldscheine in die Hand zu drücken und sie damit ruhigzustellen. Immer wieder verfalle ich auf Reisen in dieses Schema, ohne darüber nachzudenken. Es passiert einfach. Als würde sich bei einem Funken Unsicherheit eine Art Hebel umlegen, der dazu führt, dass eine verdammt taffe Anne auch in der brenzligsten Situation die Ruhe behält. Die Witze sind wohl schlichtweg mein Schutzkokon. Ich denke, viele Reisende kennen diese Momente, die sich wie eine Sackgasse anfühlen, von denen man aber weiß, dass es schon irgendwie klappen wird. Und weil man in solchen Momenten sowieso nicht genug Zeit hat, um über seine eigenen Reaktionen nachzudenken, bleiben sie einfach unreflektiert – und das ist, denke ich, gar nicht mal so schlecht.

Der Polizist richtet seine alte PC-Kamera vor meinem Gesicht aus, deutet auf seinen flimmernden Bildschirm und drückt auf den Knopf. Mein Gesicht wird in ein 24-mal 24 Millimeter kleines Kästchen gepresst.

»Ich sehe aus wie ein dicker Luftballon«, rufe ich dem Polizisten zu und blase meine Wangen zu ordentlichen Hamsterbacken auf. Da ist er, der schlechte Witz. Doch das geht an dem Polizisten spurlos vorbei.

Als Letzter muss Flo nach vorn. Er legt seinen knallroten Schweizer Pass, CMYK 0/100/100/0, auf den Tisch. Heute kennen wir Flo seit zwei Tagen. Davon haben wir einen Tag im Bus vor uns hingedöst und den anderen sind wir über den kahlen Boden der Faisal-Moschee in Islamabad geschlendert.

»Wo ist dein NOC?«, fragt der Polizist.

Ein NOC ist ein *no-objection certificate*. Also eine Bestätigung darüber, dass man sich in Pakistan auch in den sensiblen Gebieten bewegen kann. Früher musste jeder Reisende ein solches Zertifikat schon lange vor der Abreise beantragen. Mittlerweile gilt es nur noch für Touristen auf einem Business-Visum. Aber ehrlich, wer reist denn mit einem Business-Visum durch Pakistan?

Die Antwort lautet: Flo. Dabei kann er nicht mal etwas dafür. Obwohl er sich für ein Touristenvisum beworben hat, hat er in der Schweiz das komplett falsche Visum bekommen, und damit darf er nicht durch das Land reisen. Zumindest nicht ohne eine Bestätigung der Regierung, dass die Reisen gerechtfertigt sind.

»Das geht nicht«, erklärt der Polizist und lässt unsere Pläne in Sekunden verpuffen.

Es folgt ein Pingpongspiel: Wir sind eine Reisegruppe. Na, und? Wir reisen zusammen. Das interessiert mich nicht. Wir wussten davon nichts. Ist nicht mein Problem. Bitte lass uns weiterfahren. Nein.

Über eine halbe Stunde dauert es, bis unsere neuen Freunde, die beiden alten Männer mit dem Turban, von draußen in das Polizei-Kabuff kommen. Hastig wird in Urdu übersetzt, was das Problem ist. Kein Erbarmen.

Wortlos tippt der Polizist eine Nummer in sein altes Nokia-Handy und drückt es mir an mein Ohr. An der anderen Seite dringt eine männliche Stimme durch das Rauschen. Ein weiterer Offizieller (der Polizist nennt ihn »Boss«) klärt mich auf. Wieder darf ich mir anhören, dass ein Business-Visum nicht zum Reisen da ist, wieder wird das NOC angesprochen, und wieder wird gesagt, dass wir so nicht weiterreisen dürfen. Einzige Lösung: Wir lassen Flo in der kleinen Hütte. Er und die Polizisten, nach 24 Stunden Busfahrt, einem Teller Reis und wenig Schlaf. Das ist für uns keine Option.

»Können wir etwas zahlen?« Ich muss an die Situation an der Elfenbeinküste denken. Korruption zu fördern ist die eine Sache, sich selbst aus einer dummen Situation freizukaufen die andere. Wieder nimmt der Polizist seinen Hörer in die Hand, wieder reden die beiden alten Männer auf den armen jungen Mann ein, und wieder grinst mir der Busfahrer warm zu.

Ich spreche erneut mit dem Mann hinter dem Rauschen. Diesmal hat er einen Vorschlag: Der Reisepass bleibt in der Hütte, wir dürfen weiter, unter einer Bedingung: Wir verbringen nicht mehr als 24 Stunden in den Bergen und bewegen uns nur mit persönlichem bewaffnetem Begleitschutz.

Clemens | Mir war längst klar, dass wir heute nicht weit kommen würden. Die Stadt, in der sie uns aus dem Bus schmeißen, heißt Chilas und hat genau ein Hotel. Den beiden Männern mit dem Rauschebart sagen wir Lebewohl und bedanken uns für die unerwartete Hilfe. Sie wünschen uns »Viel Erfolg« und grinsen dabei wissend in ihre dichten Bärte.

Ihre Mimik erklärt sich uns noch in der Auffahrt. Mit unseren Backpacks auf dem Rücken manövrieren wir erst durch rund 20 Polizisten vor dem Eingang, nur um im Foyer auf zehn weitere bewaffnete Männer zu treffen.

Mittlerweile kann ich Flos Gesicht lesen wie ein offenes Buch. Gerade steht da so was geschrieben wie »Ach du Scheiße«, auch wenn er die Worte nicht über die Lippen bekommt. Ich scheine nicht der Einzige im Raum zu sein, dem Flos schwaches Nervenkostüm auffällt.

»Wir hatten nur eine Betriebsfeier«, versucht uns einer der Männer zu beruhigen. Groß gewachsen, stattliche Figur, zwei Zentimeter langer Bart – er sieht aus wie ein Coverboy, hätte er nicht eine schwere Kalaschnikow in seiner rechten Hand. Reza Wani verrät sein Namensschild auf der Brust. Er allein wurde abgestellt, um uns in den Augen zu behalten. Und genau die mustern mich gerade ziemlich genau.

»Schöner Bart«, lobt Reza meinen Vollbart. Er sagt es mit einem warmen Unterton und deutet mir dabei ins Gesicht.

Unwillkürlich muss ich schmunzeln und gebe das Kompliment auch an ihn zurück.

»Benutzt du Pflegeprodukte?« Er fasst sich an seinen Bart, drückt ihn zwischen den Fingern zusammen und streicht nach unten.

Diese Frage wiederum habe ich überhaupt nicht kommen sehen. »Ja, ein Bartöl!«

Rezas Gesicht hellt sich auf, als hätte ich gerade ein lange ungelöstes Rätsel aufgeklärt. Er will genau wissen, von welcher Marke das Öl ist und wie oft ich es benutze.

»Proraso heißt die Marke, ist aus Italien.«

»Ah, Italien!«

Anne verfolgt unser Gespräch wie ein Kammerstück im Theater. Sie kann sich ihr Kichern nicht verkneifen und trägt dann selbst etwas zur Unterhaltung bei: »Das ist aber nicht alles. Er benutzt auch extra ein Shampoo für Bärte und so einen Bartbalsam, den man sich reinschmiert.«

Reza scheint in Gedanken seinen Einkaufszettel zu füllen.

Der Hotelmanager unterbricht uns mit zwei Schlüsseln in der Hand. Wir verabschieden uns von Reza.

»Nicht vergessen: Proraso!«, rufe ich ihm noch zu, bevor wir im Gang mit den Zimmern verschwinden.

Clemens: Sind jetzt nach ewiger Fahrt in Chilas in den Bergen angekommen und übernachten hier.

Mama: Ist es sehr kalt?

Clemens: Gerade echt saukalt, tagsüber mal schauen. Sind sehr nah am Nanga Parbat, dem Todesberg, wie Messner sagen würde.

Mama: Bleibt lieber unten in der warmen Stube 😀

Old Shatterhand in Bollywood

RAIKOT BRIDGE

Anne | Dass die letzten 24 Stunden kein Traum waren, merke ich spätestens, als sich mein Steiß beim ersten Schritt aus dem Bett meldet. Was für ein Höllenritt. Durch die dünne Tür von unserem Zimmer in das von Flo kann ich ihn telefonieren hören.

»Reisepass … Nicht mehr … Falsches Visum … Was jetzt?« Nur kurze Aussagen in Schweizerdeutsch schaffen es durch den Schlitz unter der Tür. Eine schöne Art, um unsere beschissene Situation möglichst charmant klingen zu lassen.

Der Morgen startet früh. 24 Stunden hat uns die Stimme hinter dem Nokia-Rauschen am Abend vorher gegeben, um unser Ziel, Fairy Meadows, zu erreichen und wieder in der Polizeihütte anzukommen. Vor uns liegen 60 Kilometer Fahrt und ein Aufstieg von mehr als 2.000 Metern.

Die Geschichte der zwei Deutschen mit dem Schweizer ohne Pass hat sich rumgesprochen. Nach und nach begrüßen uns uniformierte Männer beim Frühstück. Immer klebt die gleiche Flagge über der rechten Brust, immer hängt die Kalaschnikow am dicken Ledergurt über dem linken Arm. Ich fühle mich wie bei einem Casting, bei dem ich in der Jury sitze und nach und nach Leute abwimmle. Doch die Männer sind nur gekommen, um die drei Touristen mit ihren eigenen Augen zu sehen. Ja, wir sind echt.

In einem Ort festzusitzen, in dem das Telefonnetz so schlecht ist, dass man nicht nach Alternativen suchen kann, ist mindestens genauso ausweglos, wie in einem Hotel zu sein, das so stark überwacht wird, dass man als Tourist sowieso nicht allein auf die Straße kann. Die Kombination von beidem ist Chilas. Unser Ausweg: keiner.

Es ist 11 Uhr, als die Tür des Hotels aufgeht und der Polizeichef vor uns steht. Er gibt Flo und Clemens die Hand, mir nickt er zu. Selten bis nie wird einem als Frau die Hand gegeben. Wir beginnen das gleiche Spiel und erklären alles von vorne. Ich kann die Geschichte schon im Schlaf und sehe in den Augen des Polizisten langsam den Nanga Parbat in weite Ferne rücken. Wir könnten das Ganze natürlich auch abblasen und nach Islamabad zurückfahren. Das tun wir aber nicht.

Ist das eine dumme Entscheidung? Sind wir zu unvorsichtig? Begeben wir uns gerade in eine Gefahr? Natürlich gehen mir diese Fragen durch den Kopf. Aber keine davon kann ich auf eine Art und Weise beantworten, die mich sofort wieder zurück in den Bus katapultieren würde. Wir bleiben bei unserem Plan und folgen dem Bauchgefühl, wie immer.

Eine halbe Stunde vergeht, bis alle ihren Senf dazugegeben haben und wir endlich das hören, was wir die ganze Zeit hören wollten: Ihr dürft los. Ich würde ihn am liebsten umarmen, darf das aber nicht.

Also bedanken wir uns mit den größten Worten und Gesten, die wir im Repertoire haben, schnappen unsere Sachen und springen in das Auto, das uns gerade zur Verfügung gestellt wurde.

Es geht los. Unsere geplante Route: Chilas, Raikot Bridge, Fairy Point, Fairy Meadows.

Clemens | Wie Sardinen in der Büchse sitzen Anne, Flo und ich im dicken Zwiebellook auf der Rückbank eines alten Nissan-Pkw. Wenigstens wird uns dadurch nicht kalt, denn von Kälte hatte ich letzte Nacht schon genug. Vorne auf dem Beifahrersitz macht es sich ein Polizeibeamter gemütlich. Hatten wir ernsthaft gedacht, man würde uns alleine weiter in Richtung Norden fahren lassen?

Der Polizist trägt eine feste Uniform am Körper, eine Kalaschnikow in der Hand und massive Stiefel an den Füßen, die jeden Türsteher neidisch machen würden. »Ich fahre mit, okay?«, murmelt er in Richtung Rückbank.

Dem haben wir nichts entgegenzusetzen. Es klingt nicht wie eine Frage. Wir verlassen Chilas auf einer unebenen Landstraße nach Norden. Links von uns befindet sich der reißende Indus, der uns mit seinem eintönigen Rauschen durch die Nacht trug, rechts eine kahle Felswand. Meine Augen wandern zum Schoß des Polizisten. Getaktet von den Erschütterungen fällt die Waffe zwischen seinen Beinen hin und her. Der Lauf zeigt nach oben zu seinem Gesicht.

» **Waffe, die; Substantiv, feminin**

Gerät, Instrument, Vorrichtung als Mittel zum Angriff auf einen Gegner, zum Erlegen von Tieren, zur Zerstörung von Bauwerken, technischen Anlagen usw. oder zur Verteidigung (z. B. Hieb- oder Stichwaffe, Feuerwaffe)

(Quelle: duden.de; aufgerufen in Chilas, November 2018)

Bisher hat es keine Reise so sehr geschafft, meine Definition oder mein Gefühl von Sicherheit ins Wanken zu bringen, wie diese durch Pakistan. Schusswaffen gelten gemeinhin als Symbole für Aggression, Dominanz, Macht und vor allem Gefahr. Heißt das nicht im Umkehrschluss: Wo Schusswaffen sind, ist Gefahr nicht weit? Soweit die negative Assoziation. Und doch verstehe ich langsam, dass Schusswaffen auch Symbole für Sicherheit sein können. Nämlich dann, wenn sie als Warnung dienen, als Symbol für »Achtung, das sind zwar Touristen, aber hey, mach lieber nichts, sonst passiert noch was«.

Stumm sitzen der Fahrer und der Polizist nebeneinander. Sie scheinen sich nicht zu kennen. Zu hören ist nur das eintönige Brummen des Motors im akustischen Tanz mit den rollenden Steinchen unter uns.

Das kantige Gesicht des Polizisten spiegelt sich im schiefen Innenspiegel des Autos. Ich ertappe mich dabei, wie ich es mehrere Sekunden lang inspiziere. Auffallend sind vor allem seine kräftigen, stählernen Augen, fast wie bei einem Husky. Man könnte ihn gut und gerne für den Bruder von Old Shatterhand halten.

Der Fahrer ist desinteressiert. Mehr als ein leichtes Nicken beim Einsteigen hat er an Gesten nicht zustande gebracht. Von Worten darf gar nicht die Rede sein. Und auch der Ordnungshüter ist, abgesehen von seinen zur Begrüßung gemurmelten Worten, bisher still geblieben.

»Fairy Meadows, ja?« Old Shatterhand dreht sich so hastig zu uns um, dass ich kurz zusammenschrecke. Durch die Bewegung zeigt der Lauf seines Gewehrs jetzt nicht mehr in seine Richtung, sondern auf den Fahrer.

»Genau, nach Fairy Meadows!«, antworten wir im Kanon.

Dabei war die Aussage des Polizeibeamten mit keinerlei Unterton belegt. Im Gegenteil, er garnierte sie mit einem so charmanten Lächeln, dass mir ein wenig das Herz aufgegangen ist. Selbst der

Winter, der jetzt, im November, mit riesigen Schritten in den hohen Norden des Landes einzieht, lässt die ungeheure Freundlichkeit der Pakistaner kein Stück erfrieren. Das Eis ist gebrochen.

Das scheint auch Old Shatterhand so zu sehen. Ohne den Fahrer um Erlaubnis zu bitten, dreht er an der Soundanlage. Dabei betätigt er nicht nur das Radio, sondern auch einen Monitor zwischen den Sitzen. Mit der gleichen Selbstverständlichkeit schließt er sein Smartphone an und spielt ein Musikvideo ab. Siehe da, jetzt tauschen er und der Fahrer sogar ein paar Worte. Musik verbindet.

Von hinten können wir den Videoclips besonders gut folgen. Die meisten zeigen wilde Gruppentänze, bei denen die Arme im schnellen Rhythmus der Musik wild von einer Seite auf die andere geschleudert werden. Wie in einem Backstreet-Boys-Video, nur mit mehr Leuten. In der Mitte steht meistens der Sänger in einer eng anliegenden Lederjacke und mit einem flirtenden Dauergrinsen. Mindestens eine schmachtende junge Frau darf dabei nicht fehlen, mehrere wären aber eigentlich besser. Ohne weibliche Schönheit wäre das bollywoodeske Glück schließlich nicht perfekt. Genau genommen ist jedes Musikvideo eine kleine Liebesgeschichte, von der ersten Verliebtheit über das schmerzvolle Abwenden bis hin zur tragischen Wiedervereinigung und dem Schwur der ewigen, einzig wahren Liebe. *Inshallah!* Wie im wahren Leben also, nur mit dem Unterschied, dass ein Musikvideo so lange dauert, wie ein Musikvideo eben dauert: drei Minuten. Dann startet auch schon der nächste Clip und die nächste herzzerreißende Lovestory.

Ein Checkpoint der Polizei unterbricht unsere Kaffeefahrt. Auch diesmal müssen wir mit aussteigen – schließlich haben wir keine Passkopien mehr und Flo ja noch nicht einmal seinen Pass. Vor einer Hütte sitzen sechs Polizisten mit Maschinengewehren unter strahlend blauem Himmel auf notdürftig mit Gaffer-Tape zusammengehaltenen Plastikstühlen. Shatterhand scheint jeden einzelnen der Männer zu kennen. Er grüßt sie kumpelhaft und setzt sich zu ihnen. Die Befragung beginnt. Wir müssen unsere Reisepässe vorzeigen. Dass Flo das nicht kann, erklärt Old Shatterhand seinen Kollegen. Woher wir kommen, will einer wissen, der eigentlich unsere zwei deutschen Pässe bereits in der Hand hält. Wir antworten ihm trotzdem.

»Und wo soll es hingehen?«, ergänzt er. »Nach Fairy Meadows?«

Wir nicken freundlich.

Das wiederum ruft eine Reaktion hervor, die wir so nicht erwartet hätten: »Ich komme selbst aus Fairy Meadows! Und er auch! Und er!« Aufgeregt zeigt er auf seine Kollegen.

Jetzt steht allen Männern ein ehrliches Lächeln im Gesicht, eines, das in der Morgensonne glänzt.

»Aber jetzt: kalt«, fügt er warnend hinzu und fasst sich dabei mit dem Armen um den eigenen Oberkörper. Sogar frischen Schnee soll es oben geben.

Vor meinem inneren Auge formt sich ein ganz neues Bild des Nanga Parbat, das eines majestätischen Bergmassivs am Ende einer saftigen Blumenwiese. Sein Gipfel ist von strahlend weißem Puderzuckerschnee bedeckt.

»Okay, *chalo!*«, ruft Anne. Mittlerweile machen wir uns einen Scherz daraus, wer zuerst das magische Wort sagt. Immer noch führt es in den meisten Situationen zu einem herzlichen Lachen auf Seiten der Pakistaner. Und wir? Wir lachen einfach mit. Die Sprachbarriere kann uns mal.

Old Shatterhand bleibt zurück und winkt uns noch eine ganze Weile hinterher. Von nun an gibt es nur noch uns und den maulfaulen Fahrer. Die Landschaft wird immer trostloser, die Schluchten tiefer und eintöniger. Erst wurde die Straße zum Kiesweg, dann Vegetation zu Gestein, Zivilisation zu Natur. Das rhythmische Gedudel aus der Soundanlage lässt die Eindrücke noch surrealer erscheinen. Auf dem Bildschirm betanzen gerade 20 Personen das Ende einer gescheiterten Beziehung, indem sie ihre Arme in alle Himmelsrichtungen schleudern. Ob das den Herzschmerz lindert?

Wir erreichen die Raikot Bridge, das Gateway zum Nanga-Parbat-Basecamp. Auf der anderen Seite beginnt der Prestigeabschnitt des Karakorum Highways. Der KKH, wie er abgekürzt wird, ist das Vorzeigeprojekt Chinas in Pakistan. Er verbindet Kashgar im autonomen Gebiet Xinjiang in Westchina mit Havelian im Nordwesten Pakistans. Kaum haben wir die Brücke überquert, lässt sich das überdimensionale Autobahnschild über der mehrspurigen und wohl modernsten Straße des Landes lesen: Gilgit, Hunza und Khunjerab steht in großen Lettern auf strahlend blauem Blech. Dass unser Weg bis jetzt über völlig ungeschützte Kieswege abseits jeder Zivilisation führte, ist kaum noch zu spüren.

Wir werden in eine Hütte gebracht, die als Behausung für die Ranger fungiert, die Polizisten der Bergregion. Sie sorgen in der von Anschlägen und Überfällen erschütterten Ecke des Landes für größtmögliche Sicherheit. Seit den Anschlägen auf Touristen im Jahr 2013 ist nichts dergleichen passiert. Die Männer scheinen also einen guten Job zu machen.

Im Zimmer zähle ich zwölf Mann, aber nur drei Metallbettgestelle. Die Ranger tummeln sich alle in einem Raum. Anscheinend ist nicht gerade Hochsaison, was den Aufstieg zum Basecamp des Nanga Parbat angeht.

»Ihr wollt also nach Fairy Meadows? Wie viele Tage?«

Dass wir nur für eine Nacht oben am Berg bleiben wollen, sorgt in der Runde für große Verwunderung. Wer nimmt schon den langen Weg von Islamabad auf sich und dazu noch eine lange Wanderung auf dieser Höhe, um dann am Tag darauf schon wieder abzureisen? Das wäre ja bescheuert.

Gut, dann sind wir heute eben bescheuert. Schließlich bleibt uns nichts anderes übrig. Offiziell hätten wir überhaupt nicht nach Fairy Meadows gedurft. Hätte sich der Polizeichef von Chilas dem nicht widersetzt, was uns der Chef des Checkpoints in der Nacht zuvor noch verboten hatte, wären wir gar nicht bis zur Raikot Bridge gekommen.

Das 24-Stunden-Ulimatum läuft in sechs Stunden ab. Jetzt umzudrehen macht überhaupt keinen Sinn. Und um nicht in die Dunkelheit zu geraten, sollten wir möglichst bald nach Fairy Point losfahren, rät uns ein anderer. Das sehen wir auch so. Trotzdem hält die selbst ausgesprochene Warnung die Männer nicht davon ab, uns noch einen Tee einzuschenken. Gastfreundschaft geht vor. Obwohl wir uns in unserer schweizerisch-deutschen Kombination größtmöglicher Effizienz nicht dazu hinreißen lassen wollen, nehmen wir die Einladung an. Essen und Trinken darf man in Pakistan nicht ablehnen, das wäre respektlos. Und wenn ich darüber nachdenke, kann ein warmer Trunk vor unserem Vorhaben überhaupt nicht schaden.

 # Pakistan-Lektion #11: Chai ist in Pakistan mehr als nur Tee, sondern vielmehr eine Friedenspfeife in allen möglichen Situationen und Diskussionen.

Einer von ihnen stellt sich als unser Begleitschutz vor. Dass er Babar heißt, verrät ein Klettstreifen auf seiner Brust. Der schmächtige Mann ist in etwa Mitte dreißig. Beim Verlassen der Hütte schwingt er sich seine Kalaschnikow so lässig auf den Rücken wie Lenny Kravitz die Gitarre. Besonders freut ihn, dass Flo aus der Schweiz stammt.

»Ihr habt auch Berge, oder?« Das Lächeln im Gesicht steht ihm gut.

Schon wieder kann ich das Eis förmlich brechen hören. Knick, knack!

Die gefährlichste Straße der Welt

FAIRY POINT

Clemens | Der Jeep, mit dem wir weiter in den Himalaya fahren, ist ein uriges Teil. Die gepanzerten Geländewagen aus dem Zweiten Weltkrieg kommen ihm sehr nah. Er besteht aus massivem Metall, hat extrem breiten Radstand und hinten keine Fenster. Stattdessen ist alles offen, die Seiten sind mit lose herunterhängenden Planen abgehängt. Auch hat er hinten keine Sitze, sondern lediglich eine harte Pritsche. Ich muss mich ziemlich abmühen, um den eigenen Körper auf die Rückbank zu hieven.

Es geht los, wir drei auf der Rückbank, Babar und der Fahrer vorne. Keine Minute später biegen wir von der asphaltierten Landstraße ab und schlängeln uns einen unscheinbaren Weg hinauf. Serpentine für Serpentine geht es nach oben. Die Perspektive ändert sich mit jedem

Meter. Schon bald sehen die Raikot Bridge und die Hütte der Ranger mickrig klein aus, bis sie in der Schlucht verschwinden und die Schlucht hinter der nächsten Kurve.

Es wird immer wilder und ruckelt, was das Zeug hält. In bester Indiana-Jones-Manier krallen wir uns an den kalten Metallstangen der Karosserie fest. Mit jeder Spitzkehre schleudert es uns zur Seite, mit jeder Unebenheit hüpfen unsere Körper in die Höhe, nur um kurz darauf wieder auf den eigenen Hosenboden zu plumpsen. Bis zum puderzuckerweißen Nanga Parbat sind es noch eineinhalb Stunden Fahrt. Gerade macht das alles einen Heidenspaß und wir uns überhaupt keine Sorgen.

Das ändert sich gut 20 Minuten später, als sich die Straße in einen Abhang verwandelt und bald nicht mehr ist, als eine schmale Fahrrinne, seitlich in den Fels gehauen. Absperrungen oder gar eine Leitplanke sind nirgends zu finden. Völlig ungeschützt fahren wir an den ewigen Abgründen entlang. Schlagartig wird mir bewusst, dass die Planen vor dem Fenster des Jeeps wohl mehr als Sichtschutz fungieren sollen, als um den immer kälter werdenden Fahrtwind abzublocken.

Statt weiter in die Tiefe zu schauen, schließe ich die Plane wieder. Ich strecke meine Hand samt Smartphone an ihr vorbei nach außen und drücke ein Dutzend Mal auf den Auslöser. Ein gutes Foto wird schon dabei sein. Auch das anschließende Video mache ich, ohne wirklich hinsehen zu können. Erst beim Anschauen wird mir bewusst, wie verdammt hoch wir eigentlich sind und wie extrem nah wir an der Schlucht entlangfahren. Ich bin so erschrocken, dass ich die Plane lieber noch ein Stück zuziehe. Nur die Aussicht nach vorne durch die Scheibe kann ich nicht verdecken. Mit jeder Kurve breitet sich ein neues Panorama vor uns aus und mit ihm eine neue, noch gefährlichere Kurve.

Meine Arme sind so angespannt, dass es mir vor dem Muskelkater am nächsten Tag graut. Statt Worten werfen wir drei uns nur noch

Blicke zu. Solche, die sagen, wie krass abgefahren diese Jeep-Fahrt gerade ist. Aber Worte? Dafür hat gerade keiner den nötigen Atem. Ich versuche es trotzdem.

»So hab ich mir immer diesen Bergpass in Bolivien vorgestellt!«, rufe ich. Der Satz wird vom Wind hin und her gerüttelt. Meine Stimme setzt zwischendurch aus.

»Die Death Road?« Flo schreit über den Motorenlärm hinweg mit nicht weniger brüchiger Stimme. »Die bin ich vor Jahren mal gefahren!«

Ich schaue in seine vor Adrenalin weit aufgerissenen Augen. Sein Kopf wackelt wie der eines Wackeldackels.

»Die ist ein absoluter Witz gegen das! Das hier? Das ist viel, viel krasser!«

Müsste nicht gerade er, als Schweizer, gefährliche Gebirgspässe gewohnt sein?

Anne | Ich habe keine Höhenangst. Und doch merke ich das Adrenalin an ungeschützten Abgründen am Pochen direkt oberhalb meines Pos. Das war schon immer so. Ich brauche nur auf dem Dach eines Hauses zu stehen und herunterzuschauen, schon höre ich die Uhr ticken. Gerade ist daraus das Piepen einer Zeitbombe geworden, die kurz davor ist, zu explodieren. Wir sind auf 1.850 Metern über dem Meeresspiegel und nur Millimeter vom Abgrund entfernt.

Manchmal gewöhnt man sich an das Schreckliche einer Situation. An Gerüche zum Beispiel. Den beißenden Schweißgeruch einer Person, die sich mit einem das Zimmer teilt, riecht man irgendwann gar nicht mehr. Und das Wackeln eines Jeeps auf einer Höhe von knapp 2.000 Höhenmetern gerät irgendwann völlig in Vergessenheit. Spätestens jedoch dann, wenn es auf einer maximal anderthalb Meter breiten Schotterpiste zu einem Passiermanöver kommt, laufen einem vor Angst Schweißperlen die Schläfen herunter.

Ich sehe den neongelben Jeep auf uns zukommen: Es gibt keine Ausweichmöglichkeiten. Keine Parktaschen. Keinen Standstreifen. Es gibt uns, die Schotterpiste und den Abgrund. Und dem kommen wir gerade so nah, dass uns maximal eine dünne Nadelbreite vom freien Fall schützt. Mit einem lauten Knall explodiert die Zeitbombe in meinem Po.

Erst beim Abschiedshupen nehme ich die Hände wieder von meinen Augen. Die beiden Fahrzeuge haben es tatsächlich irgendwie geschafft, an einer Stelle, an der es überhaupt nicht möglich ist, aneinander vorbeizufahren. Wir hatten keine Ahnung, dass wir auf so einer Straße landen würden. Alles, was wir über die Anfahrt nach Fairy Point gelesen haben, war, dass man mit einem Jeep reist. Schotterpiste? Riesige Abgründe? Wahnsinnige Überholmanöver? Darauf hat uns niemand vorbereitet.

Manchmal ist es vielleicht besser, vorher nicht genau Bescheid zu wissen. Denn, wer einfach so ins kalte Wasser geworfen wird, hat selten Zeit sich große Gedanken zu machen. Und doch bin ich froh, als der knatternde Motor des Jeeps vor einem brüchigem Holztor anhält: »Welcome to Fairy P.« steht da in aufgemalten Buchstaben. Ein Glück.

Nanga Parbat: Mein Schicksalsberg

FAIRY MEADOWS

Clemens | Als Kind verbrachte ich viel Zeit an der frischen Luft, auf Campingplätzen in Italien, an der Atlantikküste von Frankreich oder in den Nationalparks von Kenia. Doch eines hat mir von Kindesbeinen an am meisten Spaß gemacht: das Wandern. Weite Teile Südtirols kenne ich sehr gut, das Grödnertal sogar heute noch wie meine Westentasche. Wie oft bin ich als kleiner Junge die Wanderwege rauf und runter gehüpft, von morgens um neun bis spät am Nachmittag, wenn die Wiesen in der untergehenden Sonne schon goldgelb leuchteten? Müde wurde ich selten. Zu frisch war die Luft, zu schön die Aussicht, zu gesellig die Tradition des gegenseitigen Grußes anderer Wandersleut'. »Grüß Gott!« Ich mochte das sehr. Allein der Gedanke an den frischen Kaiserschmarrn, der oben in der Hütte auf mich wartete, ließ mich den anderen oft weit vorauslaufen, leichtfüßig wie eine Gazelle.

Heute wartet auf mich am Ziel ganz sicher kein Kaiserschmarrn, stattdessen der mit 8.125 Metern neunthöchste Berg der Erde, der Nanga Parbat. Ein Name, der Generationen von Bergsteigern Ehrfurcht ins Gesicht zaubert. Nicht ohne Grund wurde der ›Diamir‹ in den 1930er Jahren zum ›Schicksalsberg der Deutschen‹ stilisiert. Aufgrund der hohen Zahl an verunglückten Bergsteigern wird der Nanga Parbat auch ›Killer Mountain‹ genannt. Selbst Bergsteigerlegende Reinhold Messner, der König des Himalayas, verlor hier schon den einen oder anderen Zeh – und seinen Bruder Günther. Er starb am 29. Juni 1970 am Nanga Parbat, nachdem den Südtiroler Brüdern erstmals die Durchsteigung der Rupalflanke, der mit 4.500 Metern höchsten Fels- und Eiswand der Welt, gelungen war. Doch der Abstieg über die andere Seite ins Diamirtal endete tragisch mit Günther Messners Lawinentod.

Wer den Nanga Parbat von Norden her besteigen will, den führt die erste Etappe nach Fairy Meadows. Dem Plateau mit dem klangvollen Namen eilt sein Ruf voraus. Wenn in den Reisemagazinen dieser Welt von Pakistan die Rede ist, dann darf ein Foto der Märchenwiese nicht fehlen. Für viele Pakistaner gibt es keinen schöneren Ort als diesen. Die so romantisch verklärte Namensgebung ist auf deutsche Bergsteiger zurückzuführen, denen beim Anblick nur eine Bezeichnung einfiel: märchenhaft.

Wo der Jeep nicht weiterkommt, beginnt ein Trampelpfad. Einer, der so schmal ist, dass wir vier nur hintereinander laufen können, der Ranger voraus. Dass wir den letzten Rest der Zivilisation verlassen, wird mit der abnehmenden Menge Müll am Wegesrand bemerkbar. Es sind weniger bis keine Plastikflaschen, Müslipackungen oder Zigarettenstummel mehr zu sehen. Massentourismus, wie er am Mount Everest seit Jahren stattfindet, gibt es nicht. Dafür ist der Nanga Parbat zu abgelegen, und zu grauenhaft sind die Geschichten und Mythen, die sich um ihn ranken.

Es geht extrem steil bergauf. Schon nach zehn Minuten brauche ich eine erste Auszeit. Nur ganz kurz, geht ja gleich wieder. Tief einatmen, noch tiefer ausatmen. Alle warten mit mir, und ich kann Anne ansehen, wie dankbar sie selbst für die kurze Verschnaufpause ist. Die Steigung macht auch ihr zu schaffen.

Auf den nächsten Kilometern wiederholt sich das Prozedere: drei- bis vierhundert Meter gehen, eine Minute erholen. Ab und zu gönnen wir uns dabei einen Schluck Wasser. Trotzdem will mein Rucksack partout nicht leichter werden. Die Kraft lässt immer mehr nach, meine Lunge brennt, es schmerzt in der Brust. Ich fange an zu zweifeln, ob ich mir meine Kindheit mit den Wanderurlauben in den Alpen vielleicht doch nur erträumt habe. Unser Aufpasser lässt die kurzen Pausen über sich ergehen. Sie scheinen für Babar nichts Neues zu sein. Er besänftigt mich mit freundlichen Worten. Ich solle mir ruhig meine Zeit nehmen. Alles in bester Ordnung. Nur mit der Ruhe.

Mein Schweizer Eidgenosse sieht das anders. Er greift sich kurzerhand meinen Rucksack. »Komm, gib' schon her!«

Das lass ich mir nicht zweimal sagen.

Anne schaut neidisch dabei zu, wie Flo mir das schwere Gepäck abnimmt. Dann nimmt er auch noch Annes Daypack.

»Sonst schaffen wir es ja nie nach oben.« Ein geübter Schwung nach hinten, und schon sitzen beide wie Kletten an seinem Rücken.

Ich kann Anne im Stillen aufatmen hören. Unser Schweizer Sherpa wandert unbeirrt weiter. Zum ersten Mal merke ich ihm seine Vergangenheit als semi-professioneller Wrestler durch mehr als seine verformten Ohren an. Dass uns sein beiläufig erwähntes Alt-Hobby auf dieser Reise mal von Nutzen sein könnte, hätte ich nicht gedacht.

Zu meinem kurzen Atmen gesellt sich ein komisches Gefühl im Bauch. Ein Druck, der sich bis in die Brust hochzieht und den ganzen Oberkörper einnimmt, als wolle er sagen, dass man auf dieser Höhe irgendwo im Himalaya gar nichts zu suchen hat.

»Ja, ja, ist ja gut, das habe ich längst verstanden«, höre ich meine innere Stimme antworten.

Trotzdem können wir nicht umkehren. Es geht steil in Richtung Abend und wir in Richtung des rettenden Camps. Die Dämmerung hat eingesetzt und nimmt jede Minute zu. Ein Gedanke, der mir kurz einen Aufwind gibt.

Babar kürzt unsere Pausen. »Noch eine halbe Stunde«, versucht er mich zu trösten.

Ein bisschen funktioniert das auch, schließlich muss er es ja wissen, er kennt die Strecke wie kein anderer.

Als nächstes versucht er es mit Humor. Ob wir eigentlich wüssten, dass wir direkt auf den Nanga Parbat zulaufen.

Nein, das war uns nicht bewusst, geben Anne und ich schnaufend zurück.

»Hätten wir gutes Wetter«, so erklärt er, »würden wir den Berg direkt vor unserer Nase sehen.«

Na, prima, das hilft mir jetzt weiter. Auf klare Sicht können wir heute lange warten. Stattdessen wandern wir durch eine dichte, dunkle Nebelsuppe.

Etwas landet auf meiner Nase. Eine dicke Schneeflocke. Dann noch eine und noch eine. Der Schnee erwischt uns eiskalt. Als wäre die Mischung aus maximaler Erschöpfung und finsterster Dunkelheit nicht schon schlimm genug, fängt es jetzt auch noch an zu schneien. Dicke Flocken versperren uns die Sicht auf den kaum zu erkennenden Wanderweg. Wie ein Schleier senken sich dicke Wolken herab. Nur die drei, vielleicht vier Meter vor mir sind zu erkennen, weiter vorne nur ein dunkles Loch.

Wir müssen schon auf knapp 3.000 Metern sein. Von nun an knirscht es unter den Wanderstiefeln. Ein Geräusch, an dem ich mich festhalten kann: knarz, knarz, knarz.

»Nur noch eine halbe Stunde«, versucht mich Babar zu beruhigen, »dann sind wir am Ziel.«

Das hat er vor 20 Minuten schon einmal gesagt. Er redet dabei bedacht wie der Vater zum Sohn, mit einem unterstützenden Ton, den ich gerade sehr gut gebrauchen kann. Nach jedem Lob und jedem Gutzureden renne ich wie ein Berserker los, Schritt für Schritt durch die Schneepfützen. Meine letzte Kraft kommt mit jedem Rest an Mut und in Intervallen. 100 Meter vor, Pause, 80 Meter vor, Pause, 100 Meter, Pause. Der Druck in Bauch und Brust ist zu einem chronischen Schmerz ausgewachsen. Ich kann gar nicht mehr sagen, wo er herkommt. Fast ohnmächtig nehme ich ihn einfach hin. Allmählich verschwimmt alles vor meinen Augen.

Babar bleibt stehen und zeigt mit dem Finger ins Nichts. Verdeckt hinter Bäumen sind die spärlichen Umrisse einer Hütte zu erkennen.

Wie von der Tarantel gestochen rennen alle los und von mir weg. Natürlich bin ich auch jetzt das letzte Glied unserer Wandergruppe. Mit einem Unterschied: Niemand wartet mehr auf mich. Selbst der Polizist dreht sich nicht mehr kontrollierend zu mir um. Wie ein römisches Zugpferd trabt er voraus.

Ich kämpfe mich nach oben und versuche, mit jedem knirschenden Tritt auf den Boden ganz gewollt einen Rhythmus zu kreieren, der mich in Trance versetzt, sodass ich nicht mehr über das nachdenken muss, was wir gerade Wahnwitziges machen. Es funktioniert! Ich merke nicht mehr viel von dem, was um mich herum geschieht. Nur dass mir der Wind den dichten Schnee seitlich ins Gesicht peitscht.

Anne dreht sich zu mir um: »Geht's noch?« In ihrer Frage schwingt eine ironische Doppeldeutigkeit mit. Ihre Intention dringt trotzdem zu mir durch, und ich weise sie mit einem trägen Winken dazu an, einfach weiterzulaufen. Bloß nicht stehenbleiben. Weiter, immer weiter.

Ist da vorne ein Licht zu sehen? Ich glaube meinen eigenen Gedanken kein Wort mehr. Das letzte Teilstück führt über ein Plateau und durch 20 Zentimeter hohen Neuschnee. Die anderen verschwinden einer nach dem anderen in der weit geöffneten Tür, die mir vorkommt wie ein Licht am Ende des Tunnels. Erst der Polizist, dann Flo und auch Anne haben sich bereits in die warme Stube gerettet, während ich mich noch die Treppenstufen hinaufquäle. Beim Ausziehen der Schuhe im Eingangsbereich zieht ein Schmerz in meine linke Wade. Selten war mir ein Krampf egaler als jetzt. Ich schwanke in den Raum. Ohne wirklich hinzusehen, murmle ich den Anwesenden ein erbärmlich schwaches »Hallo« entgegen und lasse mich auf eine Matratze plumpsen. Geschafft. Im wahrsten Sinne des Wortes.

»Was war denn los?« Wir brauchen ein paar Minuten, bis wir unseren Atem und die Gesprächsthemen wiederfinden. »Ist dir übel, oder ist die Luft weg?«, ergänzt Flo mit einer gespielten Leichtigkeit.

Ich muss mir die dicke Decke aus Schafswolle ein Stück weiter ans Kinn ziehen, bevor ich antworte. Mir ist schlecht. Hunger hab ich auch. Eine doofe Kombination. »Alles auf einmal.« Mehr fällt mir gerade nicht ein.

Im Inneren der Blockhütte befindet sich ein Aufenthaltsraum für die Gäste und das spartanische Matratzenlager der Polizisten. Die Wände sind geschmückt mit Fotos von Bergsteigern am Nanga Parbat. Manchen sieht man das Alter an, so vergilbt sind ihre Ränder und so ausgeblichen die Farbe. Viele zeigen den Moment des Triumphs, das Gipfelbild. In der Mitte des Raumes steht eine Blechtonne, die in einen Holzofen umfunktioniert wurde. Es qualmt unentwegt aus ihr heraus, die Luft ist schon ganz neblig. Alle zehn Minuten wirft einer der Bergpolizisten ein Holzscheit hinein. Das scheint seinen Zweck zu erfüllen, langsam kann ich meine Beine und Arme wieder spüren.

Erst jetzt fällt mir die zierliche Chinesin auf, die zwischen den Männern kauert. Ihre Vorstellung ist sehr direkt: Sie heiße Li-Ming, komme aus Hongkong und habe Durchfall. Na, prima.

»Da können wir ja ein Lazarett aufmachen«, sage ich kapitulierend.

Meine Wanderfreunde lachen lauthals los. Ich bin mir nicht sicher, ob das auf meinen Witz zurückzuführen ist oder darauf, dass sie einfach nur froh sind, mich wieder etwas besser gelaunt zu sehen.

Mit unseren Gliedmaßen tauen allmählich auch die Polizisten auf. Wir erfahren, wer die Bergsteiger auf den Fotos sind, wer den Gipfel ihres Hausbergs erklommen hat und wer abbrechen musste. Die Geschichten beginnen in den 1960er Jahren. Auch erzählen sie, wer es lebendig wieder zurück nach Fairy Meadows geschafft hat. Spoiler: Es waren nicht alle. Gespannt lauschen wir den Erzählungen. Eine gelungenere Ablenkung von meinen Schmerzen könnte ich mir nicht vorstellen. Es fühlt sich an, als gehörten wir dazu, als seien auch wir echte Bergsteiger.

Den großen Reinhold Messner würden sie alle persönlich kennen. Er habe in dieser Hütte sogar seinen 40. Geburtstag gefeiert. Das ist mehr als 35 Jahre her. Ob die kleine Flasche Jägermeister, die auf dem Regal steht, ein Relikt dieses Abends ist? Leer ist sie auf alle Fälle. Wäre sie es nicht, wir hätten sie liebend gern unsere trockenen Kehlen heruntergespült, allein schon, um auf uns anzustoßen. Als wäre der Qualm aus der Tonne nicht schon genug, fängt einer der Männer auch noch zu rauchen an, eine nach der anderen. Der Geruch von verbranntem Holz und dichtem Nikotin lässt meinen Kopf immer schwerer werden.

Li-Ming ist nur ein paar Stunden vor uns eingetroffen. Geschlagene sechs Stunden habe sie von Fairy Point bis Fairy Meadows gebraucht.

Erst jetzt wird mir bewusst, was ich gerade geleistet habe. Im Gegensatz zu ihr haben wir nur zweieinhalb Stunden benötigt, und das trotz Dunkelheit, Neuschnee und, na ja, meiner Wenigkeit. Wie dreckig muss es ihr eigentlich gehen? Gut, dass ich auf der anderen Seite des Raums sitze. Durchfall könnte ich jetzt wirklich nicht gebrauchen.

Dass wir nicht im völlig zugequalmten Matratzenlager übernachten, ist mir ganz recht. Stattdessen folgen wir unserem Aufpasser in eine gut 80 Meter entfernte Holzhütte. Mit großen Schritten stapft er voraus durch den jetzt noch tieferen Neuschnee. Um uns herum ist nichts als Dunkelheit. Der Killer Mountain zeigt sich heute nicht mehr.

In der Nebensaison zu reisen hat Vorteile und Nachteile. Zwar haben wir Fairy Meadows (fast) für uns allein, jedoch sind die Unterkünfte noch mitten im Winterschlaf. Unser Lager für die Nacht ist eine Blockhütte mit drei einzelnen Betten und einem Badezimmer. Einen Ofen oder gar eine Heizung gibt es nicht, das Wasser in der Toilette und am Wasserhahn ist vollkommen zugefroren.

Anne | Schlafen kann ich nur im Minutentakt. Bei der kleinsten Bewegung fliegt so kalte Luft unter meine viel zu dünne Decke, dass ich sofort hellwach bin. Und wenn es nicht die Kälte ist, die mich weckt, dann ist es Clemens, der sich in der anderen Ecke des Zimmers seit Stunden lautstark von rechts nach links dreht und immer wieder gequält aufstöhnt. Vor Kälte oder vor Schmerzen?

»Was ist los?«, flüstere ich.

»Mein Magen dreht sich total, mir geht's richtig kacke«, ruft er in einem patzigen Ton. Seinen verzweifelten Gesichtsausdruck kann ich sogar in der Dunkelheit erkennen.

Ich ziehe mir meine Stirnlampe über den Kopf, durchwühle aus dem Bett heraus unser Durchfallmittel-Repertoire und werfe ihm eine Tablettenpackung rüber. Sicher ist sicher. Noch scheint das Wasser in der Flasche nicht ganz gefroren zu sein, sodass es ein paar Tabletten seine Kehle hinunter schaffen. Ich drehe mich wieder um. Hoffentlich wirken sie.

Clemens | Hallo? Kaum eine Minute später höre ich Anne wieder tief und ruhig atmen. Wie kann sie denn jetzt einfach wieder einschlafen? Müsste ich meinen Schmerz einem Arzt beschreiben, ich würde es nicht können. Zwischen Darm, Magen und Lunge hat sich ein Druck aufgebaut, den ich so überhaupt noch nicht kannte. Knurrt mein Magen oder blubbert der Darm? Das Geräusch aus meinem Bauch ist so laut, dass mich der Anblick meines neuen, selig schlafenden Schweizer Freundes noch mehr verwundert als der Fakt, dass er überhaupt bei dieser Kälte schlafen kann.

›Ich muss aufs Klo, jetzt!‹

›Das ist zugefroren, das geht nicht.‹

›Aber mein Darm platzt gleich!‹

Getrieben von den sanften Atemzügen der anderen, kann ich meinen Gedanken in der Dunkelheit dabei zuhören, wie sie ihre Fragen selber beantworten, wie in einem alten Lucky-Luke-Comic. Die einzige Toilette, die ich benutzen könnte, ist bei der 80 Meter entfernten Hütte der Polizeibeamten.

›Soll ich?‹, fragt der tapfere Clemens mit dem letzten Rest an Mut.

›Nein, es wird schon wieder‹, antwortet der vernünftige.

›Quatsch, nichts wird besser, kein Stück!‹ Auch das Weichei hat sich mal zu Wort gemeldet.

Geschlagene zwei Stunden später kratze ich meinen Mut zusammen und stehe aus dem Bett auf. Erst jetzt wird mir bewusst, wie kraftlos ich bin. Mit Mühe und Not schaffe ich es, mir die klobigen Trekkingstiefel über die steifen Füße zu ziehen. Ich grabsche nach dem Klopapier und der Kopflampe auf dem Boden, die ich in meiner linken Hand so festkralle wie ein in Seenot Geratener den Rettungsring.

Die Holztür knarzt beim Öffnen wie in einem schlechten Horrorfilm. Ich habe alle Mühe, einen Fuß vor den anderen zu setzen. Kaum draußen, schneidet mir eisige Luft ins Gesicht. Die Lampe leuchtet mir den Weg in grellem Neonweiß, erst über die erhöhte Veranda, dann die schiefen Holztreppen hinunter, die ich am Abend noch mit Leichtigkeit erklommen hatte, bis auf den verschneiten Boden. Erst jetzt schaue ich hoch.

Vor mir liegt ein strahlend weißes Lawinenfeld. Die prächtige, viele Meter hohe Schnee- und Eisdecke ist zerrissen von tiefen Furchen.

Und dahinter? Der Nanga Parbat. Wie eine Gottheit erhebt sich der Achttausender aus dem Schnee, majestätisch beleuchtet vom Mond am Firmament. Genau in dem Moment, in dem es mir am denkbar schlechtesten geht, gönnt mir der berüchtigte Schicksalsberg des Himalayas dieses Panorama. Das Wort atemberaubend hat noch nie so viel Sinn gemacht.

Mit letzter Kraft schleppe ich mich durch den jetzt 40 Zentimeter hohen Schnee, das Klopapier in der einen, die Stirnlampe in der anderen Hand. Die Schneedecke gibt unter meinen Füßen nach, ich sinke tief ein. Die Toilettentür will nicht richtig schließen, aber das ist mir gerade scheißegal. Zurück im Bett muss ich mir die zuvor so mühsam geschaffene Minimalwärme erst wieder erarbeiten. Ob ich in dem wenigem Rest der Nacht doch noch eine klitzekleine Mütze Schlaf bekomme?

Der Morgen danach

FAIRY MEADOWS

Anne | Es ist 5 Uhr. Ich habe mir extra den Wecker gestellt, um den Sonnenaufgang mitzuerleben. Meine Knochen sind so kalt, dass ich es kaum aus dem Bett schaffe, doch ich will sie unbedingt sehen, die Morgenröte hinter dem Nanga Parbat. Hinter jenem Berg, von dem wir gestern noch nicht einmal einen kleinen Ansatz gesehen haben. Die Jungs schlafen noch, und so stapfe ich zitternd nach draußen.

Wahnsinn! Da steht er, der Koloss, so nah, dass ich ihn fast berühren kann. Wie ein Scheinwerfer lässt die aufgehende Sonne den Achttausender strahlen. Dabei bewegt sich der roséfarbene Leuchtball nur ganz zaghaft weiter in die Höhe und wirkt dabei mindestens genauso träge wie ich. Mein gesamter Körper zittert vor Kälte, mein warmer Atem lässt regelmäßig die Linse meiner Kamera beschlagen, und doch ist es ein perfektes Date, das ich hier gerade habe. Der Nanga Parbat und ich, zwischen uns das zaghafte Sonnenlicht: ein echtes Candle-Light-Dinner.

Ab 8 Uhr sitzen wir wieder in der Gemeinschaftshütte der Polizisten, zusammengekauert auf einer halb zerschlissenen Matratze mit einer muffigen Decke. Orangene und gelbe Blumen blühen darauf, die perfekt zu den saftig grünen Bäumen passen, die zwischendrin ihre Kronen in die Höhe strecken. Es ist eine dieser Decken, die man normalerweise in großen Plastikhüllen mit dicken Riemen zum Tragen auf dem Markt in Polen kauft. Decken, wie die in muffeligen Ferienwohnungen im Norden Deutschlands oder in Ferienlagern. Doch das hier ist weder ein Ferienlager noch ein Polenmarkt. Das hier ist eine Schutzhütte am Fuße des Nanga Parbat.

Was für eine Nacht! Aus Clemens' Gesicht ist jegliche Farbe gewichen. Er sieht noch schlechter aus als am Vorabend. Auch redet er heute kein Wort, liegt halbtot in der Ecke. Ich würde ihn so gern in den Arm nehmen, doch das geht nicht.

 # Pakistan-Lektion #12: Jegliche Form der Zuneigung zwischen Mann und Frau sollte niemals in der Öffentlichkeit gezeigt werden.

Wir stellen ihm ein staubtrockenes Brot mit ein bisschen Linsen hin, das er kaum beachtet. Stattdessen rennt er zwischen Hütte und Toilette hin und her. Die Tabletten haben also nicht geholfen.

Ich versuche trotzdem, ihm das Brot schmackhaft zu machen, und denke dabei insgeheim an meine Mama, die mir, als ich ein Kind war, in solchen Fällen immer Essen aufdrücken wollte. Gehasst habe ich das – und Clemens hasst es jetzt ganz sicher auch. Trotzdem, wir haben absolut keine Zeit, uns Sorgen zu machen. Der Rücktransport steht an. Schließlich wartet unten am Fairy Point ab 11 Uhr der Jeep auf uns. Jetzt ist es genau 11 Uhr, und wir sind noch nicht einmal losgelaufen. Auch unser Nissan-Transport weiter unten im Tal, mit dem es zurück nach Chilas gehen soll, ist bereits vorbestellt. Ob der überhaupt wartet?

Clemens | Wie gerne würde ich einfach mit dem Finger schnipsen und mich an einen anderen Ort beamen. Der wäre jetzt entweder im Nissan mit den wunderbar ablenkenden Tanzvideos oder einfach im Bett des Hotels in Chilas. Stattdessen liege ich regungslos herum und kriege keinen Bissen runter. Selbst der Tee bleibt mir im Hals stecken.

»Wir müssen aber los«, sagt Babar und garniert seine Aussage mit einer bedauernden Miene und einem kurzen Tippen auf seine Uhr. Leider hat er recht damit.

Ich sage der Toilette noch einmal inbrünstig auf Wiedersehen. Das wenige verbliebene Toilettenpapier stopfe ich mir in die Hosentasche. Der strahlende Sonnenschein schenkt mir gerade ausreichend Mut, um tapfer vorauszugehen. Mein Schweizer Sherpa trägt meinen Rucksack, der auf seinem Rücken mal wieder viel leichter aussieht. Das Spiel vom Vortag wiederholt sich auch heute. Volle Kraft voraus. Stehen bleiben. Volle Kraft voraus. Stehen bleiben. Egal wie sehr ich meinen Mut und meine Kraft zusammennehme, nach spätestens 50 Schritten bin ich ausgelaugt und muss innehalten. 50 Schritte. Was bin ich eigentlich für ein Weichei? Und die anderen? Die haben nichts Besseres zu tun, als Witze zu reißen.

Anne | Ich mache mir richtig Sorgen und habe tierische Angst, dass Clemens es nicht schafft. Wir müssen ihn da jetzt runterprügeln, auf eine Höhe, die es für ihn angenehm macht. Dahin, wo sich seine Lunge entspannen kann. Doch egal was wir tun, es wird einfach nicht besser. Alle zehn Meter müssen wir stehen bleiben, weil er nicht mehr kann. Er hat nun gar keine Farbe mehr im Gesicht, keine Emotionen, und kein Ton kommt aus ihm heraus. Also üben wir uns darin, unser Mitleid, so wenig es geht, zu zeigen. Das würde ihm ja schließlich auch nicht helfen. Stattdessen versuchen es Flo und ich mit Humor.

»Jetzt lauf schon!«, witzelt Flo und bewirft Clemens von hinten mit Schneebällen.

Ich lache. Dabei ist mir überhaupt nicht zum Lachen zumute.

»Mir steht es bis zum Hals«, ist der erste Satz, den ich heute von Clemens gehört habe, und für mich gibt es nur eine Antwort: »Lass es raus!«

Er schleppt sich hinter einen Felsvorsprung und tut das, was jeder andere wohl in dieser Situation auch tun würde. Mit dem einzigen Unterschied, dass er dabei den Blick auf den Nanga Parbat genießen kann. Wobei Genuss wohl eher das falsche Wort ist.

» *Die Akute Bergkrankheit ist häufig (bei ca. 30 % der Bergwanderer über 3.000 m).*

Erkennen der Gefahr:

1. *Frühzeichen: Kopfschmerz, Übelkeit, Appetitlosigkeit, Schlafstörungen, kurze nächtliche Atemstörung, Leistungsabfall, Wassereinlagerungen unter der Haut, Sehstörung, Herzschlag in Ruhe beschleunigt um über 20 %.*
2. *Warnzeichen: Rapider Leistungsabfall, konstante, schwere Kopfschmerzen, Atemnot bei Anstrengung, nächtliche Atemnot in Ruhe, schnelle Atmung, Herzjagen, Schlaflosigkeit, schwere Übelkeit, Erbrechen, trockener Husten, Gleichgewichtsstörungen, Schwindel, Benommenheit, Lichtempfindlichkeit, Gang-/Stehunsicherheit, weniger als ½ l Urinausscheidung pro 24 Stunden; Patient darf nicht mehr alleine absteigen!*
3. *Alarmsymptome: Schwerkranker, bewusstloser oder »verrückter« Patient, Atemnot in Ruhe, schwerer Husten mit braunem*

Auswurf, Bewegungsstörungen, Druck auf der Brust, rasselnde Atmung.

(Merkblatt zur Höhenkrankheit, Gesundheitsdienst des Auswärtigen Amts, 07/16/GB)

Clemens | Mit einer Handvoll Schnee wische ich mir das Erbrochene vom Mundwinkel und reibe ich die Hände sauber. Weiter geht's. Die nächsten Schritte spüre ich, wie wackelig ich auf den Beinen bin. Ich komme mir vor wie die Figur des Reinhold Messners im Film *Nanga Parbat*; die Stelle, in der er nach dem Verlust seines Bruders Günther allein und völlig neben sich stehend den Killerberg herunterschwankt. Mit einem kleinen Unterschied: Er war auf dem Gipfel, ich nur auf 3.300 Metern.

Zurück bei den anderen werde ich wie ein alter Kumpel empfangen, der aus dem Krieg zurückkommt. Ich ernte anerkennende Schulterklopfer. Bis zum Jeep sind es noch zwei Stunden Wanderung, und bis auf eine Ausnahme schaffe ich es tatsächlich, den Mageninhalt in meinem Körper zu behalten. Erst in der letzten Kurve kommt mir wieder die Galle hoch. Diesmal erbreche ich gebirgsbachklares Wasser auf das Gestein zwischen meinen Beinen. Das Spritzen kann ich kaum verhindern. Auch hab ich das Gefühl, dass die Würgegeräusche zwischen den kahlen Felsen widerhallen. Und schaut da hinten nicht irgendwo eine Ziege zu?

Die Zeit im Geländewagen verbringe ich zusammengesackt in der hinteren Ecke, eine Hand an Annes, die andere festgekrallt an der kalten Metallstange der Jeep-Karosserie. Mein einziger Wermutstropfen ist die Tatsache, dass ich es ganz ohne Darmausschüttung den Berg hinuntergeschafft habe. Bis jetzt zumindest. Unweigerlich muss ich an die junge Chinesin denken.

»Wir steigen nicht auf Berge, um Gipfel zu erreichen«, hat Reinhold Messner einmal gesagt, »sondern um heimzukehren in eine Welt, die uns als ein nochmals geschenktes Leben erscheint.«

Ich glaube, in meinem zweiten Leben würde ich diesen Reinhold gerne mal persönlich kennenlernen.

Anne: Wieder da!

Mama: Puuuh! Hab mir auf Youtube angeschaut, wie man in den Norden kommt. Hätte ich das bloß nicht gemacht! Ist ja der Horror!

Anne: Ja, war richtig krass!

Mama: Aber geht's euch denn gut?

Anne: Mir schon. Clemens liegt leider richtig flach.

Mama: Ihr seid wirklich verrückt! Ruht euch bloß mal einen Tag aus!

Anne: Das war das Anstrengendste, was ich jemals gemacht habe.

Mama: Überlege doch mal, wie sich Bergsteiger vorbereiten, um so was zu machen.

Mit Blaulicht durchs Rebellengebiet

GILGIT-BALTISTAN

Anne | Freitags steht die Zeit still. Die Minuten vergehen langsamer, der Tag scheint ewig, nichts bewegt sich am Sonntag der Muslime. Zwei Tage sind vergangen, seit Flo seinen Reisepass im Polizeikabuff an der Grenze zu Gilgit-Baltistan abgeben musste.

 # Pakistan-Lektion #13: Für Muslime ist der Freitag genauso heilig wie für Christen der Sonntag und damit arbeitsfrei.

Wir hatten eine feste Auflage, die uns mit Zähneknirschen von verschiedenen wichtigen Personen am Mittwochabend gegeben wurde:

24 Stunden dürfen wir bleiben. 48 Stunden sind wir geblieben, und das sind genau 24 Stunden zu viel.

Im Hotel in Chilas ist es genauso kalt wie vor zwei Tagen. Es ist 17 Uhr, stockdunkel, und es scheint, als wäre der ganze Ort, das ganze Hotel in der Moschee zum Freitagsgebet. Wir hätten uns keinen besseren Zeitpunkt aussuchen können, um mit möglichst viel Zeitdruck im Nacken wegzuwollen.

Zwischen Chilas und Islamabad liegen 391 Kilometer und damit mindestens neuneinhalb Stunden Fahrt. Für die gleiche Strecke haben wir auf der Hinfahrt mit dem Bus über 24 Stunden gebraucht. Das ist jetzt aber sowieso nicht mehr möglich. Sobald die Dunkelheit einbricht, dürfen Touristen in der gesamten Region nicht in öffentlichen Verkehrsmitteln fahren, durch die Straßen spazieren oder, grundsätzlich, ein Gebäude verlassen. Das müssen wir aber.

Gegen 20 Uhr steht Nawaz, der Hotelmanager, vor uns. In den letzten drei Stunden ist Clemens in seinen ersten tiefen Schlaf nach der Wanderung gefallen, Flo hat mehrere Anrufe in die Schweiz getätigt, und ich habe mich von den Spuren des Nanga Parbats befreit: von fettigen Haaren, stumpfen Zähnen und durchgeschwitzten Klamotten.

Nawaz hat sich heute besonders schick gemacht, es ist ja schließlich Freitag. Sein Shalwar Kamiz ist beigefarben und aus einem edlen Stoff, und auf Nawaz' Kopf sitzt eine kunstvoll bestickte Kappe.

»Du siehst aber gut aus«, sage ich zu ihm. Wenn man von jemandem etwas will, ist es manchmal eine gute Idee, ihm zu schmeicheln. Wir wollen nach Islamabad, und zwar jetzt.

Das sieht Nawaz aber anders. Kopfschütteln. Abwinken. »Nein!« Nawaz kennt kein Erbarmen. Er will und kann uns an diesem Abend nicht mehr in Richtung Islamabad schicken. Es gebe keine Busse, wir dürfen nicht raus, und sowieso, wo solle er denn jetzt, am heiligen Freitag, einen Fahrer inklusive Auto herbekommen?

In Diskussionen bin ich gut. Das hat zumindest Flo gesagt, als wir zwar ohne seinen Pass, aber dafür mit einer kurzen Aufenthaltsgenehmigung wieder in den Bus gestiegen sind. Da gab es sogar einen kurzen Klopfer auf die Schulter. Doch gerade fühle ich mich, als wäre das hier die Endhaltestelle. Immer wieder versuche ich Nawaz zu erklären, wie schlecht es Clemens geht und dass wir unbedingt von hier wegmüssen. Immer wieder erwähne ich die Polizei, den Pass und die 24 Stunden, die uns gewährt wurden. Ich filtere nur die Schlagwörter raus, denn das funktioniert eigentlich immer.

Eine knappe Stunde später klappt es dann doch. Ein nigelnagelneuer knallroter Toyota mit kitschiger Innenbeleuchtung steht vor mir. Der Fahrer des Discoautos gibt seinen verchromten Felgen noch den letzten Schliff, während ich gemeinsam mit Nawaz einmal um das Fahrzeug laufe und meine nicht vorhandenen Autokenntnisse spielen lasse. Vier Reifen, zwei Lichter vorn, zwei Lichter hinten. Scheint alles in Ordnung zu sein.

»Wie viel kostet die Fahrt nach Islamabad?«

»21.000 Rupien.«

Das sind umgerechnet 130 Euro und damit das Fünffache von dem, was wir für unsere 24-stündige Hinfahrt im Bus gezahlt haben. In einem fremden Land abgezockt zu werden ist nur dann in Ordnung, wenn es keine andere Möglichkeit gibt. Mit einem angedeuteten Handschlag (ich darf dem Fahrer ja nicht die Hand geben) und einem lockeren »*Chalo*« (ich versuche mich mit ihm anzufreunden) verkünde ich, dass es losgehen kann. Das sieht der Fahrer anders. In der Nacht durch das Gebirge bis nach Islamabad zu fahren käme für ihn nicht infrage. Das sei zu gefährlich.

Noch nie habe ich glänzende Felgen so schnell verschwinden sehen. Ich stehe wieder am Anfang. Aber dafür an einem Punkt, an dem Nawaz Mitleid mit uns hat. Aufgeregt telefoniert er sich durch ganz Chilas, erklärt die Situation immer wieder neu, lässt einen Tee nach dem anderen bringen und kann nach einer halben Stunde freudestrahlend den magischsten Satz des Abends verkünden: »Ich habe einen Fahrer für euch!«

Vor uns steht ein kleiner Mann im gestrickten Pullunder, der zu seiner grauen Anzughose mit Bügelfalte passt. Auf Schweizerdeutsch heißt Pullunder übrigens Gilet. Doch auch das bringt Clemens nicht zum Lachen.

Clemens | Ich sitze im Auto rechts hinten, weil ich immer rechts hinten sitze. Das war schon als Kind so. Sitze ich hinten links, wird mir irgendwann latent schlecht. Mein Körper ist das nicht gewohnt, er merkt, dass etwas falsch läuft, und schießt mir eine Warnmeldung in die Magengrube. Als würde das heute noch irgendeinen Unterschied machen.

Ich habe keine Ahnung, wie Anne das wieder hinbekommen hat mit dem Transport, aber sie hat. Und ich? Ich bin die letzte Stunde zwischen einer steinharten Holzbank und der Toilette gependelt. Wenigstens eine klare Aufgabenverteilung. Wenn es nach mir gegangen wäre, wären wir noch für eine Nacht geblieben. Der Gedanke, mich einfach ins gemachte Bett zu legen, war der schönste in den letzten zwei Tagen. Aber das konnte ich Flo nicht antun. Er will unbedingt seinen Reisepass wieder bekommen, und das würde mir an seiner Stelle genauso gehen. Ich bin mir nur nicht sicher, ob sich eine 400 Kilometer lange Autofahrt mit meinem Darm verträgt.

Nächte in den Bergen sind für gewöhnlich stockdunkel. So auch heute. Zumindest bis wir im Auto sitzen und vor uns ein Motor anspringt – und mit ihm ein rotierendes Blaulicht auf dem Dach eines Polizei-Pick-ups. Hinter uns das gleiche Szenario. Wie Leuchttürme erhellen sie die Umgebung: zuerst die Hotelfassade, dann den Karakorum Highway mit den längst geschlossenen Shop-Fassaden und schließlich uns drei auf der Rückbank. Und wieder von vorn. Im wiederkehrenden Turnus ballert mir das grelle Blaulicht ins Gesicht. Beste Voraussetzung für eine geruhsame Nacht. Meinem Körper scheint das egal zu sein. An die kalte, vibrierende Fensterscheibe gelehnt, falle ich in einen tiefen Schlaf. Eine bessere Ablenkung von dem Dauergewitter in meiner Magen-Darm-Gegend kann es gerade nicht geben.

»Clemens, wir sind da, am Checkpoint!« Anne streichelt mir über die Schulter. Es wäre wohl besser, wenn ich auch mit reinkäme. Auch wenn ich daran zweifle, bei einer ausufernden Diskussion gerade wirklich hilfreich sein zu können.

Wieder müssen wir bei dem kleinen Polizisten von vorgestern vorstellig werden, und wieder macht er uns unmissverständlich klar, wer der Boss ist.

»Ihr wart also doch in Fairy Meadows.« Es klingt wie ein Vorwurf auf den eine Strafe folgen muss. Wären wir jetzt in der Schule, wir müssten wohl hundertmal an die Tafel schreiben: »Wir dürfen nicht nach Fairy Meadows.«

Recht hat er ja. Wir hatten uns auf 24 Stunden in Chilas geeinigt und nicht auf einen Abstecher zum Nanga Parbat. Dass wir das aber trotzdem gemacht haben, entgegen der Abmachung, ohne eine Genehmigung für Flo und ohne seinen Reisepass, das scheint er schon längst zu wissen. Wahrscheinlich weiß er auch genau, in welchem Hotel wir übernachtet haben, wie viele Eier wir zum Frühstück hatten und wie die Wanderung war.

»Geht's dir besser?« Jetzt wendet er sich an mich.

Die Frage kommt unerwartet wie eine Eisdusche. Ich glaube einen Ansatz von Lächeln in seinem Gesicht erkennen zu können. Es rattert in meinem Kopf. Wurden wir etwa die ganze Zeit überwacht? Wir hatten fast ununterbrochen Polizeischutz. Erst war da das Dutzend Polizisten im Hotel in Chilas und natürlich Reza, der mich in einen Small Talk über Bartpflege verwickelte. Dann Old Shatterhand, der uns mit seinen Huskyaugen bis zur Polizeistation begleitete. Dann Babar, der Ranger, der sich als Bergpolizist vorstellte, und seine Kollegen auf der Hütte an den Fairy Meadows.

Ohne auf meine Antwort zu warten, reicht er Flo mit überlegenem Blick seinen Reisepass. »Gute Fahrt!« In der gleichen Bewegung steht er von seinem Schreibtischstuhl auf, als wolle er uns sagen: Nun haut endlich ab!

Das lassen wir uns nicht zweimal sagen. Kaum im Auto, fällt alle Anspannung von mir ab, abgesehen von der in meinem Magen. Mein letzter Gedanke, bevor mich der Schlaf übermannt, ist ein einziger Wunsch. Nämlich der, dass die Batterie an Durchfallmittel diesmal wirkt.

Anne | Das blinkende Blaulicht leitet uns durch die pechschwarzen Ausläufer des Hindukuschs. Flo sitzt links auf dem Beifahrersitz, ich dahinter und damit nah an den hohen Felswänden, die uns auf dem Hinweg für viele Stunden den Weg versperrten. In dieser Nacht ist der Gebirgspass frei, wenn auch stockdunkel. Sollte das die Taktik sein, um uns Touristen geschützt und möglichst unauffällig durch das Gebirge zu bringen, dann sind sie damit auf jeden Fall gescheitert. In einem Umkreis von fünf Kilometern könnte uns selbst jemand mit starken Augenproblemen erkennen, da bin ich mir ziemlich sicher.

Die Polizisten auf der Ladefläche des Pick-ups vor uns lassen ihre Blicke abwechselnd zwischen uns und der Umgebung schweifen. Mit einer dicken Filzdecke schützen sie sich vor dem sechs Grad kalten Fahrtwind, die Kalaschnikow immer fest in beiden Händen.

Nach etwa 30 Kilometern setzen die Autos vor und hinter uns ihre Blinker nach rechts. Sie bleiben am Rand des Gebirgspasses stehen und werden innerhalb von Sekunden von der nächsten Wache abgelöst. Wieder sind es zwei Polizeiautos, wieder reiht sich eins vor und eins hinter uns ein, wieder sitzen bewaffnete Polizisten auf der Ladefläche, und wieder leuchtet das Blaulicht durch die Nacht. Das Spiel beginnt von vorn. Staffelübergabe auf Pakistanisch.

Wir sind rund 300 Kilometer von Islamabad entfernt und damit noch mindestens acht Stunden an den Toyota gefesselt. Genug Zeit für unseren Fahrer, sein Kügelchen Tabak nach und nach wegzukauen. Es ist immer das gleiche Prozedere: Er schnappt sich die knisternde Verpackung, versucht mit nur einer Hand einen Batzen Tabak herauszupulen, steckt sich diesen in den Mund, kaut apathisch, nur um ihn zehn Minuten später aus dem fahrenden Auto zu spucken. Während er das tut, überholen wir dank des unentwegt hupenden Polizeiautos vor uns etliche Busse, die sich durch die engen Gebirgspässe manövrieren, Lkw-Kolosse brettern an uns vorbei. Bei jeder Kurve rutscht mir das Herz weiter in die Hose, bei jedem Überholmanöver bin ich noch wacher als zuvor.

Kurz nach eins werden wir das erste Mal angehalten. Google Maps zeigt, dass wir die Region Gilgit-Baltistan verlassen haben. Hinter uns liegt laut Auswärtigem Amt die Gefahr, vor uns Islamabad und ein Polizist, der an mein Fenster klopft. Er muss gemerkt haben, dass Flo und Clemens gerade erst aufgewacht sind und kein einziges klares Wort herausbekommen würden, denn nur mich winkt er nach draußen.

Pakistan arbeitet mit Hochdruck daran, das Land vor Terror zu schützen. Eine der Initiativen ist die intensive Kontrolle des Verkehrs rund um Gilgit-Baltistan, ob nun in die Region hinein oder aus der Region heraus. Dafür wurden entlang des gesamten Highways N15 und N35, dem Karakorum Highway, kleine Hütten errichtet, in denen ein paar Polizisten die Insassen aller vorbeifahrenden Autos im Detail inspizieren.

Automatisch gehe ich im Kopf kurz meine kleine Checkliste durch. Passkopien haben wir keine mehr, dafür aber immerhin wieder alle drei Pässe. Wir haben eine Unterkunft in Islamabad und waren nur in Fairy Meadows. Auf meinem Handy ist ein Selfie mit Babar und ein Video vom Sonnenaufgang heute Morgen. Sollte alles okay sein.

Ich öffne die Tür, richte mein Kopftuch und folge den Polizisten in die Hütte. An den Wänden liegen zwei völlig durchgerockte Matratzen auf dem Boden. Er deutet auf ein schon von der Kälte hart gewordenes Buch, das fein säuberlich auf dem einzigen Tisch im Raum liegt. Ein Kugelschreiber hängt an einem aus Klebestreifen gebastelten Band. Wir sind die dritte Gruppe, die sich in dieser Nacht in das Buch schreibt. Name, Land, Passnummer, Ankunft aus, Abfahrt nach, Unterschrift. Meine Finger sind starr vor Kälte, als ich unsere Informationen in die Tabelle eintrage. Kurz vor uns kam eine Gruppe aus Afghanistan vorbei und drei Chinesen, die auf dem Landweg in die Heimat fahren. Wir sind die einzigen Europäer auf der gesamten Buchseite und folglich wohl die einzigen, die der Polizist in der letzten Woche gesehen hat.

In dieser Nacht wird das nicht die letzte Polizeikontrolle sein, an der wir, zusammen mit unserer Blaulicht-Eskorte, angehalten werden. Die nächste folgt nach dreißig Minuten, die danach eine Stunde später. So geht es bis 4 Uhr weiter.

Immer wieder werden die Polizei-Pick-ups von anderen abgelöst. Immer wieder sitzen Polizisten in dicken Filzjacken auf den bestimmt eiskalten Metallbänken der Ladeflächen. Ich lasse sie nie aus den Augen, folge ihren Blicken von rechts nach links.

Früher habe ich die Dunkelheit gehasst. So sehr, dass ich manchmal auf dem Weg nach Hause durch dunkle Abschnitte gerannt bin oder mich, wenn ich allein zu Hause war, beim Einschlafen an die Kanten meines Betts gekrallt habe. Hier aber, in der Dunkelheit des Hindukuschs, müsste ich mich eigentlich sicher fühlen. Wir sind vorne und hinten geschützt mit jeweils vier Kalibern.

Wie schnell sich so ein Gefühl von Sicherheit doch ändern kann! Plötzlich fuchtelt einer der beiden Polizisten vor uns wie wild mit seiner Taschenlampe in die Felswand. Ich schrecke zusammen, kralle mich in Clemens' Oberschenkel und folge dem flimmernden Lichtstrahl. »Fuck! «, schreie ich durch das Auto.

Jetzt ist auch Flo wach und rappelt sich ruckartig in eine aufrechte Sitzposition. Unsere Karawane wird langsamer. Beide Polizisten stehen auf der Ladefläche und leuchten ins Dunkel. Flo, Clemens und ich bekommen keinen einzigen Ton heraus. Einzig das Klacken des Türverrieglers ist zu hören, den ich im Affekt noch schnell herunterdrücke. Alle starren auf die hektischen Lichtstrahlen im tiefsten Dunkel der pakistanischen Nacht. Da muss etwas sein. Die Gesichter beider Polizisten wirken erschrocken, das macht mir noch mehr Angst.

»Seht ihr was? «, flüstere ich durch das Auto.

»Nein«, haucht Flo zurück.

Clemens kann nur mit dem Kopf schütteln.

Was sich wie etliche Minuten anfühlt, sind in Wahrheit nur ein paar Sekunden, in denen mein gesamtes Adrenalin durch jede Pore und jede Ader schießt. Plötzlich fühle ich mich so wach und agil, wie ich es in den letzten 24 Stunden nicht war. Rennen kann ich gerade nicht. Aber ich habe das Gefühl, mich darauf verlassen zu können, dass uns die vier bewaffneten Männer vor allem beschützen werden, was aus dem Dunkel der Nacht auf uns zukommen mag. Eine Weile noch bleibt unsere Eskorte im Nirgendwo stehen, und die Männer leuchten in die Ferne. Doch irgendwann löst sich ihre Anspannung. Die Polizisten kehren in ihre Ausgangsposition zurück, die Pick-ups setzen sich wieder in Bewegung, und wir fahren weiter in die Dunkelheit. Erst im Vorbeifahren meine ich, am Straßenrand ein blitzendes Augenpaar zu erkennen, das unserer Kolonne hinterherblickt.

Erst nach dem neunten Polizisten, dem ich in dieser Nacht unsere Passnummern verrate, kann ich die Züge einer Stadt erkennen. Wir haben die Berge, die Gefahr, hinter uns gelassen. Die Morgendämmerung setzt ein. Mit einem zaghaften Hupen verabschiedet sich das 18. Polizeiauto und biegt mit immer noch blinkenden Lichtern nach 391 Kilometern in die erste Querstraße ab.

Es ist kurz nach 8 Uhr, als wir in Islamabad ankommen und unser Fahrer sein letztes Häufchen Tabak knisternd aus der Tüte zieht und sich in den Mund steckt.

Clemens ist kreidebleich. Wie zwei dicke schwarze Schlauchboote hängen die Ringe unter seinen müden Augen. Auf den letzten Metern navigieren wir unseren Fahrer mit hastigen Handbewegungen durch das geordnete Schachbrett von Islamabad zum Exclusive Tourist Apartment. Es ist komisch, wie schnell ein Ort sich heimisch anfühlen kann. Gerade ist die langweiligste Stadt des Landes der einzige Ort, an dem ich jetzt sein möchte.

Salam, Afghanistan!

PESCHAWAR

Clemens | Den Tag nach unserer Rückkehr vom Nanga Parbat und aus Gilgit-Baltistan kann ich getrost aus meinen Memoiren streichen. Die Bilder in meinem Kopf aber sind präsenter denn je. Zu viel ist in kürzester Zeit passiert, zu viel Auf und Ab, zu viel ja und nein, zu viele Drehungen und Wendungen – und damit meine ich nicht nur die in meiner Magengegend. Den darauffolgenden Tag verbrachte ich ausschließlich an einem einzigen Ort: dem Bett im Exclusive Tourist Apartment. Und ich hätte mir nichts Besseres vorstellen können als das. Mein Tag pendelte zwischen Schlaf und Vor-sich-hin-Siechen, zwischen Bettkante und Klobrille und in kulinarischer Sicht zwischen Cola und Zwieback. Immerhin. Die gute alte Weisheit, dass man im Bett bleibt, wenn es einem so richtig dreckig geht, hatte sich tatsächlich mal wieder bewahrheitet. Sogar hier in Pakistan. Während Anne und Flo sich den Tag mit öder Bürokratie voller Aktenordner und

Papierstapel in der Visumsabteilung des Immigrationsbüros um die Ohren schlugen und Flo nach stundenlangem Hin und Her endlich ein NOC bekam, päppelte ich mich wieder selbst auf. Denn so sollte diese Reise nicht enden. Noch nicht jetzt und nicht auf diese Weise. So schnell wie möglich wollte ich wieder auf den Beinen stehen, so schnell wie möglich wieder raus aus diesen vier Wänden. Raus aus diesem Zimmer, in dem es nach islamischem Glauben nicht erlaubt ist, ein Fenster zu öffnen. So bald wie möglich wollte ich wieder raus. Raus an die frische Luft. Raus ins Abenteuer. Raus nach Pakistan.

Anne | »Es ist anders hier«, erklärt Mamteez, als wir im dichten Verkehr von Peschawar landen.

Auf den Ortsschildern weisen Pfeile den Weg nach Kabul, die Hauptstadt Afghanistans, 282 Kilometer entfernt. Bis zur afghanischen Grenze sind es nur knapp 40 Kilometer. Unser rot leuchtender, hochmoderner Suzuki passt überhaupt nicht ins Bild. Grün-gelbe Rikschas kreuzen sich die Wege auf der brüchigen Straße, dazwischen trotten Esel unter der 40 Grad heißen Mittagssonne unbeirrt vor sich hin, Busse hupen sich ihren Weg durch den dichten Verkehr und ziehen graue Abgaswolken hinter sich her.

Mamteez hat heute den schönsten Tag seines Lebens. Wir haben den Uber-Fahrer in Islamabad per App zu uns bestellt. Fünf Minuten haben wir gebraucht, um ihn davon zu überzeugen, dass ein Tagesausflug mit uns nach Peschawar eine super Idee wäre. Er bekäme ein gutes Trinkgeld, und wir würden seine Heimatstadt kennenlernen. Win-win könnte man das nennen. Oder aber total bescheuert.

Für Flo sind wir gerade in unserem eigenen Verderben angekommen. Denn laut seiner pakistanischen Freundin in der Schweiz müssen wir unser Hab und Gut hier so nah am Körper tragen, dass wir uns nicht mehr bewegen können. In meinem Rucksack liegen eine Sony-Kamera, zwei Objektive und ein iPhone. Das verrate ich Flo lieber nicht.

Es gibt Orte, die wollten wir auf unserer Reise durch Pakistan vermeiden. Kaschmir und Jammu ist zum Beispiel so eine Region. Seit der Teilung 1947 streiten sich Pakistan und Indien darüber, zu wem das Land gehört. Jammu und Kaschmir waren Fürstenstaaten, deren Herrscher Hindus waren, der Großteil der Bevölkerung lebt jedoch muslimisch. Immer wieder kommt es dadurch zu Aufständen. Die Region Belutschistan an der Grenze zum Iran und Afghanistan ist der zweite weiße Fleck auf unserer Karte. Sie ist das Zentrum unterschiedlichster ethnischer Gruppen. Bis heute kämpfen Rebellen in dem Gebiet für die Unabhängigkeit Belutschistans, was die Region unheimlich unsicher macht.

Und dann ist da noch die Terror-Keimzelle Peschawar, der Geburtsort des Terrornetzwerkes al-Qaida. Die Hauptstadt der Region Khyber Pakhtunkhwa, der Nordwestgrenzprovinz, ist ein gebranntes Kind. Gibt man Peschawar bei Google ein, dann ist die komplette erste Seite gefüllt mit Buzzwords wie Terror, Anschlag und Massaker. Peschawar zieht das Unglück an wie kaum ein anderer Ort in Pakistan.

Angefangen hat alles in den 1980ern. Mit dem Einzug der Sowjets in Afghanistan kamen die ersten Flüchtlinge über die Grenze nach Pakistan. Als dann 2001 die afghanischen Taliban gestürzt wurden, stieg auch die Anzahl derer, die aus dem Nachbarland nach Peschawar kamen und mit ihnen die Zahl der Extremisten, die sich unter die 1,9 Millionen Einwohner Peschawars gemischt haben. Heute leben eine knappe halbe Million Flüchtlinge aus Afghanistan hier. Die Stadt gilt als Versteck der Taliban.

Allein in den letzten zehn Jahren kam es mindestens einmal im Jahr zu einem Terroranschlag. Der schwerste war das Attentat auf eine Schule im Dezember 2014, bei dem 156 Menschen starben. Dass auch der größte illegale Waffenmarkt der Welt in der Stadt Darra Adam Khel nur knapp 40 Kilometer südlich liegt, macht Peschawar nicht sicherer. Im Gegenteil, mittlerweile ist Peschawar in den lokalen Medien nicht nur als der ›wilde Westen‹ des Landes bekannt, sondern auch als die ›gefährlichste Großstadt Pakistans‹.

Peshawar

Die gefährlichste Stadt der Welt

Mindestens 14 Tote bei Taliban-Angriff auf Studentenheim

POLITIK PAKISTAN

Peschawar – Biotop des Taliban-Terrors

AUSLAND AFGHANISTAN

Fünf Festnahmen nach Schulmassaker in Peshawar

16. Dezember 2014, 19:11 Uhr Anschlag auf Schule in Pakistan

Angriff auf den größten Schatz der Gesellschaft

Terror in Pakistan

Taliban stürmen Schule - mehr als 80 tote Kinder

Kurz vor den Wahlen

Bombenanschlag in Pakistan: Zahl der Toten steigt auf 140

ASIEN

Pakistan nach Peschawar: Mehr Militär

Peschawar

Mehr als 100 Tote bei Anschlag in Pakistan

(Quellen: Deutsche Welle, Spiegel, Süddeutsche Zeitung, T-Online, Welt, Zeit)

Mamteez setzt uns an einer Ecke ab. Genau hier will er uns in ein paar Stunden wieder abholen. Unseren Treffpunkt können wir uns gut anhand des kleinen Shops neben uns merken. Die Business-Idee ist simpel: Holzsärge, und zwar etliche von ihnen.

Im Zickzack des Qissa-Khwani-Markts fühlt sich alles nach Alltag an. Gewürzberge stapeln sich in allen erdenklichen Farben, Gewänder flattern an Kleiderbügeln, Schuhe glitzern um die Wette, und dichter Dampf steigt aus kunstvoll verzierten Teemaschinen auf, den Samowaren. Alles festgehalten mit unseren Kameras, die wir natürlich locker über unserer Schulter tragen. Zum Glück ist Flos Freundin in der Schweiz geblieben.

»Willkommen in Pakistan«, rufen uns die Verkäufer zu.

Ich frage mich, ob der Schein trügt oder die Medien lügen.

Der Qissa-Khwani-Markt ist das Herz von Peschawar. Er gilt als das Zentrum der Geschichtenerzähler, die früher den neuesten Handelstratsch austauschten und heute bei einer heißen Tasse afghanischem Tee über die Entwicklung der Taliban, des Terrors, der steten Gefahr fachsimpeln. Die Stadt trifft sich. Die Männer, die mit ihren kantigen Gesichtern und ihrer hellen Hautfarbe fast schon europäisch wirken. Und die Frauen, auf deren Gesichtern man hinter den Burkas und dem engen Netz vor den Augen nur manchmal ein Strahlen erkennen kann. Und dann, an richtig guten Tagen, treffen drei Touristen auf einen alten Mann.

Abid ist Ende 70, klein und schon seit einer ganzen Weile direkt hinter uns. Doch erst jetzt traut er sich, uns anzusprechen. Er sei pensionierter Englischlehrer und habe früher, vor 9/11, als die Welt in seinen Augen noch okay gewesen sei und mehr Touristen nach Peschawar gekommen seien, ein paar Touren durch seine Stadt angeboten. Wenn wir möchten, könne er uns ein Stückchen von Peschawar zeigen.

Vom Qissa-Khwani-Markt führt uns Abid auf den Andar-Sher-Basar, wo der Gold- und Silberschmuck in den polierten Glasvitrinen schon im abendlichen Scheinwerferlicht strahlt. Wir sind mitten auf dem Schmuckbasar und stehlen den schimmernden Juwelen die Show.

Wie ein aufgezogenes Matchboxauto leitet uns Abid an den Ständen vorbei in eine kleine Nebenstraße und bleibt vor bröckeligen Stufen stehen.

»Ihr müsst die Schuhe ausziehen.«

Wir stehen am Eingang der Mahabat-Khan-Moschee, die sich seit dem 17. Jahrhundert in der hintersten Ecke des belebten Basars befindet.

Der Boden ist mit gemusterten Teppichen ausgelegt, in den schrägen Holzregalen liegen abgegrabbelte Koran-Bücher. Der Innenhof ist noch ruhig, denn das Gebet beginnt erst in einer knappen Stunde. Und doch können wir in einigen Ecken schon Männer beobachten, die in den Koran vertieft sind. Inmitten dieser Hingabe ist für die Aufmerksamkeit gegenüber drei Touristen kein Platz. Wir sind Luft für die Betenden und können uns völlig unbemerkt auf das Dach des Nachbarhauses schleichen. Von oben wirkt alles noch größer und mystischer. Wir sehen auf das enge Marktlabyrinth herunter, auf die dicken Mauern des Bala-Hisar-Forts und die Türme des Peschawar-Museums, die im zarten Lachsrosa aussehen wie kugelrunde Lollis.

»Darf ich euch auf einen Tee einladen?«

Die Frage überrascht mich nicht. Ich muss an die Marktverkäufer in Marokko denken, bei denen sich hinter einem Tee immer ein Business-Gespräch über viel zu teure Orientteppiche versteckt.

Wir landen in einem kleinen Innenhof. Ein Samowar steht neben dem anderen. Immer ein anderer Geschäftsführer, immer das gleiche Produkt, immer der gleiche Preis. Der perfekte Wettbewerb. Doch es geht nicht um das größte Schnäppchen, sondern um die größte Sympathie. Für Abid liegt das Geschäftsmodell darin, Touristen seine kleinen Verstecke in Peschawar zu zeigen, und die sind meist in der Nähe des Schmuckladens seines Bruders. Die Falle hat zugeschnappt.

Der Tee in Peschawar ist ganz besonders. Er wird an einem »Kehwa Khana« ausgeschenkt, einem traditionellen Teestand. Die grünen Teeblätter kommen aus Afghanistan und werden in uralten Samowaren bis zur Perfektion geköchelt. Dann werden sie aus knallgrünen Kännchen und in kleinen Teebechern serviert. Gezeichnet von der Geschichte der Stadt, sind die Emaille-Kannen erst echt, wenn die Farbe abgeplatzt und ihre eigentlich perfekte runde Form verbeult ist. Tee und Peschawar, das passt eben zusammen.

Säbelrasseln in der Lamm-Manege

PESCHAWAR

Clemens | »Das beste Lamm, das ihr je essen werdet.«

Es ist einer dieser kulinarischen Tipps, die ich mir nicht aufschreiben muss, sondern die ich wortwörtlich abspeichere. Vor allem wenn das Zauberwort fällt: Lamm. Minas Empfehlung bezog sich nicht auf ein bestimmtes Restaurant in Peschawar, sondern auf eine ganze Food-Meile. Sollten wir es hierher schaffen, dann sollten, nein, müssten wir unbedingt gegrilltes Lammfleisch essen. Bei dieser Aussage schlossen sich ihre und Abduls Augen genussvoll, als würde ihnen beim Gedanken daran das Wasser im Mund zusammenlaufen.

Die Foodstreet zu finden ist gar nicht so einfach. Vom Hunger getrieben, laufen wir eine gute halbe Stunde im wilden Zickzack durch die Altstadt. Wir finden den Ort nur dank dem markanten Geruch von gegrilltem Lamm an der nächsten Ecke.

Zu beiden Seiten einer unscheinbaren Fassade befindet sich ein Metzger neben dem anderen. Halbe Lämmer hängen an kalten Metallhaken von der Decke. Dazwischen jede Menge Gedärme. Auf einem gefliesten Tresen zur Straße hin reihen sich die abgetrennten Köpfe wie Trophäen aneinander. Dazwischen ist ein schmaler Gang, der zu beiden Seiten in kleine Buden führt. Mal befinden sich darin große Fleischerwagen, mal zwei Meter lange vollflächige Grillflächen, aus denen es unentwegt qualmt.

Ein Bratwurstverkäufer zu Hause in Deutschland erzählte mir einmal, wie lange es dauert, bis man den strengen Geruch des Grills und des triefenden Fetts der Fritteuse wieder los ist. Tagelang könne man sich duschen und die Haut mit der besten Waschlotion der Welt sauber reiben, so richtig werde man den Gestank nicht wieder los. Ob es den Grillmeistern von Peschawar auch so ergeht und sie abends mit dem Geruch von zartem Lammfleisch in der Nase einschlafen?

Die Aufgaben scheinen klar verteilt: Der eine schneidet das gewünschte Teil vom Lamm ab, der nächste wiegt es, und der dritte bereitet es zu. Wieder andere sorgen mit schwarzen Händen dafür, dass die Kohle nicht zur Neige geht. Die liegt im Hinterhof zu einem mannshohen Berg gestapelt. Wie in allen öffentlichen Berufen arbeiten hier ausschließlich Männer, und zwar zum großen Teil solche mit breiten Schultern, kräftigen Unterarmen und verschwitzen Schläfen. Kein Wunder, wenn sogar der Asphalt auf der Straße von der Hitze aufplatzt: Wie ergeht es einem dann erst am Grill?

Bei so vielen Schritten bis zum fertigen Gericht ist auch für den Gast der Weg zum Lamm ein langer. Vor allem für Flo und mich.

»Komm zu mir!« Der mit den fleischigen Unterarmen fordert mich dazu auf, hinter den Grill zu treten. Damit das Ganze auch authentisch ist, drückt er mir sein armlanges Fleischermesser in die Hand.

Wir posieren wie Kriegshelden auf dem Schlachtfeld der Lämmer. Dickes Blut rinnt meine Klinge herunter, und ich kann es gerade noch zurück auf das Schneidebrett legen, bevor ich mich vollkommen einsaue.

Flo und ich, wir werden wenigstens gefragt, ob man ein Foto mit uns machen dürfe, auch wenn es alle gleichzeitig machen. Anne wiederum wird ungefragt fotografiert, was der deutlich Älteste unter den Metzgern auch beschämt bemerkt. Er führt sie weg von den jungen Männern und zu einem schmalen Treppenaufgang. »Kommt, kommt.« Auch Flo und mich weist er an, ihm nach oben zu folgen.

Er führt uns auf eine Dachterrasse, auf der kniehohe Tische und Stühle bereit stehen. Die Einrichtung ist so detailreich verziert wie ein Riad in Marrakesch. Die perfekte Mischung aus dunklen, gedeckten Farben, die im warmen Licht des späten Nachmittags besonders gut zur Geltung kommen. Von anderen Gästen keine Spur.

»Sorry, die Jungs sind so, das tut mir leid. Es kommen nicht oft Touristen hierher.« Annes Beschützer scheint hier der Metzgermeister zu sein, die jungen Draufgänger seine Lehrlinge.

»Kein Problem, alles gut«, antworten Flo und ich und garnieren die Aussage mit einem wissenden Lächeln.

»Ein bisschen komisch war die Situation aber gerade schon«, gibt uns Anne zu verstehen, nachdem der Alte unsere Bestellung aufgenommen hat und wieder in dem schmalen Treppenaufgang verschwunden ist.

Der Beschützerinstinkt, den man als Freund seiner Freundin gegenüber hat, wird in Pakistan schon mal auf die Probe gestellt. Das Verhalten der pakistanischen Männer unbekannten Frauen gegenüber, vor allem wenn es Touristinnen sind, stellt mich vor einen Zwiespalt. Einerseits kommt es zu potenziell unschönen Situationen erst gar nicht, weil die Männer zu viel Respekt haben, um die Frau eines anderen Mannes auch nur anzusehen, geschweige denn ihr die Hand zu schütteln. Wenn zudem Anne als Einzige von uns dreien antwortet, steht ihrem Gegenüber die Überraschung ins Gesicht geschrieben. Oft resultiert das in starren Gesichtern und darin, dass ihr wenig bis gar nicht Kontra gegeben wird. Sie wird zum Verhandlungspartner Nr. 1, so wie auf der nächtlichen Rückfahrt nach Islamabad, als Flo seine Erschöpfung wegschlief und ich ohnehin noch in den Seilen hing. Nicht selten wird dann einfach das getan, was Anne vorschlägt. Dass eine Frau den Mund aufmacht, ist für viele Pakistaner so neu, dass ihnen nichts mehr einfällt. Manche wirken dann fast schüchtern.

Die Kehrseite der Medaille bedeutet aber für Anne, dass besonders junge Männer manchmal zu seltsamen Methoden greifen, um den respektvollen Umgang mit der Frau eines anderen zu umgehen, oder anders gesagt: zu Halbstarken werden, die hinterrücks Fotos von ihr machen, so wie gerade eben. Das habe ich vor lauter Selfie-Ablenkungsmanöver nicht einmal wirklich mitbekommen. Ist vielleicht auch besser so.

Vom Dach aus ist das immer wilder werdende Chaos im abendlichen Peschawar besonders gut zu beobachten. Mein Magen hat sich von der Achterbahnfahrt der letzten Tage noch nicht ganz erholt, und doch beschließe ich, dem Lammfleisch eine Chance zu geben, als es auf dem Tisch steht. Ich will das kulinarische Highlight der afghanisch beeinflussten Küche dieser Region nicht verpassen. Das würde ich mir nie verzeihen.

Das berühmteste Gericht heißt Karahi-Lamm und besteht aus saftigen Lammwürfeln, die noch am Knochen hängen. Sie werden in einer dicklichen Soße aus Zwiebeln, Tomaten, Ingwer, Knoblauch und diversen Gewürzen langsam gegart. Und zwar im namensgebenden Karahi, einem dicken, runden und tiefen, fast wokartigen Kochtopf.

Ich hab uns drei selten so hastig essen gesehen – mich selbst in den letzten Tagen schon gar nicht. Meine erste feste Mahlzeit seit dem Hühnchen beim nächtlichen Busstopp auf dem Weg von Rawalpindi nach Chilas. Einer nach dem anderen reißen wir ein Stück Naan-Brot ab und tauchen es ins Curry.

Meine Wertung: Mina und Abdul haben nicht übertrieben. Die Aromen sind vielfältig, das Fleisch super zart. Jeder Bissen ist eine Geschmacksexplosion, auch wenn ich schon nach wenigen Happen meinen Magen aufheulen höre wie einen alten Traktor, den man nach langer Brachzeit wieder anschmeißt.

Die Rechnung begleichen wir auf dem Weg nach draußen, zumindest ist das der Plan. Der geht jedoch nicht auf. Denn die uns gereichte Quittung, mit einem Kugelschreiber auf ein Stück Papier notiert, kommt uns viel zu hoch vor.

Auf Reisen zankt man in solchen Situationen mit sich selbst. Sollten wir den geforderten Betrag einfach zahlen oder die Sache ausdiskutieren? Wir stoßen auf Granit. Das sei der richtige Preis. Und zu Verhandlungen sei man eh nicht bereit. Wir werden abgezockt, da sind wir uns sicher.

»Wir zahlen«, lässt Flo die Männer mit ernster Miene wissen, »aber diesen Preis, den zahlen wir nicht.«

In kürzester Zeit haben sich die Männer um uns gestellt. Jeder will mitreden, kaum einer kann Englisch. Die Situation wirkt so eingefahren, dass wir beschließen, den Laden erst einmal zu verlassen. Möge der Chef der peschawarischen Metzgerzunft zu uns herauskommen und die Sache mit uns klären.

Das tut er auch. *»Sir! Sir!«* Aufgebracht eilt er aus seinem Kabuff, allerdings nicht alleine. Eine Handvoll Metzger folgt ihm hinaus auf die Straße und baut sich hinter ihm auf. Ihre langen Schlachtermesser halten sie wie Säbel in der Hand und wedeln zum Takte ihrer uns völlig unverständlichen Worte damit herum. Schon nach kurzer Zeit schaut uns die ganze Straße bei der Auseinandersetzung zu. Mopeds halten neben uns an, ein Taxifahrer kurbelt die Scheibe runter.

»Kann ich irgendwie helfen?«, ruft er in die Runde. Seine energische Unterbrechung in überraschend gutem Englisch kommt so unvorhergesehen, dass die Meute ihre Säbel zu Boden senkt.

Minuten später ist die Situation so schnell beendet, wie sie angefangen hat. Wir zahlen den geforderten Betrag, fast zumindest, und reichen dem Alten abschließend die Hand. Manchmal, da beharrt man auf seinem westlichen Gedankengut und dem Talent, immer und überall eine Verschwörung zu riechen. Manchmal, da ist es der eigene Stolz, der einem die Vermutung nahelegt, dass man ganz bestimmt abgezockt wird. Vermutlich aber hatten wir diesmal nicht recht, sondern einfach eine Delikatesse gegessen. Und zwar im berühmtesten Restaurant in ganz Khyber Pakhtunkhwa. Dann wird aus dem Talent für Verschwörungstheorien ganz schnell eine peinliche Situation, die man hätte vermeiden können. Zum Beispiel, indem man vor der Bestellung nach dem Preis fragt. Man lernt nie aus.

 # Pakistan-Lektion #14: Sich nicht über den Tisch ziehen zu lassen heißt: immer vorher nach dem Preis zu fragen.

Im Labyrinth der Särge

PESCHAWAR

Anne | Um kurz nach sechs und damit ein paar Minuten vor unserer abgemachten Uhrzeit ist Peschawar noch belebter, es sind noch mehr Autos auf den Straßen, noch mehr Menschen quetschen sich über den Basar.

»*Seien Sie insbesondere an belebten Orten und bei besonderen Anlässen sowie beim Besuch von Einrichtungen mit internationalem Publikumsverkehr und bekannten Treffpunkten von Ausländern besonders aufmerksam. Halten Sie sich von größeren Menschenansammlungen, politischen Demonstrationen und insbesondere freitags und an hohen islamischen Feiertagen von religiösen Stätten, Prozessionen und Feierlichkeiten fern.*«

(Quelle: Auswärtiges Amt; aufgerufen in Peschawar, November 2018)

Die mechanischen Ansagen des Auswärtigen Amts rattern mir durch den Kopf, als wir uns von der Hauptstraße aus in das Getümmel werfen. Ziel: der kleine Laden mit den drei Särgen.

Wir sind mittendrin. Drei unter Tausenden von Menschen, unsere Kameras hängen locker über unseren Schultern wie die Kalaschnikows der Polizisten. Gerade machen wir alles falsch. Wir sind zu auffällig, haben die Zeche geprellt (wenn auch nur halb), und wir haben eine ganze Straße in Aufruhr gebracht. Irgendwo zwischen Peinlich-berührt-Sein und Einfach-nur-weg-Wollen hat sich unser kollektiver Orientierungssinn verabschiedet. Im Entenmarsch laufen wir durch die Gassen. Vorbei am immer gleichen Mischmasch aus Gewürzen, Gewändern und Gerüchen. Wir biegen rechts ab, biegen links ab, laufen geradeaus und drehen noch einmal um. Dabei landen wir in einer Straße, in der Bücher gedruckt werden, in einer anderen, in der Schuhmacher auf Ledersohlen klopfen, und in einer dritten, in der ganze Fensterscheiben mit dem Koran gefüllt sind. Die einzige Straße, in der wir nicht landen, ist die, in der sich Särge stapeln und weiße arabische Schriftzeichen auf blauem Grund glänzen.

Manchmal kommt man auf Reisen an seine Grenzen. Wenn das der Fall ist, dann vergisst man alles. Vielleicht sogar, was rechts von links unterscheidet. Der Markt zieht an mir vorbei wie ein schneller Film, in dem die Farben so zusammengeschnitten werden, dass sie wie ein Feuerwerk wirken. So schnell, dass mir fast übel wird von der Explosion im Augenwinkel. Dabei wird es immer dunkler und immer voller. Wir hatten mit Mamteez eine Uhrzeit ausgemacht, sind aber schon eine halbe Stunde zu spät, als das erste Mal mein Handy klingelt und er fragt, ob wir denn noch kommen. Ich kann nur einsilbig antworten. Ja. Gleich. Warte!

Wir sind unserem Ziel noch kein Stückchen näher. Im Gegenteil. Die Straßen rund um den blauen Punkt unserer Handykarte ähneln noch nicht einmal ansatzweise dem Aufbau der Straßen auf meinem Screenshot. Flo steht die Nervosität ins Gesicht geschrieben, Clemens verzweifelt an Google Maps, und ich versuche mir meinen Schleier immer tiefer in das Gesicht zu ziehen. Dass es inzwischen stockdunkel ist, trägt nicht zur Verbesserung unserer Gruppendynamik bei. In anderen Worten: Wir kochen.

Wieder klingelt mein Telefon. Wieder will Mamteez wissen, wo wir sind. Wieder kann ich ihm keine Antwort geben. Ein letztes Mal vergleichen wir den Aufbau zwischen Hauptstraße und Nebenstraße mit dem meines Fotos von heute Morgen.

Sich einen Ort in einer Straße mit 3.000 Särgen anhand von drei Särgen zu merken ist ziemlich dumm. Doch es ist gleichzeitig das Einzige, was mir an diesem Morgen eingefallen ist, als uns Mamteez vor den Toren des Qissa-Khwani-Marktes rausgeschmissen hat. Auf die Lösung, einfach die GPS-Standorte auszutauschen, sind wir jedenfalls nicht gekommen.

Blaues Schild, weiße Schrift, drei aufeinander gestapelte Särge. Sie sind eine Goldquelle in Peschawar. Ganze Straßen sind voll mit den riesigen Holzkisten, die oft nur kleine Gucklöcher zieren. Und das, obwohl bei einer muslimischen Beerdigung selten ein Sarg verwendet wird. Eigentlich nur dann, wenn der Körper in so viele Einzelteile zerrissen wird, dass es nicht anders geht, als Arme, Beine und Finger einzeln in eine hölzerne Box zu werfen. Das passiert in Peschawar so häufig, dass Särge eine der sichersten Geschäftsideen sind.

Als die ersten Särge an der nächsten Ecke auftauchen, sind wir erleichtert. Dass wirklich jedes einzelne Ladenschild die gleiche Farbkombination hat, macht die Sache trotzdem nicht einfach. Bis wir den knallroten Suzuki sehen. Er steht am gleichen Punkt wie heute Morgen. Mit einem ansteckenden Lachen steigt Mamteez aus und öffnet uns die Tür.

»Ich habe meine Familie besucht und das Auto gewaschen«, erklärt er glücklich.

Seine angenehme Art beruhigt mich. Sie lässt die Anspannung der letzten Minuten von mir abfallen. Wir verlassen Peschawar im Slalom durch die Sargstraße. Wie auch die Einheimischen senken wir den Kopf so lange, bis wir die Stadt verlassen.

Dem Tod direkt ins Auge zu schauen bringt Pech, sagen die Pakistaner. Da haben wir ja noch mal Glück gehabt.

Der Rosenmann vom Alexanderplatz

ISLAMABAD

Anne | Früher waren Freitagabende immer gleich chaotisch. Meine Mama hatte Spätschicht im Restaurant, und ich saß, wie jede Woche, in der kleinen Ecke neben dem Tresen. Es waren die Tage, an denen die Wochenendtouristen nach Berlin kamen, um im Herzen der Hauptstadt ihre *German Experience* zu haben. Dann wurden Eisbein, Leber und Bratkartoffeln bei kühlem Pils und wärmendem Kräuterschnaps in typisch deutscher Atmosphäre genossen. Während meine Mama von Tisch zu Tisch lief, abkassierte, servierte und die besten Tipps für den Berlin-Trip gab, hatte ich meinen Stammplatz: eine hölzerne Nische, zwei dicke Sitzkissen auf der Bank und einen Stapel an Malbüchern vor der Nase. Ich war die stille Beobachterin des Abends, die im Alter von sieben oder acht Jahren verdammt gern im Gewusel eines Touri-Ladens saß.

Ich gehörte dazu. Es war schon ganz normal, dass ich freitags zum Malen vorbeikam. Mich kannten die Kollegen, die Stammgäste, und auch ich kannte sie alle. Immer wieder schnappte ich ein paar dänische, englische oder spanische Vokabeln auf, die wie ein wirrer Singsang durch den Laden flogen. Und dann, um 19 Uhr, kam mein Lieblingsgast in den Laden. Ein damals für mich unheimlich alt aussehender Mann mit dunkler Haut, meist in schwarzer Jacke und mit einem riesengroßen Strauß roter Rosen vor der Nase. Jeden Freitag ging sein Blick zuerst zu mir, in meine Nische, und wenn sich unsere Augen trafen, kam er mit einem warmen Grinsen zu mir und gab mir die Hand. Dann ging er quer durch den Raum in der Hoffnung, seine Rosen an den Mann zu bringen und der an die Frau.

Ich hab das Spiel damals schon komplett durchschaut. Ich wusste, dass er die einzelnen Rosen vor allem den Männern an den Tischen anbot, die ihre Frauen durch die flackernde Kerze anhimmelten. Das konnte ich aus meiner Ecke heraus gut beobachten. Selten habe ich gesehen, dass er auch wirklich eine verkaufte, und wenn mal eine Münze in seiner Tasche landete und eine Rose im improvisierten Bierglas auf dem Tisch, dann habe ich mich umso mehr gefreut.

Für mich war er der Rosenmann vom Alex. Ein Mann, dessen Schnurrbart über der Oberlippe immer auf die gleiche Länge getrimmt war und der sich durch nichts aus der Ruhe bringen lassen konnte. Die Sprüche, die ab und zu von betrunkenen Gästen kamen, waren ihm egal. Ein »Wolle Rosen kaufen?« überhörte er einfach. Ich allerdings konnte nie darüber hinweg hören und habe mich immer geärgert. Denn für mich war er ein Freund. Einer, den ich eben immer am Freitag getroffen habe. Wir haben zwar nie miteinander gesprochen, aber er war immer da. Jahrelang, im Herzen von Berlin.

Jetzt bin ich über 7.000 Kilometer und über 20 Jahre entfernt von meiner Stammholznische, meinen Malbüchern und den Touristen in Berlin. Und doch bin ich meinem Rosenmann vom Alex so nah wie schon lange nicht mehr.

Im Jahr 1970 zog er zusammen mit seiner Familie aus Rawalpindi nach Berlin-Mitte. Knapp 50 Jahre lang baute er sich ein kleines Business auf, verkaufte jeden Abend seine Rosen – oder versuchte es zumindest. Inzwischen lebt er wieder zu Hause, in seinem Pakistan.

Ich wusste schon immer, dass der Rosenmann Pakistaner ist. Für mich war er ein kleines Stückchen Fernweh. Und er wusste, dass ich sein Land einmal kennenlernen möchte. Er hat mich neugierig gemacht. Immer wieder hat er erzählt, wie toll es in Pakistan sei, wie nett die Menschen seien und wie gut das Essen schmecke. Dabei strich er sich dann mit einem breiten Grinsen im Gesicht über seinen Bauch, die Augen geschlossen und den Kopf nach hinten gelegt. In einem Zeichentrickfilm hätte sich in der Sprechblase über seinem Kopf die gesamte Küche Pakistans abgespult.

Eine Woche bevor wir in den Flieger nach Islamabad gestiegen sind, habe ich den Sohn meines Rosenmannes am Hackeschen Markt in Berlin getroffen, ganz zufällig. Ich erzählte ihm, dass ich bald nach Pakistan fliegen würde. Das Strahlen, das hat er von seinem Vater, denn sein Gesicht füllte sich innerhalb von Sekunden mit der gleichen Wärme, die ich bis dahin nur von dem alten Herren mit Schnurrbart kannte.

Lukman gab mir seine pechschwarze Karte, auf der vorne eine knallrote Rose gedruckt war und hinten seine Handynummer. »Melde dich, wenn du in Islamabad bist«, rief er mir noch hinterher, als ich schon auf der Rolltreppe stand.

Und das habe ich getan.

Es ist wieder ein Freitagabend, als ich eine Nachricht bekomme. Es ist Lukman. Das erkenne ich an der roten Rose in seinem Profilbild.

Lukman: Hallo! Meine Familie ist in Pakistan. Mein Vater kennt dich und deine Mama. Mein Vater ist in Pakistan. Ruf ihn an, wenn du Hilfe brauchst.

Anne: Okay, danke, mach ich.

Lukman: Du musst unser Zuhause sehen. Hast du eine pakistanische Nummer?

Anne: Ja. 00923455397224.

Lukman: Ich rede grad mit meinem Vater. Schick mir deine Location!

Anne: Standort geschickt.

Um 20:48 Uhr klingelt mein Telefon. Es ist der Rosenmann. Mit der gleichen warmen Stimme wie damals erklärt er mir, dass er uns abholen würde, um uns zum Essen einzuladen. Lukman muss meine Nummer direkt an seinen Vater weitergeleitet haben.

»Clemens, der Rosenmann vom Alexanderplatz hat mich gerade angerufen«, rufe ich durch unser Zimmer und kann dabei meinen eigenen Worten kaum glauben.

»Wer hat angerufen?«, fragt Clemens.

Verständlich.

Er kennt die Geschichte nicht. Wie ein Wasserfall purzeln Erinnerungen an die Freitagabende meiner Kindheit aus mir heraus, an die Malbücher, das Eisbein und die knallroten Rosen.

Eine knappe halbe Stunde später hält ein silberner Nissan vor unserer Unterkunft. Ein kleiner, rüstiger Mann in schwarzer Jacke und schickem gebügeltem Hemd steigt aus dem Auto. Eines ist immer noch da: sein Schnurrbart, der mit der Zeit ein bisschen angegraut ist. Wie damals kommt er zuerst zu mir, wie damals streckt er mir seine Hand entgegen. Er ist der erste Mann, der mir in Pakistan die Hand gibt.

Was bespricht man mit jemandem, den man zwar ein ganzes Leben kennt, mit dem man aber nie geredet hat? Was erzählt man jemandem über ein Land, über das er viel besser Bescheid weiß?

Zum Glück hat der Rosenmann davon eine genaue Vorstellung und löchert uns sofort interessiert mit Fragen. Im Schnelldurchlauf erzählen wir ihm von Fairy Meadows, von unserem Tag in Peschawar, von der ewigen Busfahrt und auch davon, was wir noch vorhaben. Der Tisch füllt sich währenddessen mit allen Gerichten der Karte. Es wird aufgetischt. So stolz ist der Rosenmann darauf, dass das kleine Mädchen aus dem deutschen Restaurant in Berlin-Mitte jetzt in Islamabad ist und durch sein Land reist. Bezahlen dürfen wir nicht, noch nicht einmal einen Anteil der Rechnung. Das einzige Dankeschön, das es an diesem Abend über den Tisch schafft, ist die Tatsache, dass ich meinen Rosenmann zuerst mit dem Essen beginnen lasse – eine Geste des Respekts gegenüber der ältesten Person am Tisch, die er mit dem gleichen warmen Lächeln von früher wertschätzt.

Für mich vergeht der Abend viel zu schnell. Das findet auch der Rosenmann. Er hatte schon feste Pläne für die nächsten Tage. Gerne hätte er uns in sein Dorf gebracht, uns seiner Familie vorgestellt und hätte uns seine Lieblingsorte in Pakistan gezeigt. Doch für uns geht es weiter nach Lahore. Die Zugtickets haben wir schon in der Tasche.

Kurz vor Mitternacht rollt der Nissan wieder vor unsere Unterkunft. Ein letztes Mal bedanke ich mich beim Rosenmann für diesen Abend. Ein letztes Mal schaue ich in seine stolzen Augen. Und ein letztes Mal nimmt er meine Hand. Ich verabschiede mich und fühle mich noch einmal wie das achtjährige Mädchen, das jeden Freitag gegen 19 Uhr auf den Mann mit dem großen Rosenstrauß gewartet hat.

Nächster Halt: Koranschule

ZUG NACH LAHORE

Anne | Ich kannte jede einzelne Eisenstange der knallblauen Brücke, auf der der Zug von Wolgast auf die Insel Usedom fuhr. Und das, obwohl ich gerade mal vier oder fünf Jahre alt war. Damals ging es mehrmals im Jahr mit Oma und Opa auf die Insel Usedom. Damals nahmen wir immer den Zug von Berlin »nach oben«. Auf jeder Fahrt testete ich neu mein Wissen. Wie heißt die nächste Station? Wann kommt der Bahnhof mit dem kleinen Schaffnerfenster? Und wann kommt der Knick auf die Brücke? Ich liebte jede einzelne Sekunde, jede Station und, ja, vielleicht auch den miefigen Geruch der Metalltoilette des Regionalexpresses. Ob in meiner Kindheit die Basis für meine Zugleidenschaft gelegt wurde? Da bin ich mir ziemlich sicher. Bis heute versuche ich immer wieder einen Platz in ratternden Wagons zu bekommen. Denn Zugromantik ist eine ganz besondere Romantik, die sich durch das auszeichnet, was draußen vor der

Fensterscheibe vorbeituckert. Gerade sind es die letzten Meter der Zwei-Millionen-Stadt Rawalpindi, die bald den endlos langen Landschaftsstreifen von Pakistans Hinterland weichen.

Von Flo haben wir uns noch in Islamabad verabschiedet. Sein Reiseplan führt ihn ab jetzt in den Westen des Landes. Wir aber wollen nach Lahore, in die angeblich schönste Stadt des Landes. Ob sich unsere Wege noch einmal kreuzen? *Inshallah.*

Wir beobachten die Aussicht, während wir auf den samtgrünen Polstersitzen eines offenen Sechserabteils auf und ab hüpfen. Unsere Backpacks haben wir über uns verstaut. Nämlich genau da, wo man normalerweise bei einer Nachtfahrt schlafen würde. Es ist ruhig und geordnet im Zug, dabei hatten wir uns schon auf ähnliche Verhältnisse wie in indischen Zügen eingestellt. Darauf, dass permanent Menschen durch den Wagon rennen, dass es ab und an unangenehm riecht, Händler permanent ihre Ware anbieten oder es einfach unheimlich heiß und laut ist. Doch hier ist es anders. Selbst die Fenster haben richtige Scheiben und nicht nur einfache Gitterstangen, die die Passagiere vom Herausfallen schützen. Clemens sitzt mir gegenüber in Fahrtrichtung, zwischen uns ein blitzeblank geputzter sauberer Tisch, auf dem noch gemanschte Überreste von deutscher Schokolade liegen. Es könnte keinen besseren Zeitpunkt geben, um sich ein halb geschmolzenes Stück Ritter-Sport-Marzipan im Mund zergehen zu lassen.

Draußen ziehen kleine Dörfer vorbei, in denen verzinkte Wellblechdächer vor der Hitze schützen. Erste Backsteinbrennereien tauchen auf. Mit ihren rauchenden Türmen haben sie etwas Märchenhaftes an sich. Von ihnen gibt es in ganz Pakistan etwa 20.000, die insgesamt 10 Millionen Menschen beschäftigen. Sie beherrschen nicht nur die Landschaft außerhalb der Großstädte, sondern ziehen auch die Kritik der Pakistaner auf sich: Niedriglöhne, Kinderarbeit, moderne Sklaverei. Doch von all dem kriegen wir in unserem Zugabteil nichts mit.

»Ihr seid die beiden Deutschen, oder?« Vor uns steht ein Polizist in voller Montur. Dunkelgrüne Jacke mit passender Flagge plus Halbmond auf dem Arm, hochgepuffte Hose, die er gekonnt in seine dicken Lederstiefel gesteckt hat, und schwarzer Bart. Wie George Clooney auf Pakistanisch sieht er aus. »Ich bin für eure Sicherheit da. Falls irgendwas sein sollte, ich sitze im nächsten Abteil. Ihr fahrt bis Lahore, richtig?«

Mehr als ein zögerndes Nicken und ein stotterndes »Danke« bekomme ich nicht raus, bevor der hochgewachsene, breite und gut trainierte Polizist wieder verschwindet.

Woher weiß er das? Wieso kennt er uns? Wenn du denkst, du hast etwas endlich durchschaut, und dann doch wieder an genau den Punkt gerätst, der dich komplett verwirrt, dann bist du endlich in Pakistan angekommen.

Der pakistanische Geheimdienst gehört zu den besten und vor allem mächtigsten Geheimdiensten der islamischen Welt. Der ISI, Inter-Services Intelligence, hat circa 10.000 Mitarbeiter, die zumeist einen paramilitärischen Hintergrund haben oder in Spezialeinheiten integriert sind. Er fungiert als Staat im Staat und wurde vom Militär als innenpolitisches Kontrollsystem aufgebaut. Dass gerade jeder Schritt von Touristen kritisch und vor allem im Detail beäugt wird, ist ganz sicher kein Zufall. Unsere Eskorte in den Bergen, der Sicherheitsmann am Eingang des Bahnhofs und jetzt auch unser persönlicher Bodyguard im Nachbarabteil. *ISI is watching you*, und zwar von morgens bis abends.

Unter den Argusaugen eines Geheimdiensts durch ein Land zu reisen, das man echt und authentisch erleben möchte, ist nervig, vor allem wenn der Big Brother im Abteil nebenan sitzt. Aber wir haben leider keine Wahl. Die Polizisten sind einfach da. Sie wissen, wohin wir reisen, wo wir schlafen und ganz bestimmt wo wir essen. Sie sind wie Drohnen, die wir an unserer Stirn befestigt haben, um jeden Schritt zu überwachen. Und gleichzeitig sind sie auch die konstante

Erinnerung daran, dass wir in Pakistan sind. In einem Land, in dem wir aufpassen müssen – und in dem auf uns aufgepasst werden muss. Stellt sich die Frage, welcher Gedanke furchteinflößender ist.

Die fünf Jungs, die an Station Nummer drei zusteigen, sehen in meinen Augen nicht nach Gefahr aus. Ich schätze sie alle auf um die zwanzig. Einer von ihnen ist der ganz klare Anführer. Er ist ein bisschen breiter, sein Shalwar Kamiz in zartem Rosé hätte gut eine Nummer größer sein können, passt dafür aber perfekt zu den Polstersesseln, auf denen wir jetzt schon eine Stunde vor uns hin hüpfen. Seine Haare sind perfekt gescheitelt und ein bisschen gegelt; der Bart ist gerade dabei, die Schwelle von Flaum zu echtem Gestrüpp zu schaffen. Gekonnt bestimmt er, wer wo sitzen soll. Er selbst sitzt neben Clemens und damit schräg gegenüber von mir. Kaum sitzen sie alle, zücken sie die neuesten Smartphones, die modernsten Kopfhörer.

Aus dem Augenwinkel beobachte ich die kleine Reisegruppe, ohne es selbst zu bemerken. Eine schlechte Angewohnheit. Schon vor Jahren prophezeite mir eine gute Freundin, dass ich für mein gedankenverlorenes Anstarren von Unbekannten irgendwann ganz sicher mal eine geklatscht bekommen werde. Irgendwann werde ich mir aber doch darüber bewusst, dass ich ihrem Facebook-Newsfeed folge, durch den sie in schnellstem Tempo scrollen. Sie schauen YouTube-Videos von arabisch aussehenden Musikern auf kleinen Bühnen an und schlagen sich gegenseitig in *Angry Birds*. Immer wenn sie sich über einen Sieg freuen, versuche ich ein paar Wortfetzen aufzuschnappen. Nicht weil ich mittlerweile Urdu verstehe, sondern weil die Jungs Bahasa Malaysia sprechen und ich ein bisschen davon dank eines Auslandssemesters auf Bali verstehen kann. Brocken meines Vokabulars schnappe ich bei der Fünfergruppe auf, und doch ergibt ein Satz aus Morgen, Sitz und Cola keinen Sinn.

»Wo kommt ihr her?«

»Malaysia, und ihr?« Er nimmt seinen Kopfhörer aus dem Ohr.

»*Dari Jerman.*« Ich glänze mit meinen Bahasa-Kenntnissen.

Die Verwunderung über meine Bahasa-Kenntnisse steht ihm ins Gesicht geschrieben. Sofort interessieren sich auch alle anderen für uns. »Wir sind Koranschüler aus Malaysia.«

Ich spüre den Stolz in seiner Stimme. Eine imaginäre Schublade öffnet sich. Das passiert mir in Pakistan häufiger. Immer wieder blättere ich gedanklich durch ein paar Zeitungsfetzen, Terrornachrichten und durch alles, was bisher in unseren Medien über Pakistan gezeigt wurde. Würde ich die Themen und Beiträge von positiv bis negativ kategorisieren, würden die Koranschulen im hintersten Eck der schwarzen Liste landen und unter ›gar nicht gut‹ abgeheftet werden.

Seit 9/11 sind die Medressen, Pakistans Koranschulen, der Erzfeind der westlichen Welt. Sie werden von den Medien als Terrorschmieden bezeichnet, als Orte, an denen gläubige Muslime radikalisiert werden. Wie viele Koranschulen es in Pakistan gibt, weiß niemand so genau, ihre Zahl wird jedoch auf 10.000 geschätzt. Ebenso wenig weiß man, wie viele von radikalen Predigern geleitet werden und wie viele nur das sind, wofür sie einmal geschaffen wurden: Schulen für die Armen, die Unterstützung benötigen. Koranschulen gelten als ein undurchsichtiges System, das hinter verschlossenen Türen agiert. Und gerade sitzt es in Form von Jungs in bunten Hemden und Pumphosen live und in Farbe neben uns.

Meine Gedanken könnten gerade nicht weiter entfernt von Tee sein, als der Chai Wallah, ein junger Pakistaner mit strahlend grünen Augen, aufgeregt an unserem Abteil vorbeiläuft und mit einem kleinen Kupferlöffel gegen einen Topf klackert. Ich fühle mich direkt in meine Indien-Reise vor einigen Jahren zurückversetzt, wo die Teeverkäufer zu jeder Zugfahrt gehörten. Die kulturellen Gemeinsamkeiten der beiden Erzfeinde behalte ich jedoch besser für mich. Dass sich Indien und Pakistan ähnlich sind, möchte keiner hören, keiner wahrhaben. Das Nachbarland gilt als der größte Gegner und das schlechtere Pakistan.

»Sechs«, ruft unser Anführer.

Der Tee ist so süß, dass fast der kleine Plastiklöffel drin stecken bleibt, und holt mich wieder zurück ins Hier und Jetzt. Viel unterhalten können wir uns mit den Koranschülern nicht. Ihr Englisch ist zu minimal und mein Bahasa gerade in Windeseile in die hinterste Kammer meines Hirns gerutscht.

»Alles gut bei euch?« Es ist das erste Mal seit der Abfahrt, dass unser Wachschutz in unser Abteil kommt. Hatte er das Maschinengewehr vorhin auch schon dabei? Sein prüfender Blick geht zuerst zu uns und bleibt dann bei den Jungs hängen.

»Ja, alles gut«, antwortet der Anführer für alle im Abteil.

Einmal Anführer, immer Anführer.

1.000 Prozent Pakistan

LAHORE

Anne | Manchmal ist es gut, riesige Backpacks auf dem Rücken zu haben. So wie jetzt, wo wir uns durch die schmalen Gänge des Zugs drücken und sie spontan zum Prellbock umfunktionieren. Drei rostige Metallstufen trennen uns noch vom Chaos der Millionenstadt.

Anders als in Rawalpindi ist der Bahnhof in Lahore voller Menschen. Überall schwirren Männer in ihren meist hellen Shalwar Kamiz herum, dazwischen Frauen, die ihre Kinder an ausgestreckten Armen zusammenhalten, und Polizisten in gebügelten Anzügen, die uns kaum aus den Augen lassen. Egal wie groß das Chaos ist, Touristen leuchten wie zwei Bojen im Meer.

Wir folgen dem Strom nach draußen. Ich bin froh, dass Clemens knapp 1,90 Meter groß ist und zwischen den kleineren Pakistanern gut auffällt, denn mich haben die vielen Menschen und die großen Gewürz-, Reis- und Mehlsäcke um uns herum schon längst nach ganz hinten gedrückt. Ab jetzt folge ich dem wandernden grünen Rucksack vor mir.

Das ist es also, das Kulturmekka im Nordosten Pakistans: Heute ist Lahore die Hauptstadt der Region Punjab, wie es vor der Unabhängigkeit die Hauptstadt der Provinz Punjab in Britisch-Indien war. Wir sind gerade einmal 55 Kilometer vom verfeindeten Nachbarland entfernt. Eine Nähe, die ich jetzt schon spüren kann. Die Straßen sind bepackt mit ratternden Rikschas, an deren Fahrerspiegel glitzernde Anhänger wippen. Dazwischen suchen mal grüne, mal gelbe Taxis mit lautem Hupen den Weg zurück auf die Straße, der durch die vielen parkenden Autos vor dem alten Bahnhofsgebäude versperrt ist.

Da ist sie, die Hitze, die ich aus Asien kenne und die sich immer noch so beißend durch meine Kleidung kämpft wie beim allerersten Mal auf Bali. Warum mir genau dieser Gedanke durch den Kopf schießt, weiß ich nicht. Vielleicht ist es der stockende Verkehr, der mich an die stark befahrenen Straßen der indonesischen Ferieninsel erinnert. Vielleicht sind es auch die Koranschüler, deren Bahasa-Wortfetzen ich immer noch versuche zu entschlüsseln. Ich fühle mich, als hätten wir einen Vorhang geöffnet und wären in eine neue Welt vorgedrungen. Die Erinnerung an das geordnete, fast schon langweilige Islamabad wird überrannt von Lahore. Ich bin froh, dass ich mittlerweile die einheimische Kleidung trage, die dank der Weite bisher noch nicht an meinem Körper klebt: eine Kurta, eine Art Tunika, eine lockere Stoffhose und ein Tuch, das Dupatta, das nicht nur meine Oberweite bedeckt, sondern in den heißen Temperaturen von Lahore auch schnell ein Schweißtuch sein kann.

Mitten im Chaos auf dem Bahnhofsvorplatz von Lahore fühle ich mich in andere Asien-Reisen katapultiert. Ich sehe mich in den stickigen Überlandbussen in Thailand, auf den schrammigen Jollen der Fischer in Indonesien und auf den Märkten von Malaysia. Mit dem Unterschied, dass auf all diesen Reisen jeder Moment mit Hunderten anderen Touristen geteilt wurde. In Pakistan sind wir allein. An vielen Orten auf der Welt bleibt touristisches Potenzial unerkannt, so auch hier, und das, obwohl sich Pakistan perfekt als Backpackerland eignen würde. Das verraten nicht nur die gefüllten Speicherkarten, mit deren Fotos ich schon jetzt ganze Wochen mit Diaabenden füllen könnte, sondern auch mein Notizbuch mit bis zum Rand beschriebenen Seiten. Pakistan hat einige der höchsten Berge der Welt und das schillernde Meer. Pakistan hat Millionenmetropolen, in deren Altstädten man sich gut verirren kann. Und Pakistan hat die größten Kochtöpfe in ganz Südasien, in denen Reis mit afghanischen Rosinen und indischen Gewürzen gemischt wird. Die Basis ist da. Jetzt müssen nur noch die Touristen kommen und der Terrorismus gehen. Wenn alles so einfach wäre.

Mein Backpack landet auf meinem Schoß. Durch einen kleinen Sichtspalt, den ich mir auf der engen Rückbank des kleinen Suzuki Alto geschaffen habe, bekomme ich den ersten Eindruck von Lahore.

Wir schlängeln uns vorbei an Ziegen, Schafen und alten Holzschubkarren, auf denen leuchtend orangene Früchte bis ins Unendliche gestapelt sind. Schon nach kurzer Zeit liegt ein dünner Smogfilm auf meiner Haut, die sich fettig und dreckig anfühlt. Es geht vorbei an kleinen Ständen mit dampfenden großen Metalltöpfen, hinter denen dickbäuchige Männer stehen und mit riesigen Kellen den Inhalt gekonnt umrühren. Dahinter blitzen immer wieder uralte Coca-Cola-Schilder mit arabischen Schriftzeichen hervor, die als Werbung für kleine Läden fungieren. Mal sind es Shops mit aufgetürmten Küchenutensilien, mal wird eine ganze Palette an Besen angeboten, die mit ihren filigran geschnittenen Borsten fast schon zu perfekt für das wuselige Lahore sind.

Alle Augen sind auf uns gerichtet, als wir vor unserem Hotel aussteigen. Wir wohnen im Viertel New Garden Block, einer Gegend, in der hauptsächlich Businessleute, Studenten und Expats leben. An Ausländer müssten sie eigentlich schon gewöhnt sein. Trotzdem ziehen wir die gesamte Aufmerksamkeit der Marktverkäufer an den Ständen gegenüber auf uns.

»Willkommen«, begrüßt uns der Herr hinter der Rezeption. Er trägt ein perfekt gebügeltes weißes Hemd, eine schwarze Hose und spricht sehr gutes Englisch. Wieder mal thront über uns ein Porträt von Muhammad Ali Jinnah. Wieder mal guckt er bestimmt, kraftvoll und doch sympathisch. Seine Mütze sitzt wie gewohnt schräg, und wie immer ist ein kleines Schmunzeln in seinen Mundwinkeln zu erkennen. Es fühlt sich an wie ein Willkommensgruß.

»Oh, Deutschland«, entgegnet uns der Rezeptionist als wir gerade die Rucksäcke aufsetzen wollen. Doch er hat schon Google Maps auf seinem alten, röchelnden Rechner geöffnet und Deutschland eingegeben.

»Wo?«, will er wissen, und wir antworten fast monoton: »Berlin.«

Wir fliegen im Street View über die Hauptstadt, streifen den Fernsehturm und zeigen ihm, wo genau unsere Wohnung ist. Wir zoomen rein, wandern virtuell mit seiner Maus durch unsere Straße und fliegen abschließend über die Spree. Der kleine Kurztrip nach Deutschland zaubert ihm ein Lächeln in die Augen.

Lahores Herz ist blutrot

LAHORE

Clemens | Ich stehe vor der langen Wursttheke einer Metzgerei. Das kalte Metallgehäuse trägt eine dicke Glashaube und ist mit einer Neonröhre gut ausgeleuchtet. An der Tür hängt ein winziges Glöckchen aus Eisen an einer roten Häkelschnur. Die Straße wirkt, als wäre die Zeit stehen geblieben. Alte Volkswagen und Renaults holpern über das Kopfsteinpflaster. Darüber lassen jahrhundertealte Kastanien ihre schweren Köpfe hängen.

Die Wurstfachverkäuferin hat kräftige Oberarme, die mir gerade ein Stück von der Schinkenwurst abschneiden. Es ist wie damals als Kind, als ich an jeder Theke eine Scheibe geschenkt bekam. Zur Wurst beiße ich genüsslich in ein Stück Schwarzbrot vom Probierteller.

Das Glöckchen bimmelt und verkündet das Eintreffen eines neuen Kunden. Der Mann gehört zur älteren Garde und sieht aus wie den Märchen aus *Tausendundeiner Nacht* entsprungen. Er trägt einen dichten, langen Bart, der an den Spitzen schon ordentlich angegraut ist. Dazu große Hundeaugen, die etwas Zauberhaftes an sich haben und ihm eine warme Aura geben. Für mich ist er die pakistanische Version des US-amerikanischen Schauspielers George Clooney. Er wirkt weise und mit Stil gealtert.

Mit dem geheimnisvollen Mann kommt noch etwas in die Metzgerei hinein: eine orientalische Duftwolke. Wie einen langen Wintermantel zieht er sie hinter sich her. Sandelholz, Zeder und Bergamotte kann ich erkennen. Vielleicht auch ein wenig Rose?

Auch der Wurstfachverkäuferin entgeht die ungewöhnliche Erscheinung nicht. Sie betastet ihn mit neugierigen Blicken. Noch bevor er seine Bestellung aufgeben kann, klingelt sein Handy. Erst leise, dann immer lauter. Zu hören ist die eindringliche Stimme eines Mannes. Er zieht den Ton extrem in die Länge. Kenne ich das nicht irgendwoher? Erst als der Mann sein Handy aus der Hosentasche zieht, erkenne ich den Gesang in seiner Gänze: »*Allaaaaa… hu… akbar!*«, scheppert es aus seinem Smartphone. Komischer Klingelton, denke ich mir noch. Da küsst mich Anne liebevoll auf die Stirn.

»Hey, wach werden, du Schlafmütze!«

Zuerst sehe ich ein sperrangelweit geöffnetes Fenster. Geblendet von der weißen Morgensonne muss ich meine Augen fast wieder komplett zukneifen, um überhaupt etwas erkennen zu können. Wo bin ich?

»Hrhm…« Ich höre ein tiefes Räuspern aus dem Nachbarzimmer, ganz schön laut. Sind die Wände so dünn? Und nochmal: »Hrhm…« Diesmal kommt es nicht von nebenan, sondern von draußen. »*Allaaaaa…*« Wieder zieht jemand das arabische Wort für Gott unendlich in die Länge. »*… hu… akbar!*« Jetzt erkenne ich die Umrisse eines Turms vor dem Fenster. Dann einen Lautsprecher, der am Balkon klemmt. Na klar, das Morgengebet! Nach dem Aufstehen schüttle ich mein Kopfkissen auf. Ein zauberhafter Duft aus Sandelholz, Zeder und Rose fliegt mir um die Nase.

Die Taxifahrt ins historische Zentrum von Lahore gleicht dem Gang in eine Raucherlounge am Flughafen. Die ganze Stadt versinkt im Smog. Straßen enden nach 200 Metern in einer dichten Wolke. Brückenpfeiler erkennt man erst, kurz bevor man sie erreicht. Und abends reibt man sich die Staubkörner aus den Augen.

»Willkommen in Lahores fünfter Jahreszeit!« Der junge Mann trägt eine abgewetzte Basecap mit dem schwarz-roten Logo des Cricketteams Lahore Qalandars schief auf dem Kopf und kichert über seinen eigenen Witz.

Lahore hat über 11 Millionen Einwohner, und alle haben seit Jahren das gleiche Problem: die extreme Luftverschmutzung.

»Man kann den Rauch den ganzen Tag sehen und riechen«, erklärt er. »Vor allem im Winter ist es schlimm.« Er redet sich so schnell in Rage, dass uns nur noch die Rolle der Zuhörer bleibt. »Dann kann man den Dreck in der Luft fast schon anfassen.«

Tatsächlich konkurriert die Toxizität der Luft von Lahore mit den Werten von Chinas Hauptstadt Peking und dem indischen Neu-Delhi.

»Wisst ihr, das interessiert außerhalb von Pakistan aber niemanden. Bilder von China, Indien und so gehen um die Welt. Aber Lahore?« Er kräuselt seine Lippen und pustet dann Luft hindurch. »Pffft! Keiner interessiert sich für Lahore.«

Mich wiederum interessieren jetzt die nackten Zahlen. Laut einer Schätzung der Weltgesundheitsorganisation starben 2015 fast 60.000 Pakistaner am hohen Feinstaubgehalt in der Luft. Das ist eine der höchsten Todeszahlen durch Luftverschmutzung weltweit. Aus dem Affekt heraus halte ich mir die Faust vor den Mund. Als würde das was helfen.

Vor einer Weile gaben pakistanische Umweltschützer dem November den vielsagenden Beinamen ›fünfte Jahreszeit‹. Es ist die Zeit, in der höhere Emissionen und das Verbrennen der Äcker ganz Punjab mit scharfem Smog bedecken. Heute ist der 16. November. Wieder wandert meine Hand vor den Mund.

Aus der Milchsuppe lugt ein Minarett hervor wie ein U-Boot-Periskop aus dem Meer. Erst eins. Dann zwei. Dann drei. Dann vier. Je näher wir kommen, desto höher ragen die Gebetstürme aus der Dunstglocke heraus. Dann erhebt sich dazwischen noch ein weiterer Bau aus dem Nichts: eine überdimensionale Zwiebel. Dann seitlich je noch eine etwas kleinere.

Doch es ist keine Fata Morgana, sondern unser Fahrtziel, die Badshahi Masjid. Den Titel als größte Moschee des Landes hatte sie erst 1986 abgeben müssen: an die Schah-Faisal-Moschee in Islamabad, wo wir innerhalb von wenigen Minuten zu Social-Media-Stars wurden. Im Gegensatz zum neuen Titelträger erstrahlt Lahores Prunkstück nicht in Weiß, sondern hat eine Fassade aus blutrotem Sandstein, verziert mit Marmor.

Je näher wir dem Eingang kommen, desto größer erscheint der Sakralbau und desto größer wirkt auch seine Aura. Selbst der Fahrer ist wie ergriffen vom Auftauchen der Badshahi. Ich muss an die Golden Gate Bridge in San Francisco denken, die an ihren besten Tagen, den nebligen, mit einer ähnlichen Wucht und der gleichen blutroten Farbe aus dem weißen Sud auftaucht.

Mit jedem Schritt auf die Moschee zu wirkt sie noch majestätischer. Ich übe mich in Demut, und weil ich weiß, wie wichtig dieser Ort für die Muslime Lahores ist, werden meine Schritte automatisch langsamer, gerade so, als würden mir die eigenen Beine sagen wollen, dass ich mich gefälligst zu benehmen habe.

Mit der Anzahl der Schritte pro Minute sinkt auch der Puls und mit ihm der Atem. Meine Augen gleiten über riesige Steinmauern, hinauf zu den Kuppeln und weiter zu den Minaretten. Dort verlieren sie sich in den detailreichen Verzierungen im dicken Marmor. Ich bleibe stehen und lasse die Eindrücke einfach auf mich einprasseln.

Gläubige knien vereinzelt auf dem Boden wie Ameisen in einem viel zu großen Bau. Der Hof der Moschee ist auf allen Seiten von einer 150 Meter langen Mauer geschützt, die die Minarette miteinander verbindet. Er soll 50.000 Menschen Platz bieten. Nimmt man noch den äußeren, überdachten Bereich rund um die Moschee herum dazu, sollen sogar 100.000 Gläubige hinein passen. In der Mitte des Platzes befindet sich ein Wasserbecken, in dem man sich vor dem Gebet einer rituellen Reinigung unterzieht. Gerade sind drei Männer und zwei kleine Jungs am Werk, beziehungsweise an ihren Füßen.

Gute zehn Meter vor mir schwebt eine Frau in einer Burka vorbei. Der Stoff ist so schwarz, dass er in einem Farbfächer auf der allerletzten Seite zu finden wäre. Es ist unmöglich, genaue Konturen des Körpers darunter zu erkennen. Aber ist das nicht genau der Sinn des Kleidungsstücks, die totale Verschleierung bis zur Unkenntlichkeit?

Getaktet von ihren elfenartigen Schritten weht ihr Umhang wie in Zeitlupe hinter ihr her, bis sie sich ruckartig zu mir umdreht. Die Frau richtet den Teil ihres Kopfs, an dem ich ihr Gesicht vermute, genau auf mich. Ich weiß, dass sie mir in die Augen sieht – dabei sind die ihren vollkommen verdeckt von einem feinen Netz, das es mir unmöglich macht, ihren Blick zu suchen. Und doch spüre ich ihn auf meiner Haut. Für einen Moment scheint die Zeit stillzustehen.

»Wollen wir reingehen?« Annes Stimme klingt so dumpf, als würde sie durch einen dicken Vorhang zu mir sprechen. Wortlos nicke ich in ihre Richtung. Mein Kopf schwankt zurück zur Burka-Frau. Doch die ist im Gebäude verschwunden: Ein letzter schwarzer Stoffzipfel huscht gerade über die Türschwelle.

Erst als wir uns die Schuhe ausziehen und sie in den legebatterieartigen Schuhregalen parken, fällt mir der Gestank auf. Es riecht nicht nur nach Schweißfüßen an einem 40 Grad heißen Tag in Lahore, sondern nach gekochten Eiern und ein bisschen nach Verwesung. Kein Wunder, dass der Gebrauch von Parfüm unter Männern und Frauen in Pakistan weit verbreitet ist und eine lange Tradition hat. Über 4.000 Jahre alte Handelsrouten für Parfüme und Parfümöle in Arabien sind historisch belegt. Doch Parfüm hilft leider nicht gegen Stinkefüße.

Beim Betreten der Gebetshalle muss ich an die Burka-Frau von eben denken. Sie kann nicht aus Pakistan sein, geht es mir durch den Kopf, so viel habe ich in den letzten Wochen über die verschiedenen Verschleierungsarten gelernt. Bei der klassischen pakistanischen Burka bedeckt ein schulterlanges Dreieckstuch das Haupthaar; ein weiteres Stück Stoff wird so befestigt, dass die untere Gesichtshälfte bis zur Nase bedeckt ist. Die Augenpartie bleibt also frei. Eigentlich ganz praktisch, weil die Gesichtsbedeckung bei Bedarf abgenommen werden kann, ohne dass der ganze Rest ausgezogen werden muss. Ob nun zum Essen oder zum ... Küssen, schießt es mir kurz durch den Kopf, doch das wäre in der Öffentlichkeit ja eh verboten.

Zu meinem Erstaunen ist die Badshahi-Moschee kein UNESCO-Weltkulturerbe, sie steht aber auf der Liste der Stätten, die für eine Nominierung vorgesehen sind. Auf dieser Tentativliste steht sie seit fast dreißig Jahren und steht und steht. Selbst die Ernennung als potenzielles Weltkulturerbe kam Anfang der 1990er-Jahre reichlich spät für einen so imposanten Bau, für den die Arbeiter des sechsten Mogulkaisers Aurangzeb nur drei Jahre benötigt hatten. Von der Arbeitskultur des Jahres 1673 könnten sich deutsche Großbaustellen ruhig mal was abschauen.

»Weißt du, an was mich die Moschee erinnert?«, flüstert Anne zu mir rüber. Sie will die auf dem Boden knienden Besucher nicht beim Gebet stören. Die Halle wirkt äußerst empfindlich für Geräusche. Würde man eine Nadel fallen lassen, es würde sich anhören, als fiele ein Gerüst in sich zusammen.

»Nein«, hauche ich zurück in Richtung ihrer dunklen Silhouette, die sich genauso langsam wie ich ihren Weg durch den Gebetsraum bahnt.

»Ohne Witz, in Delhi war ich in einer ähnlichen Moschee. Glaub', das war sogar die Freitagsmoschee«, sagt Anne. Gleich mal gucken, was Google dazu meint.

Wieder am Tageslicht ärgere ich mich über mich selbst. Ein paar Ersatzsocken habe ich auch diesmal nicht dabei. Dabei hatte ich es mir fest vorgenommen für den nächsten Moscheebesuch. Wer seine Schuhe liebt, der sollte danach nie in den gleichen Socken wieder in die Treter hüpfen. Man stelle sich nur mal vor, wie der Boden riecht, über den tagein, tagaus die Besucher schlurfen, meist barfuß, und wie viele Bakterien darauf warten, den Besitzer zu wechseln. Fußwaschung in allen Ehren. Missmutig schlupfe ich in meine Schuhe und unterstreiche in meinem Hinterkopf noch mal die Pakistan-Lektion #4: Socken einpacken!

Eine schnelle Suche am Handy ergibt: Die Jama Masjid in Delhi ist die größte Moschee Indiens und tatsächlich nicht zufällig verwandt mit Lahores Badshahi-Moschee. Bei beiden wird das Erscheinungsbild von einem mächtigen Eingangsportal dominiert, dem Iwan, sowie von drei hellen Zwiebeltürmen und vier achteckigen Minaretten. Und tatsächlich: Auf Fotos sieht Delhis Freitagsmoschee der Zwillingsschwester in Lahore fast zum Verwechseln ähnlich.

Der Erbauer wiederum, Mogulkaiser Aurangzeb, muss ein ziemlicher Witzbold gewesen sein. Er war nämlich der Sohn des Großmoguls Shah Jahan, jenem Mann, der neben dem Taj Mahal auch die Jama Masjid in Delhi baute. Kaum hatte er seinen Vater vom Thron gestoßen, ließ er die Minarette seines eigenen Prachtbaus, also ›seiner Moschee‹, höher bauen als die des Taj Mahals, um genau vier Meter und 20 Zentimeter. Er hatte also auf jeden Fall die längsten – so geht Schwanzvergleich unter Moguln.

Ich finde noch einen Fun Fact heraus: Der Taj Mahal in seiner ganzen Pracht würde in den Hof der Badshahi-Moschee passen. Abgesehen davon, dass diese Vorstellung ziemlich irre ist, würde es auch ganz schön ulkig aussehen.

Wir verlassen die Moschee wieder durch das Tor, durch das wir sie betreten haben. Die Frau in der Zeitlupen-Burka? Habe ich nicht wiedergesehen.

Erst am Abend machen wir uns wieder auf den Weg zur Moschee. Denn wir wollen sie noch einmal aus einer anderen Perspektive sehen: von oben. Den besten Blick hat man von der Lahore Food Street, wo sich ein schmales Haus ans andere reiht. Allesamt sind sie dem Gotteshaus zugewandt und haben, schlau, wie die Inhaber sind, Terrassen auf den Dächern. Wären wir in der westlichen Welt, man würde sich für so eine Aussicht dumm und dämlich zahlen.

»Sucht euch einfach einen Platz aus«, ruft der Mann hinter der Theke ohne aufzuschauen. Er sagt es in einer tiefen, männlichen Stimme.

Natürlich entscheiden wir uns für den einzigen Tisch direkt am Geländer. Denn von oben haben wir Vogelperspektive auf den weitläufigen Hof der Moschee. Der morgendliche Smog ist verflogen und hat Platz gemacht für die schönste Stunde des Tages: den Sonnenuntergang. Und der kommt, wie wir feststellen, mit einer Farbigkeit daher, die an Bildgewalt nicht zu übertreffen ist. Über ganz Lahore schillert ein orangerotes Kleid: von den vollgestopften Brücken des National-Highways Nr. 5, hinunter zum quirligen Gewusel auf den Nachtmärkten der Walled City, rüber zum Lahore Fort und zu den Ausläufern des Iqbal-Parks. Auch wirkt der Sandstein der Badshahi-Moschee jetzt noch kräftiger, als würde jemand von oben ein Spotlight darauf halten.

Erschrocken zucke ich zusammen, als ich ein angestrengtes Räuspern höre. Es klingt unwirklich laut. Wie aus dem Affekt schaue ich Anne fragend an. Eine Millisekunde später rauscht mir ein kalter Schauer über den Rücken. Er setzt genau in der Mitte des Nackens ein, dort, wo man den ersten Wirbel ertasten kann, und geht den Körper hinunter bis in die letzte Zehenspitze. In dem Moment, in dem der Gesang einsetzt, kommt die Gänsehaut so schlagartig, dass ich bewegungsunfähig auf meinem orientalischen Sitzkissen hocke.

Aus dem Minarett neben uns ruft der Muezzin zum Abendgebet. »*Allaaaaahu akbar!*«, schallt es aus den Megafonen in alle Himmelsrichtungen. Dann vollkommene Stille, nur zwei, drei Sekunden. Das

Mikrofon knistert wie ein Lagerfeuer. Das Rattern der Mopeds unter uns hört sich komisch gedämpft an, als hätten sie aufgehört zu fahren und wären in ihrer Bewegung eingefroren.

Dann wieder: »*Allaaaaaaahu akbar!*« Das »*akbar*« kommt abgehakt daher, als wolle der Muezzin es uns ins Gesicht peitschen. Gott mag vielleicht groß sein, aber dieser Augenblick ist mit Sicherheit noch viel größer.

Getrieben von der melancholischen Melodie des Gesangs fliegen meine Augen über die Szenerie und landen unweigerlich auf der Silhouette der Moschee. Sie ertasten die Minarette, gleiten über die dicken Bäuche der Kuppeln und landen auf dem Innenhof, auf dem wir zur vormittäglichen Stunde unsere Runden zogen. Der Bau wirkt von hier oben wie die Sonderausgabe eines Modelleisenbahnherstellers.

Weit unten, direkt auf die Gebetshalle zulaufend, entdecke ich einen schwarzen Schweif, einen Umhang, der im Takt der Schritte im Wind flattert. Und die Schritte sind im Takt des Muezzins. Ist sie das nicht, die mysteriöse Frau von heute Morgen?

»Guten Abend!« Die Stimme des Kellners reißt mich aus den Gedanken, angenehm warm und nahbar. »Was kann ich euch bringen?«

Ich drehe mich zu ihm um. Vor mir steht ein älterer Herr mit einem vollen Bart in diversen Graustufen: Aschgrau, Steingrau, Bleigrau und vor allem Silbergrau. Seine treuen Augen schauen mich an wie einen alten Freund, den man lange nicht mehr gesehen hat.

»Zwei Chai, bitte«, sage ich.

»Sehr gern«, antwortet der Kellner nach einer künstlichen Pause, in der er tief in meine Augen schaut.

Ich spüre, wie sich meine Nackenhärchen wieder aufstellen. Mit einem eleganten Schwung dreht er sich zur Theke und erzeugt dabei einen leichten Windhauch in unsere Richtung. Es ist ein zauberhaft betörender Duft, der zu uns geweht wird. Einer, der nach Sandelholz riecht und nach Zeder. Ein feines Näschen könnte vielleicht auch einen Tropfen Bergamotte herausschnuppern. Und vielleicht, ja, vielleicht sogar ein wenig Rose.

Mit dem Geruch des alten Freundes in der Nase schaue ich ihm wie erstarrt mehrere Sekunden lang hinterher.

»Zwei Chai«, ruft er in die Küche und bimmelt an einer kleinen Glocke über seinem Kopf.

Schrein nach Liebe

LAHORE

Anne | Der schmächtige Polizist zeigt mit einem schmeichelhaften Grinsen auf den Lippen auf die Anweisung über ihm. Das Schild zeigt eine Frau mit einem Kopftuch neben einem Pfeil nach rechts und einen Mann mit Bart, Pfeil nach links. Ich lege mein blaues Tuch um den Kopf und folge den Frauen auf die rechte Seite. Das ist unsere erste Trennung auf dieser Reise. Zumindest die erste, die komplett hinter dicken Mauern stattfindet. Ich schaue Clemens hinterher, bevor er im Gewusel der Massen aus Männern verschwindet und einer von Tausenden Bartträgern wird.

Wir sind beim wichtigsten und größten Sufi-Schrein in Südasien, dem Data Darbar. Hierher pilgern am Tag bis zu 60.000 Gläubige – und heute zwei Touristen.

Der Sufismus ist eine Strömung des Islam, deren Gläubigen es nicht ausreicht, nur zu beten. Stattdessen wollen sie durch Liebe und Ekstase die Beziehung zu ihrem Gott aufbauen. Heute stehen Sufis für eine gewisse Mystik, die sie in leidenschaftlichen Liedern, gefühlvollen Gedichten und packender Musik ausdrücken. Der ›Volksislam‹, wie der Sufismus auch genannt wird, klingt nach einer riesigen Party. Ob es dafür auch Facebook-Einladungen gibt?

Kein anderes Land dieser Welt kennt so viele Arten und Facetten des Islams, wie die Islamische Republik Pakistan. Doch Pakistan steckt mitten in einer religiösen Grippe. Jede neue Instabilität bringt das Land in Aufruhr. Es leidet unter der korrupten Regierung, den Attentaten der radikalen Muslime und dem Militär, das nicht nur wie ein Staat im Staate agiert, sondern auch eine Legebatterie für Fundamentalisten ist. Ein Hausmittel für das friedliche Zusammenleben der Islam-Ausrichtungen wurde bisher nicht gefunden. Eine Impfung, die die ewige Instabilität ausmerzt, auch nicht.

Dass das Land auf Platz drei der Länder mit den meisten Terrortoten landet, hat auch mit den Sufi-Schreinen zu tun. Denn allein in den letzten zehn Jahren kam es dort zu mehr als elf Anschlägen. 2010 und 2017 gab es jeweils einen heftigen Anschlag auf den Data Darbar. Jetzt stehe ich direkt vor ihm und werde wie die anderen Frauen von einem schwer bewaffneten Polizisten herumkommandiert.

Die sanfte, warme Hand einer älteren Frau auf meiner Schulter zieht mich aus dem Getümmel. Sie leitet mich zu einem hölzernen Regal, an dem ich meine Schuhe für ein paar Rupien lasse. Mir bleibt keine Zeit, den strengen Fußgeruch zu beachten, der sich wie ein Saunaaufguss in meine Nase drückt. Die Dame nimmt meine Hand und gleitet mit mir durch den Schrein. Weit und breit sind nur noch Frauen zu sehen. Selbst die Sicherheitsposten am Rand des Schreins sind von Frauen in knallorangenen Warnwesten besetzt.

Als einzige Touristin lande ich schnell im Mittelpunkt der Aufmerksamkeit. Alle Augen sind auf mich gerichtet, meine Bewegungen werden skeptisch verfolgt, und dann werden mir schüchtern Hände zum Grüßen entgegengestreckt. Dabei geht es nicht um mich, sondern um den persischen Sufi-Schriftsteller, Theologen und Mystiker Hujwiri, dessen Mausoleum, das Data Ganj Bakhsh, das Herz des Data Darbar ist.

Durch einen langen Gang, auf dessen glatt gewischtem Boden ich mein eigenes Spiegelbild samt blau leuchtendem Kopftuch erkennen kann, werde ich von meiner neuen Begleiterin immer näher an ein kleines gesondertes Gebäude mit einer Kuppel geleitet, das mitten auf dem riesigen Innenhof des gesamten Komplexes steht. Der Frauenbereich ist so abgeschirmt, dass ich weder erkennen kann, ob im männlichen Bereich gerade viel los ist, noch ob Clemens es überhaupt hineingeschafft hat.

Clemens | Der Wachmann scheint dem Körperscanner nicht zu vertrauen. Das würde zumindest erklären, wieso seine Augen mich trotzdem von oben bis unten abtasten. Als Erstes schlägt mir der käsige Geruch von viel zu selten gewaschenen Füßen in die Nase. Auch mir bleibt nichts anderes übrig, als meine Schuhe auszuziehen und sie zu den anderen in ein wackliges Holzregal zu stellen. Dabei wirken meine Sneaker immer fehl am Platz in den Schuhregalen der Moscheen und Schreine. Sie wirken verloren in einem Sammelsurium aus Gummischlappen und Anzugschuhen. Turnschuhe sind selten, und dann noch in Blau.

Schien der Eingang noch so klein, stehe ich jetzt vor einem großen Platz, flankiert von zwei Säulengängen und dem Schrein mit seiner unverkennbaren grünen Kuppel und goldenen Spitze. Ursprünglich stammt der Schrein aus dem 11. Jahrhundert, aber der Komplex wurde mehrmals erweitert und zuletzt in den 1980er Jahren unter der Herrschaft des Militärdiktators Zia ul-Haq im modernistischen Baustil umgestaltet. Es kamen Büros für NGOs hinzu, eine Bibliothek, eine Medresse, eine Polizeistation, ein Parkplatz und Räume für musikalische Darbietungen. Verständlich, dass die Sufis nicht nur zum Beten herkommen, sondern auch zum Zeitvertreib: Drei junge Männer sitzen ins Gespräch vertieft auf dem Boden. Zwei andere schauen sich Fotos auf einem Handy an.

Während ich an der Faisal-Moschee und anderen Sehenswürdigkeiten von Islamabad immer wieder angesprochen wurde, scheine ich für die Besucher des Data Darbar unsichtbar zu sein. Niemand beachtet mich. Bin ich Luft oder vielleicht einfach ein bärtiger Gefährte? Vielleicht halten sie mich auch für einen Afghanen, deren Gesichter oft kantiger sind als die der Pakistaner. Der Boden ist nicht erhitzt, und das, obwohl es schon um 11 Uhr morgens 34 Grad warm ist. Die gesamte Fläche des Hofs ist aus Marmor und schmeichelt den Füßen. Entsprechend tiefenentspannt spaziere ich über ihn hinweg.

Anne | Die Ruhe, die bis eben wie eine Dunstglocke über dem Schrein lag, hat es sogar geschafft, Lahores Verkehrslärm zu filtern. So lange, bis laute Trommeln und Flöten in einer kleinen Straße neben dem Data Darbar die Ruhe stören. Es sind vier Musiker, die mit ihren Instrumenten durch die Stadt ziehen. Der Klang schallt nach oben und gibt diesem fast schon sterilen und doch geheimnisvollen Komplex einen Hauch Echtheit, einen Hauch Spiritualität, der sich in meine Poren brennt. Als Dankeschön bekomme ich Gänsehaut auf dem ganzen Körper. Ich bin fasziniert, sprachlos und vielleicht auch ein bisschen ergriffen.

Am Grab von Hujwiri ist der glatte Marmorboden von einem gewebten Orientteppich überdeckt, dessen Verzierungen sich in wilden Details verlieren. Barfuß laufe ich über die schon platt getretenen Baumwollfasern. Eine Pilgerstätte für Fußpilz und gläubige Sufis in einem.

Aus meinen Gedanken an Fußpilz reißt mich nur meine Begleitung, die meine Hand plötzlich loslässt. Ich stehe in einem kleinen Raum von maximal zwei Quadratmetern. Es ist dunkel, eng und voller Frauen, die mir zunicken und mich ab jetzt nicht mehr aus den

Augen lassen. Einige der Frauen haben sich in eine Schlange eingereiht, die sich wie ein Schneckenhaus einmal durch die runde Grabstätte zwirbelt. Ich stelle mich hinten an.

Hujwiri liegt in einem dicken Marmorsarg. Arabische Schriftzeichen leiten dem berühmtesten Theologen der Sufi-Welt den Weg. Seine Anhänger verehren ihn. So sehr, dass Frauen ihre Finger durch die kleinen Löcher in der Marmorwand stecken. Auch ihre Babys versuchen sie so nah an den Heiligen zu bringen, dass sie ein Stück von der Magie abbekommen. Nach ein paar Minuten bin ich an der Reihe. Ich schaue durch die Löcher zum Sarg und spüre, wie mir die Frauen förmlich im Nacken kleben.

›Und? Spürst du es?‹, fragen ihre Blicke.

Nein. Ich spüre es nicht, aber ich spüre die Kraft vieler Frauen, die hingebungsvoll ihrem Glauben folgen.

Für einen letzten Eindruck des kleinen Raumes setze ich mich zu den anderen auf den Boden. Ich wünschte, ich könnte ihnen all die Fragen stellen, die mir durch den Kopf gehen. Was sagt ihr ihm? Was wünscht ihr euch? Doch alles, was mir bleibt, ist ein Kratzen an der Oberfläche einer Religion, die zu komplex ist, um sie mal schnell im Vorbeigehen zu verstehen.

Den Weg nach draußen bewältige ich ganz allein. Ohne Begleitung, ohne wärmende Hand. Nur ich, der kalte, kahle Marmorboden und die Stille, die jetzt nicht mehr von Musik gefüllt wird.

Vor dem Eingang des Schreins ist alles anders. Jetzt knattern sie wieder, die alten Honda-Motorräder und die rüstigen Rikschas, die jeden Zentimeter von Lahore füllen. Clemens ist noch nicht zurück. Zum Warten setze ich mich zu den anderen Frauen in den abgeschirmten Wartebereich. Sofort kommt der Polizist von vorhin vorbei. Sein Anzug hängt an ihm, als wäre er drei Nummern zu groß, und sein Lächeln ist so verschmitzt wie eh und je.

Als Frau in Pakistan zu reisen ist anders als in anderen Ländern. Vor allem anders als im Nachbarland Indien. Dort spürte ich immer und überall die Blicke an meinem Körper. Ich wurde beobachtet, begafft und zum Teil von Männern ausgezogen – wenn auch nur mit den Augen. In Pakistan ist das nicht so, und doch kann ich das Land nicht wie Clemens erleben. Manchmal, da zwängt mich Pakistan ein. Ich muss auf meine Kleidung achten und meine Rundungen verstecken. Clemens muss sich keine Gedanken machen. Mit seinem Bart passt er in das Bild und wird manchmal sogar für einen Pakistaner aus dem Grenzgebiet zu Afghanistan gehalten.

Frauen ohne Begleitung sieht man auf der Straße in Pakistan selten. Sagen wir: nie. Die Straßen, Cafés und Restaurants sind gefüllt mit Männern. Dass sich eine Frau komplett allein auf der Straße bewegt, ist bis heute ein absolutes No-Go und wird von allen Seiten mit strafenden Blicken begegnet. Zu unsicher sei die Welt da draußen, zu aufdringlich die männlichen Pakistaner, zu anstrengend der Smog, der Verkehr und der Lärm. Das sagen zumindest die pakistanischen Männer. Jede Frau würde jetzt wahrscheinlich mit dem Zeigefinger aufgeregt gegen die eigene Stirn tippen. Umso schöner ist das Gefühl, zwischen Frauen zu sitzen, ihrem Geschnatter zu lauschen und mal weit weg zu sein von dieser Männerwelt da draußen.

Unser wohltuendes Miteinander wird gestört, als ein Mann in unser kleines Frauenreich eindringt. Er hat einen großen silbernen Samowar dabei und wird bejubelt wie ein Filmstar. Die Damen, die in ihren langen Tüchern bis eben alt auf mich gewirkt haben, stehen quietschfidel inmitten des kleinen Aufenthaltsbereichs auf und strecken ihre Schalen, Schüsseln und Becher in seine Richtung. Dann wird geschlürft, gelöffelt, getrunken. Und zwar so schnell, dass selbst die hungrigsten Hunde zu langsam gewesen wären. Natürlich habe ich nichts vom Wundersaft abbekommen. Stattdessen ernte ich Mitleid von allen Seiten. Auf mein Schulterzucken reagieren die Frauen mit dem gewohnt warmen Grinsen, das den gesamten Schrein umgibt.

Eine Ruheoase in Bahawalpur: Die Al-Sadiq-Moschee thront über dem Markttreiben mit seinem wilden Gemisch aus Gerüchen, Gewürzen und Gewändern.

Zwischen Höhenkrankheit und Magen-Darm-Infekt begrüßt uns der Nanga Parbat im Morgenlicht – darunter ein gigantisches Eisfeld.

▲ Nicht wenige Qingqi werden nachts zu blinkenden Party-Rikschas mit dröhnender Musik.

▲ Mystisch und sandsteinrot: Die Badshahi-Moschee in Lahore fasst 100.000 Gläubige.

▲ Zum Derawar Fort brauchen wir von Bahawalpur rund zwei Stunden – und eine Polizeieskorte.

▲ Surreale Bauten aus dem 14. Jahrhundert: die imposanten Grabmale von Uch Sharif

◀ Keine Pflicht, aber eine Frage des Respekts: Anne trägt als Frau in Pakistan oft Kopftuch.

Ein anderes Bild zeigt Pakistan abseits der Großstädte, wo es schnell ruhig und ländlich wird.

Auszeit vom Polizeigewahrsam: Mit einer schwer bewaffneten Polizeieskorte entdecken wir den Basar von Bahawalpur.

Zwischen Moloch und Strandidylle: Der Clifton Beach in Karatschi hüllt sich abends in ein orangefarbenes Kleid – wenn der dichte Smog es zulässt.

▲ Bunt geschmückte Kamele auf der einen Seite. Was man nicht sieht: die Müllberge auf der anderen.

◀ Die schönsten Begegnungen sind die unerwarteten, so wie hier in den Hintergassen von Karatschi.

▲ Früh übt sich: Knatternde Honda-Mopeds sind aus den Städten Pakistans nicht wegzudenken.

▲ Ein typisches Bild: Marktstände an Orten, an denen man sie nicht erwartet

▲ Sieht idyllisch aus, gilt aber als gefährliches Pflaster: das Fischerdorf Mubarak an der Grenze zum Unruheherd Belutschistan am Arabischen Meer.

Wimmelbild auf Pakistanisch: ein Kioskverkäufer in Mubarak

Auf der gefährlichsten Straße der Welt: die Schotterpiste nach Fairy Meadows am Nanga Parbat ist nur Millimeter vom Abgrund entfernt.

Peschawar liegt an der Grenze zu Afghanistan, nur 50 Kilometer von Kabul entfernt, und gilt als ewige Keimzelle des Terrorismus.

Wer sich als Tourist in Pakistan einen traditionellen Shalwar Kamiz kauft, erntet von allen Seiten dankbare Blicke.

Die Cholistan-Wüste ist so trocken, dass der Boden aufgeplatzt ist.

Die riesigen Zwiebelkuppeln der Badshahi-Moschee erheben sich aus der Dunstglocke des Smogs von Lahore.

Partnerlook en point

▲ Mit Flo und vielen Pakistanern beim Männer-Selfie an der Faisal-Moschee in Islamabad. Gruppenfotos mit Männern und Frauen? Ein absolutes Tabu.

◀ Hundert Selfies und mindestens genauso viele geschüttelte Hände: In Pakistan stehen wir als Touristen immer im Mittelpunkt.

Die pakistanische Flagge weht im eisigen Wind an den verschneiten Fairy Meadows.

Unsere Bekanntschaft in Peschawar an der Grenze zu Afghanistan: der pakistanische Harry Potter

Winken, lachen, Hände schütteln: Die Pakistaner begrüßen uns auch mal mit kleinen Geschenken.

Die Gesichter vieler älterer Pakistaner erzählen Bände.

Chai Five! Für Pakistaner gehört das Teetrinken zum Alltag, egal in welcher Situation.

Unser Abenteuer in Pakistan beginnt in den sanften Margalla Hills über der Hauptstadt Islamabad.

Einmal die Aussicht eines Muezzins genießen. In der Wazir-Khan-Moschee in Lahore thronen wir weit über der Stadt.

Flagge, Popcorn, Cola: Die wohl bizarrste Grenzzeremonie der Welt findet an der Wagah Border an der Grenze zu Indien statt, dem Erzfeind Pakistans. Drohgebärden inklusive!

Selfie à la Pakistan: Fahrten mit der Auto-Rikscha bringen Wind in die Haare, Abgase in die Nase und zaubern ein Lächeln ins Gesicht.

Am Jinnah-Mausoleum in Karatschi: Eine ruhige Minute zwischen zig Selfies, Hunderten geschüttelten Händen und Tausenden neuen Facebook-Fans.

So geht Backpacking heute: In Pakistan kann man sogar per App eine Rikscha bestellen.

Süßes Gebet: In den Moscheen und Schreinen in Pakistan begegnet man älteren, aber auch jungen Gläubigen.

Knallbunte Truck-Kunst gehört in Pakistan zum alltäglichen Straßenbild und begleitet uns vom Himalaya im Norden bis an das Arabische Meer im Süden.

Spielend neue Freunde machen: Anne beim Zocken mit Kindern im verschlafenen Fischerdorf Mubarak

3 Männer, 1 Kalaschnikow: Ein besseres Gruppenfoto mit dem Schweizer Sherpa Flo und unserem Mountain-Ranger hätte es nicht geben können.

Clemens | Besonders viele Männer drängen sich vor einem Bau in der Mitte. Das Grabmal von Hujwiri stammt aus der Mogulzeit, ist aus geschnitztem weißem Marmor gefertigt und wartet mit so vielen kleinen Details auf, dass ich mich ewig darin verlieren könnte. Gitterartige Muster sind als Fensterersatz in die Wände gehauen, verziert mit feinen Bögen und filigranen Mustern.

Ich schlüpfe durch einen der vielen Eingänge hinein und stelle mich ganz hinten hin. Der stille Beobachter ist wieder zurück. Das ist die beste Art, mit Heiligtümern umzugehen, deren Religion man nicht angehört – so viel weiß ich seit meiner ersten Reise in den Iran. Dass ich der Freitagsmoschee von Isfahan ausgerechnet an einem Freitag einen Besuch abstatten wollte, war die eine Sache. In einer hochreligiösen Stadt, in der unzählige Gläubige zum Freitagsgebet pilgern, sollte man diesem als Nicht-Muslim nämlich lieber fernbleiben. Doch damals packte mich kurzerhand ein alter Mann am Arm, und ich folgte ihm in die Moschee, was dazu führte, dass ich das Gebet tatsächlich miterlebte. Zum Gesang des Imams knieten um mich herum Tausende von Männern auf den Boden. Alle, außer ich. Ich stand wie gelähmt an der Wand und versuchte, so unsichtbar wie möglich zu sein. Es funktionierte. Die Gänsehaut von damals kann ich ein wenig auch heute, im Data Darbar, spüren.

Im Inneren ist viel los. Jeder geht seinen Gebeten nach, ohne auf die anderen Gläubigen zu achten. Die Männer stehen nicht etwa Schlange, um an den Schrein zu gelangen, sondern drängeln sich ruppig nach vorne. Einmal angekommen, rezitieren sie den Koran und beten. Nur einige der älteren Besucher bleiben weiter hinten stehen und bilden, dem Heiligtum zugewandt, einen Gebetskreis.

Bis zu 50.000 Besucher am Tag erhalten im Datar Darbar kostenloses Essen. Was auf eine tausend Jahre alte Sitte zurückgeht, wird von Gönnern finanziert. Mehr oder weniger freiwillig allerdings. Denn wer etwas verbockt im Leben, der wird genötigt, Arbeitskraft und Geld an den Free-Kitchen-Fond des Schreins zu spenden. Eine Säule des Islams ist die Ernährung der Armen. Sie wird im Data Darbar im großen Stil umgesetzt.

Anne | Mein Aufpasserpolizist reißt mich aus meinen Gedanken. Die letzten Minuten hat er mich kaum aus den Augen gelassen. Zu unsicher war ihm anscheinend mein kleiner Kaffeeklatsch mit den anderen Damen. Zwei kleine Plastikbeutel baumeln wie Wasserbomben an seiner ausgestreckten Hand über meinem Notizbuch. Es ist das weiße Wunderwasser – verdünnte, gezuckerte Milch –, das eben noch meine kleine Frauengruppe in Euphorie versetzt hat. Ein Beutel für mich, einer für Clemens.

Sufis möchten über ihre Musik, über die schweren Gesänge und ihre Gebete ihrem Gott näher kommen und ein Stück Wissen und Liebe von ihrem Allergrößten erlangen. Ich bin nicht gläubig, aber ich glaube fest, dass ich heute ein Stück von beidem bekommen habe. In Form einer wärmenden Hand an meiner Seite und in Form zweier Wasserbomben.

An der Grenze zum Wahnsinn

WAGAH (PAKISTAN)/ATTARI (INDIEN)

Clemens | Es dauert eine Weile, bis wir die quirligen Straßen Lahores hinter uns gelassen haben und auf den Straßen etwas Ruhe einkehrt. Wer von hier aus in Richtung Indien fährt, der landet unausweichlich auf der Grand Truck Road. Die legendäre Fernstraße erstreckt sich vom Khyber-Pass, der Grenze zwischen Afghanistan und Pakistan, bis nach Kalkutta in Indien. Schon die alten Griechen nutzten Abschnitte der Straße für ihre Eroberungen, und ihre heutige Länge erreichte sie unter der frühen Herrschaft der Moguln im 16. Jahrhundert. Die Straße mit dem bedeutungsschweren Namen wird tatsächlich vor allem von Lastkraftwagen genutzt. Die meisten Cargo-Kolosse, die wir auf den rund 30 Kilometern von Lahore nach Wagah an der indischen Grenze passieren, sind heillos überladen, viel höher als unsere Lkws in Europa und über und über mit Farbe bemalt.

›Wagah Border‹ steht in riesigen Lettern auf einem dreimal neun Meter großen Straßenschild. Wäre die vierspurige Straße nicht mit einer feinen Staubschicht belegt, man könnte meinen, sie wäre erst gestern geteert worden. Mit einem Mal reihen sich die Laster wie eine Perlenkette aneinander. Unser Fahrer scheint das schon zu kennen. Unbeeindruckt zieht er nach rechts und reiht sich in eine zweite Schlange für Pkws ein. Von der Rückbank lehne ich mich zwischen die vorderen Sitze und kann hundert Meter vor uns einen Militärposten erkennen – davor Soldaten in Uniformen. Stacheldraht liegt als Wegfahrsperre quer auf dem Boden.

»Militär?«, frage ich, obwohl ich die Antwort schon kenne.

»Ja.« Er sagt es mit einer Ruhe und Selbstverständlichkeit, als wäre es nur das gängige Einlassverfahren zu einem Vergnügungspark.

Heute geht es für uns an die indische Grenze, die Wagah Border. Jeden Abend wird hier der Wachwechsel in einer riesigen Zeremonie zelebriert. Als Besucher kann man das Ganze verfolgen, auch ohne danach in das Nachbarland weiterzureisen.

Unser Fahrer ist ein erstaunlich alter Mann mit einer erstaunlich kräftigen Statur. Über seinem prächtigen Bauch spannt ein weißes Anzughemd, das seine besten Zeiten hinter sich hat. Auf Höhe des Bauchnabels kann man zwischen zwei Knöpfen hindurchsehen. Darüber trägt er einen grünen, mit Wollmäusen gespickten Pullunder. Während wir schon nach wenigen Metern außer Reichweite der Hotelklimaanlage ins Schwitzen geraten, scheinen ihm die 35 Grad von Lahore wenig auszumachen.

Im vereinbarten Preis von 3.000 Rupien ist alles mit drin: die Fahrt zur Grenze, die Spritkosten, seine Wartezeit vor Ort und die Rückfahrt. Nur Konversation scheint im Gesamtpaket nicht enthalten zu sein. Zu mehr als einem »*As-Salamu alaikum*« hat es bisher nicht gereicht.

»Kommen Sie aus Lahore?«, fragt Anne. Ihr ist es immer unangenehm, wenn in einer Service-Situation wie dieser kein Wort gewechselt wird.

»Ja …« Er räuspert sich kurz und mustert uns durch den Rückspiegel. »Mein Name ist Ibrahim.«

Ibrahim atmet tief ein und umso tiefer aus. »Stört es euch, wenn ich eine Zigarette rauche?«, fragt er.

Ich kann das Knistern des Tabaks hören, wie er sich in der Flamme des Feuerzeugs entzündet.

Genüsslich schließt Ibrahim die Augen und atmet den Rauch ein. »Wisst ihr, eigentlich komme ich nicht wirklich aus Lahore. Ich bin in Indien geboren.« Erst jetzt pustet er den dichten Rauch wieder aus, und ich frage mich, wo er ihn so lange zwischengelagert hat. Den Anfang seiner Geschichte beginnt er mit einer Seelenruhe, wie sie sonst nur Opas im heimischen Ohrensessel haben. »Oder zumindest in dem Land, das man heute Indien nennt.«

Ibrahim erzählt uns von seiner Kindheit in einem kleinen Dorf, fernab vom Großstadtlärm der indischen Stadt Amritsar. Er beschreibt es als einen friedlichen Ort, an dem noch alles mit rechten Dingen zuging.

»Dass nicht alle Nachbarn Muslime waren, das hat meinen Vater nie gestört.« Das sei eigentlich allen egal gewesen. »Bis wir hörten, dass unser Dorf von Hindus angegriffen werden soll.«

Anne und ich beugen uns von der Rückbank nach vorne zu dem unerwartet redseligen alten Mann und lauschen seiner Lebensgeschichte wie in einer Märchenstunde. Nur dass sie alles andere ist als ein Märchen.

»Also flüchteten wir. Die meisten nach Lahore. Mitten in der Nacht ging es los, über Stock und Stein. Das dauerte mehrere Tage. In viel zu kleinen Booten durchquerten wir Flüsse und stiefelten durch Äcker.« Ibrahim hält kurz inne und zieht gedankenverloren an seiner Zigarette. Seine weißen Bartstoppel wirken im tiefen Sonnenlicht, als seien sie unsichtbar. Der Rauch entflieht durch das Fenster des alten Toyotas und vermischt sich in Sekundenschnelle mit dem Smog. »Erst Tage später, in den Randgebieten von Lahore, fielen uns die Menschenmassen auf. Alle hatten den gleichen Plan.«

In jenem Sommer 1947 war in Punjab die öffentliche Ordnung zusammengebrochen. Nach dem Ende des Zweiten Weltkriegs war die Kolonialmacht Großbritannien auf dem Papier pleite. Es war kein Geld mehr da für das Vizekönigreich Britisch-Indien. Mehrere Jahrzehnte lang hatte die Bevölkerung für ihre Unabhängigkeit gekämpft. Muhammad Ali Jinnah, der Widerstandskämpfer und Anführer der Muslimliga, hatte sich nach dem Krieg nicht mit Jawaharlal Nehru, dem Chef der indischen Kongresspartei, auf ein einheitliches Staatsgebilde einigen können. Faktisch waren die Hindus in Britisch-Indien massiv in der Überzahl. Die Angst Jinnahs war es, dass die Muslime in einem gemeinsamen Staat politisch überhaupt keine Überlebenschance hätten.

»Aber …« Ibrahim hält kurz inne. »Er hatte einen Lösungsvorschlag parat.« Er erklärt es wie ein Geschichtsprofessor und dreht sich belehrend zu uns um. Der Vorschlag war so einfach wie einleuchtend: Das Land sollte aufgeteilt werden. Der britische Vizekönig Lord Mountbatten willigte ein, und der britische Rechtsanwalt Sir Cyril Radcliffe spitzte die Idee noch mal zu. Es sollte nicht nur keinen gemeinsamen Staat geben, sondern zwei separate. Genauer gesagt: Bezirke mit muslimischer Mehrheit sollten fortan zu Pakistan gehören, der Rest zu Indien. Stark gemischte Provinzen wie Punjab wurden kurzerhand aufgeteilt. Eine feine Linie wurde gezogen, eine neue Grenze entstand, und seither ist das ehemalige Königreich Punjab zweigeteilt: die Region Punjab in Pakistan und den Bundesstaat Punjab in Indien.

20 Millionen Menschen verließen ihre Häuser und begaben sich noch in der Nacht auf die kräftezehrende Flucht in das ihnen zugewiesene Land. Hindus pilgerten in den indischen Teil Punjabs, Mus-

lime machten sich auf den Weg in die entgegengesetzte Richtung. So auch der kleine Ibrahim.

»Das konnte ja nicht gut gehen.« Er zieht so fest an seiner Kippe, dass er den Filter ansengt. »Ich war noch zu jung, um das begreifen. Aber dass es eine ernste Sache war, das wusste ich, das sah ich meinen Eltern sofort an. Und dann kamen die Sirenen dazu. Die ganze Nacht heulten sie, als gäbe es kein Morgen.« Den gab es auch nicht für alle. Mehr als eine Million Menschen starben. »Vor allem Kinder und Ältere ließen am Wegesrand ihr Leben.«

Was blieb, sind die Folgen der Teilung. Nicht nur die offensichtlichen, sondern auch jene in den Herzen der geteilten Familien.

»Es ist wie ein Trauma«, führt der alte Mann seinen Bericht fort und wirkt dabei so desillusioniert, als wäre er vor seinem Schicksal längst eingeknickt.

Der muslimische Sektor war fortan geografisch und faktisch geteilt durch ein riesiges Land namens Indien: im Westen Pakistan und im Osten der Provinzialstaat Ostpakistan, den wir heute als Bangladesch kennen. Was ein kleiner Strich auf der Landkarte bewirken kann.

Die ewige Feindschaft zwischen Indien und Pakistan aber hält bis heute an. Seit der Teilung gab es unzählige weitere kriegerische Auseinandersetzungen, allen voran der Bangladesch-Krieg und damit der Dritte Indisch-Pakistanische Krieg im Dezember 1971, in dem auch Indien auf der Seite Ostpakistans eingriff.

Mit einer Dauer von 13 Tagen gilt der Dritte Indisch-Pakistanische Krieg als einer der kürzesten Kriege der Weltgeschichte. Ein Fakt, der nicht darüber hinwegsehen lässt, dass er nach Angaben der Behörden Bangladeschs bis zu drei Millionen Menschen das Leben kostete. Der Genozid von Ostpakistan ist ein trauriges Kapitel der jüngeren Kriegsgeschichte.

Das übermächtige Westpakistan hatte die Führung beider Landesteile beansprucht, auch die von Ostpakistan, das nach Unabhängigkeit strebte. Aus anfänglichen Bestrebungen der Ostpakistaner wurden Unruhen, aus Unruhen ein Generalstreik, aus dem Generalstreik ein Zusammenbruch der öffentlichen Ordnung. Bald wurde jeglicher Ungehorsam gegenüber der pakistanischen Armee und verbündeten Milizen im Keim erstickt. Dennoch endete der Krieg mit einem Sieg der Ostpakistaner.

Pakistan erlitt damit eine vernichtende Niederlage, militärisch und politisch, auch gegen seinen Erzfeind Indien. Rund 90.000 Westpakistaner wurden zu Kriegsgefangenen Indiens. Auch hatte Pakistan mit seinem östlichen Territorium knapp die Hälfte seiner Bevölkerung verloren – und einen Teil seiner Wirtschaft. Schwerwiegend war aber vor allem auch die ideologische Niederlage Pakistans, wie Indiens Premierministerin Indira Gandhi immer wieder betonte. Sie erklärte die Zwei-Nationen-Theorie für gescheitert und damit auch die Gründungsideologie von Muhammad Ali Jinnah, die besagt, dass Muslime und Hindus aufgrund ihrer verschiedenen Religionen nicht im selben Staat zusammenleben können.

Und gerade nähern wir uns in Ibrahims verqualmtem Wagen unerbittlich eben jener historisch aufgeladenen Grenze. Kurz davor am Militärposten warten Soldaten in Ganzkörperuniformen im Tarnfleckmuster auf uns. Darunter zeichnen sich schusssichere Westen ab, welche die Männer umso mehr wie aufgepumpte Michelin-Männchen wirken lassen. Ihre klobigen Militärstiefel sind pechschwarz und wadenhoch und tun schon beim Hinsehen weh wie ein Tritt ans Schienbein. Dazu tragen die Soldaten protzige Maschinengewehre über die Schultern und bitterernste Mienen auf den Gesichtern. Kein Witz könnte ihnen eine Regung entlocken.

Ihre Aufgaben sind klar verteilt: Der erste nimmt die 500 Rupien Wegzoll pro Tourist entgegen und befragt die Insassen. Der zweite und der dritte inspizieren die Papiere. Der vierte hält eine zwei Meter lange Metallstange unter das Auto, an deren Ende ein tellergroßer Spiegel befestigt ist. Die Angst vor Sprengstoffanschlägen ist gerade an der Grenze zum Erzfeind allgegenwärtig. Das ist bei den immer wiederkehrenden Kampfansagen beider Länder nicht weiter verwunderlich.

Ibrahim kurbelt das Fenster händisch herunter. Es quietscht dabei so unangenehm wie Kreide auf einer Schultafel. Nicht nur wir, sondern auch er muss seinen Ausweis vorzeigen. Soldat Nr. 1 scannt mit seinen Augen das Wageninnere, als wolle er einen Röntgenapparat übertrumpfen. Erst Ibrahim, dann Anne, dann mich. Und dann meinen Vollbart. Sollte ich jetzt so freundlich schauen wie auf dem Passfoto von 2015? Darauf lächle ich dem Fotografen im Fotostudio Hamburg-Dammtor mit einem bubenhaften Dreitagebart unschuldig entgegen. Natürlich genauso dezent, wie es ein biometrisches Passfoto eben erlaubt. Also völlig unnatürlich und inszeniert.

»Aussteigen!« Der Soldat veranlasst die nächste Stufe der Sicherheitskontrolle. Wir werden angewiesen, unser Gepäck im Wagen liegenzulassen, und stellen uns zu seinen Kollegen vor dem Checkpoint.

Es sind genau diese Momente, in denen es zwischen Anne und mir keine Worte braucht. Unsere Augen treffen sich in Sekundenschnelle und tauschen alles aus, was gesagt werden muss. Dass sich nämlich in unseren Rucksäcken gleich zwei klobige Kameras befinden und zig Objektive. Dass wir Deppen vergessen haben, die Fotos von den Speicherkarten zu ziehen, und zu aller Dummheit auch noch unsere Notizbücher mitgenommen haben, unübersehbar im vorderen Fach des Rucksacks. Und die würden jeden queren Gedanken preisgeben, den wir je über das Land hatten.

Wenn die Soldaten wollten, könnten sie uns an Ort und Stelle auseinandernehmen. Als Journalist mit einem Touristenvisum einzureisen ist die eine Sache (nicht so doof, weil geht eigentlich immer gut). Schweres Fotoequipment und eventuell kritisches Gedankengut in Papierform mit sich herumzutragen die andere (schon ziemlich doof).

Soldat Nr. 1 und Soldat Nr. 2 beginnen von beiden Seiten des Autos damit, das Wageninnere zu durchsuchen. Alle vier Türen stehen sperrangelweit offen. Gekonnt durchwühlen ihre großen Pranken jede Tasche, jede Ablage, gehen einmal durch jede Ritze und jede Ablage. Ohne meinen Kopf zu bewegen, folgen meine Augen ihren Händen.

In brenzligen Situationen weiß man oft nicht, wohin mit den Händen. In Sekundenschnelle wägt man ab, durch was man sich jetzt am ehesten als nervös outen könnte. Unwillkürlich beginnen die Arme damit, Anstalten zu machen, als wollten sie sagen: »Ich will dich verraten, du Trottel« – dabei hat man vielleicht gar nichts angestellt. Vor dem Oberkörper verschränken, das wäre der erste Gedanke. Könnte aber auch leicht ablehnend wirken, wie eine Antihaltung der Situation gegenüber. Schon verraten. Du hast auf jeden Fall Dreck am Stecken und versuchst ihn mit Coolness zu überspielen. Vielleicht hinter dem Rücken verschränken? Das wirkt zu larifari. Als würde man auf den Bus warten, der nicht kommt. In die Hosentaschen stecken? Nee. Auch viel zu gewollt. Coolness geht anders.

Bevor meine Erörterung zu einem Ergebnis kommt, ist die Durchsuchung beendet. Soldat Nr. 2 nickt emotionslos in unsere Richtung. Der Stacheldraht wird zur Seite gezogen. Die Kontrolle ist abgeschlossen, die Situation entschärft. Erst jetzt finde ich meine Hände in meinen Hosentaschen wieder. Erwischt! Ich kann Annes Herz bis zu mir schlagen hören.

Das letzte Teilstück bis zur Grenze müssen wir zu Fuß bewältigen. So wie Hunderte andere Besucher, die neben uns aus Reisebussen und Privatautos aussteigen. Weit und breit sind nur Pakistaner zu sehen. Nicht einen Touristen kann ich in dem Strom aus Menschen ausmachen. Von einem improvisiert wirkenden Parkplatz führt die Straße einfach weiter zum Horizont. Noch ein guter Kilometer, dann endet der Asphalt in einem majestätischen Steintor, mit Minaretten an beiden Seiten.

Wie die letzten Meter zu Fuß wohl zu Zeiten des Hippie Trails ausgesehen haben müssen? In den 1970er Jahren suchten Reisende aus Europa in Nepal und Indien nach der Erleuchtung. Sie kamen aus europäischen Großstädten wie London, Kopenhagen, Westberlin, Paris, Amsterdam oder Mailand erst nach Istanbul, wo die Routen geteilt wurden. Die beliebteste Route war die Nordroute. Sie führte weiter über Teheran (Iran), Herat, Kandahar und Kabul (Afghanistan), Peschawar und Lahore (Pakistan) nach Indien, Nepal und Südostasien. Alle Reisenden mussten dabei unweigerlich die pakistanisch-indische Grenze bei Wagah überqueren. Ich stelle mir vor, wie sie auf der Grand Truck Road im Rhythmus von Steppenwolfs *Born to Be Wild* in Richtung Indien laufen – in Wildleder, Häkelkleid, Schlaghose oder mit verfilzten Dreadlocks. Es muss ein Bild für die Götter gewesen sein. Und davon hat Goa ja bekanntlich genug.

Eine letzte Hürde haben wir noch zu nehmen: die Sicherheitskontrolle samt Körperscanner und, na klar, jeder Menge MGs. Vor uns befinden sich zwei Eingänge. Ein Zugang ist nur für weibliche Besucher und einer für männliche. Bei den Frauen hat sich eine 20 Meter lange Schlange gebildet, was wohl daran liegt, dass ihre Handtaschen genauestens unter die Lupe genommen werden. Bei den Männern hingegen läuft es wie am Schnürchen.

Am Torbogen blickt mal wieder Jinnah höchstpersönlich von einem ausgeblichenen Plakat. Die indische Seite ziert ein großes Bild von Mahatma Gandhi. Riesige Fahnenmasten flankieren die Grenze. Der pakistanischen Flagge steht weiter hinten die indische gegenüber. Beide wehen andächtig um die Wette.

Je näher wir kommen, desto deutlicher wird, was uns erwartet: Auf beiden Seiten der Grenze stehen sich massive Tribünen gegenüber, dazwischen zwei metallene Grenztore, ein grün-weißes auf pakistanischer Seite und ein orange-weiß-grünes auf der indischen. ›India's First Line of Defence‹ steht auf riesigen Bannern.

Der Geheimdienst lächelt von kleinen Kameras auf die Neuankömmlinge herunter. Ich lächle zurück. Uns werden Hartschalensitze in Reihe zwei zugewiesen, von wo aus wir das Geschehen und wo sie uns gut sehen können. Erster Punktgewinn für Indien: Die indische Tribüne auf der anderen Seite ist fast doppelt so hoch wie die pakistanische. Diese wiederum füllt sich von Minute zu Minute, die kahlen Steintreppen der Oberränge vor allem mit jungen Menschen, die unteren mit der Oberschicht – und uns. Klassentrennung auf Pakistanisch, ganz ohne Kastensystem. Und wir sitzen ganz vorne, für alle sichtbar, vor allem für die Inder auf der anderen Seite. Als wollten die Pakistaner sagen: »Schaut her, wir haben westliche Besucher auf unserer Seite!«

Ein etwa 40-jähriger Mann aus Reihe eins nimmt all seinen Mut zusammen. »Woher kommt ihr?«

Deutschland kommt bei Pakistanern immer gut an.

Er steht auf und streckt mir hochoffiziell die Hand entgegen, gerade so, als wolle er allen zeigen, dass er mich jetzt kenne. Auch das Beweis-Selfie für die Daheimgebliebenen ist schnell gemacht. *Cheers!*

Die oberen Tribünen sind nach Geschlecht getrennt, Frauen stehen auf der einen, Männer auf der anderen Seite, nur auf den besseren Tribünen darf gemischt gesessen werden. Links von uns sitzen fünf junge Frauen und tasten Anne mit ihren Augen ab. Dann kichern sie schüchtern.

Ihre Aufmerksamkeit wird abrupt unterbrochen. Die kraftvolle Stimme des Muezzins setzt ein und hallt durch die Arena, so eindringlich, als würde man sein Ohr direkt an ein Minarett halten. Jetzt gerät die Tribüne unerwartet in Bewegung. Überall ziehen sich die Frauen hektisch ihr Kopftuch über die zuvor noch so adrett drapierten Haare. Es ist Punkt 17:11 Uhr. Zeit für das Maghrib, das Abendgebet, und das wird in Pakistan auch bei Großveranstaltungen durchgezogen.

17:31 Uhr, Staffelübergabe. Mit einem hallenden »*Pakistan Zindabad!*« bringt ein Einheizer die Menge zum Kochen. Lang lebe Pakistan, erwidern die Zuschauer und heben dabei drohend die Faust. Die Show zwischen Maschinengewehren, Grenztürmen und Stacheldrähten beginnt. *Ready to rumble!*

Grenzschützer in schwarzen Paradeuniformen gehen mit großen Schritten auf das grün-weiße Grenztor zu. Ihre Hüte sehen dem Federbusch eines Pfaus ähnlich. Sofort ertönt tosender Applaus, und die Masse feuert die Soldaten im Takt der Trommeln an. Zeitgleich kommt auch die indische Fraktion in Bewegung. Ihre Uniformen sind ähnlich pfauenartig, jedoch beigefarben.

»*Hindustan Zindabad!*«, ruft es von den Rängen der Inder, die sich in den letzten Minuten schlagartig gefüllt haben – lang lebe das Land der Hindus.

»*Pakistan Zindabad!*«, schallt der Schlachtruf von den Rängen Pakistans zurück. Wie eine akustische La-Ola-Welle schwankt der ohrenbetäubende Sound von einer Tribüne zur anderen und wieder zurück. Die Nachbarländer scheinen sich auch in Sachen Lautstärke übertrumpfen zu wollen.

Jetzt kommt der Star der Inszenierung: ein einbeiniger Soldat. Er springt auf einer langen Krücke in die Arena, in der Hand eine pakistanische Flagge, die er wild hin und her wedelt. So inbrünstig, dass die Sichel des Halbmonds auf dunklem Grün wie ein schräger Smiley aussieht. Auch er selbst steckt in einem Pakistankostüm mit der pakistanischen Flagge auf der Brust.

Mit ihm machen sich die Pakistaner zu neuen Jubelchören auf. Wie von der Tarantel gestochen hüpft der Einbeinige über den Platz, dreht sich im Kreis und springt unter dem Beifall unserer Sitznachbarn in die Luft. Dann dreht er sich wie ein Derwisch auf einem Bein in Ekstase. Ob er jemals wieder aufhören wird, sich zu drehen?

Mein Puls hat längst den schnellen Takt des rhythmischen Klatschens angenommen. Ich fühle mich selbst schon wie in Ekstase. Erst jetzt fällt mir auf, dass ich vor lauter Gaffen das Klatschen vergessen habe. Ich will ja nicht negativ auffallen. Anne folgt den Bewegungen des Einbeinigen mit leicht geöffnetem Mund und hat in den Applaus eingestimmt. Auf der indischen Seite ein anderes Bild: Hunderte Tänzer spacken losgelöst zu kreischend lauten Hindu-Beats ab. Sieht aus wie Love Parade auf Indisch.

Für alle, die es mit der Staatenzugehörigkeit richtig ernst meinen, werden pakistanische Flaggen verkauft, 50 Rupien pro Stück, das sind umgerechnet 0,29 Euro. Für noch größere Vaterlandliebe hat der junge Verkäufer noch größere Fahnen für 100 Rupien parat. Hätten wir bloß nicht hingeschaut. Schon dreht sich der Mann aus Reihe eins zu uns um und kauft ein druckfrisches pakistanisches Fähnchen extra für uns. Inzwischen wedelt die ganze Oberschicht mit Flaggen hin und her. Und wir? Wir entscheiden uns dafür, nicht allzu inbrünstig mitzuschwenken.

Neben dem Pakistan-Merchandise werden Snacks und Getränke verkauft. Schwupps, direkt drückt uns der fürsorgliche Fahnenspender auch eine eiskalte Cola in die Hand. Coca-Cola, versteht sich. Nur das Beste für die Staatsgäste. Ob wir nicht auch Popcorn wollen? Nein, nein, Popcorn brauchen wir wirklich nicht. Wir winken ab, freundlich aber bestimmt. Keine fünfzehn Sekunden später halten wir eine Tüte in der Hand. Höchste Zeit für ein neues Selfie mit den Vorzeigeobjekten. Das Grinsen in den Gesichtern der High Society von Lahore kommt mir jetzt noch breiter vor. Wollte ich nicht schon immer mal ein Pakistan-Maskottchen sein?

Zum Einbeinigen gesellt sich ein etwa zwölfjähriger Bub, der wie der junge Michael Jackson aussieht. Er wirft seine auffallend langen, schlaksigen Beine in die Luft, als seien sie aus Gummi. Nur ohne sich dabei in den Schritt zu fassen. Das wäre in Pakistan dann doch zu viel des Guten.

Von jetzt an tanzen sie gemeinsam, miteinander und gegeneinander. Trompeter schmettern ihre Fanfaren, Soldaten schwenken Flaggen. Und die Zuschauer tun es ihnen gleich. Immer rhythmischer, immer hektischer.

Auch der aus den Boxen plärrende Song erreicht seinen Höhepunkt. Alle recken ihre Arme in die Luft und sprechen, nein, schreien die Worte des Einpeitschers nach:

»*Allaaahu akbar!*«, ruft er.

»*Allaaaaaahu akbar!*«, schallt es durch die Arena zurück. Die Formel ›Gott ist größer‹ wird so inbrünstig gesungen, als sei sie der alte Lieblingssong, als wolle man den Hindus auf der anderen Seite ins Gesicht schreien: Wir! Sind! Muslime!

Als nächstes stapft von beiden Seiten der Grenze je ein Soldat auf den anderen zu. Sie werfen sich böse Blicke zu, zeigen sich gegenseitig ihre Oberarme. Es ist ein inszeniertes Spiel, das weder echt wirkt, noch wie ein Fake. Man weiß nicht so recht, was man denken soll, vor allem weil die eigenen Gedanken von den *Allahu-akbar*-Rufen übertönt werden. Ob die Pro-Indien-Parolen auf der anderen Seite genauso lautstark sind?

Wie der Sonnenuntergang neigt sich auch die abendliche Parade dem Ende zu und wirft das Gelände in ein surreales Licht. Eines steht aber noch aus: der krönende Abschluss, das große Finale. Zwei Soldaten, ein pakistanischer und ein indischer, holen die jeweiligen Fahnen ein und falten die Tücher auf die Sekunde genau und in absoluter Synchronizität zusammen. Zwei andere laufen nicht weniger synchron auf die Grenztore zu. Für eine Sekunde stehen sie sich direkt gegenüber. Ein letztes Mal plustern sie sich auf wie paarungswillige Pfaue. Sie reichen sich die Hand, fest und eindringlich, aber mit keinem Funken Lächeln im Gesicht. Die Tore schließen sich, der Applaus versiegt. Auf beiden Seiten leeren sich die Tribünen so schnell, wie sie sich gefüllt haben. Das Volksfest ist zu Ende.

Den Weg zum Parkplatz müssen alle Besucher wieder zu Fuß bewältigen. Auch die Upperclass wird zum Fußvolk. Die beiden Hauptdarsteller der Inszenierung mischen sich unter die Leute und werden wie Helden gefeiert. Während das indische Punjab auf der anderen Seite der Grenze längst in den dunklen Mantel der Nacht gehüllt ist, glüht im Westen noch die Abendsonne. Und mit ihr kochen die Emotionen hoch. Fahnen wehen im Wind. Selfies hier, Selfies da. Voller Inbrunst strecken die Männer für jedes Foto ihre Halbmondbrust heraus. Das Nonplusultra ist ein Foto mit einem der Darsteller der Wagah-Border-Show.

»*Pakistan Zindabad!*«, ruft er, als er sich zu einer Gruppe junger Frauen stellt und alle angestrengt in die Sonne blinzeln. Er fasst sich andächtig an die Brust und hält den Halbmond-Aufnäher schützend in der Hand.

»*Pakistan Zindabad!*«, quietschen die Mädels einstimmig zurück.

Ibrahim hat sich strategisch klug direkt an den Ausgang des Parkplatzes gestellt. Schon von Weitem kann ich das Schmunzeln in seinem Gesicht sehen.

»Und, seid ihr für Pakistan oder Indien?«, fragt er verschmitzt.

»Na, Pakistan natürlich!«, antworte ich und schenke auch ihm ein Grinsen. Uns blieb ja nichts anderes übrig.

Schnapsideen brauchen keinen Alkohol

LAHORE

Anne: Ich hab heut was durch Lahore geschmuggelt

Anne:

Mama: Anne … Dafür kann man dort ins Gefängnis kommen. Seid ihr irre?

Clemens | Streng genommen trinken streng gläubige Muslime keinen Alkohol, weil der Koran es verbietet. Aber wieso muss man alles so streng sehen?

Unser Taxifahrer begutachtet uns die ganze Fahrt lang durch den Innenspiegel und hört uns kichern wie pubertierende 14-Jährige. Ja, er weiß ganz genau, was wir da transportieren, und er weiß auch, dass er das für keine gute Idee hält.

Wir? Wir sind uns da noch nicht so sicher. Mein Rucksack ist voller Dosenbier.

In den letzten Wochen gab es einige Situationen, in denen wir ein kühles Bier verdient gehabt hätten. Zum Beispiel bei der nie enden wollenden Busfahrt in den Norden. Das wäre ein schöner Zeitvertreib gewesen, Biertrinken mit den vollbärtigen Turbanträgern im Nacken. Auch Flo hätte ein Bier sicher gut gebrauchen können, als ihm klar wurde, dass er seinen Reisepass gerade leichtsinnig irgendwo am Flusslauf des Indus in Gilgit-Baltistan zurückgelassen hatte. Ach, da hätte ich auch eins genommen, so ist's nicht. Und wie gerne hätte ich ein kühles Bier gehabt als Belohnung für meinen Höllenritt auf die Märchenwiese des Achttausenders. Wieder zurück in Islamabad wäre das mit Sicherheit der beste Schluck Bier meines Lebens gewesen.

Pakistan aber macht all diesen Wunschvorstellungen einen Strich durch die Rechnung. Der Koran verbietet den Genuss von Alkohol. Also folgte 1977 ein vollständiges Alkoholverbot.

Wir sind auf dem Weg zu Asif, einem jungen Pakistaner, den wir von Facebook kennen. Viel Zeit für eine ordentliche Planung unserer Reise war uns nicht geblieben, weshalb wir uns entschieden hatten, spezielle Fragen lieber gleich an die Profis zu stellen: die Locals. So geht Reiseplanung 2.0. Heute Abend hat Asif uns nun zu sich nach Hause eingeladen. Seine letzte Nachricht an uns lautete: »Bringt Bier mit!«

Lachend drehte Anne ihren Handybildschirm zu mir. Bier in Pakistan? Der verarscht uns doch. Vielleicht irgendwo unter der Hand.

Von dem Kumpel eines Kumpels eines Kumpels, der jemand kennt, der einen Kumpel hat. Oder so.

Asif erklärte es uns am Telefon. Die Lage war verzwickt. Heute dürfen nur die Pakistaner Alkohol trinken, die beweisen können, dass sie keine Muslime sind. Das sind 4 Prozent der Bevölkerung, also 8 Millionen von 200 Millionen Pakistanern, immerhin. In einigen Städten dürfen eine Handvoll ausgewählter Shops Bier an sie verkaufen. Ob wir auch beweisen müssten, dass wir keine Muslime sind? Na, hoffentlich würde mir mein Bart keinen Strich durch die Rechnung machen. Denn Muslime, die beim Trinken von Alkohol erwischt werden, bekommen 80 Peitschenhiebe als Strafe. Einen taxifahrenden Komplizen brauchten wir trotzdem, um an das Bier und weiter zu Asif zu kommen. Der Arme.

Unser Bier-Dealer ist eines der wenigen Fünf-Sterne-Hotels der Stadt am Bagh-e-Jinnah-Park. Wir erreichen es um 8 Uhr am Abend. Wir fahren eine kurvige Zufahrt hinauf und werden im grellen Licht des Eingangsbereichs herausgelassen. Portiers öffnen uns zu beiden Seiten des Autos die Tür, als wären wir gut betuchte Gäste. So sehen wir aber leider gerade überhaupt nicht aus. Im Gegenteil, mein T-Shirt wirkt dank der Hitze wohl kaum, als käme es frisch vom Wäscheständer.

Bloß nichts anmerken lassen! Schließlich sind wir auf einer Mission. Also laufen wir völlig selbstverständlich durch die uns ebenfalls aufgehaltene Eingangstür ins Foyer.

Noch im Wagen hatten wir uns darüber den Kopf zerbrochen, wie das wohl abläuft mit dem Alkoholkauf. Gibt es Bier vielleicht nur an der Hotelbar? Ist es vielleicht nur für den Konsum innerhalb der Anlage gedacht? Das wäre denkbar. Müssen wir es vielleicht gleich rausschmuggeln?

»Hat Asif denn nicht geschrieben, wie das abläuft?«

Anne schüttelt mit dem Kopf. Er hatte uns nur das Hotel genannt.

»Kann ich Ihnen helfen?« Den Mann im Pinguinkostüm hatte ich bisher übersehen. Er muss unser Gespräch mitbekommen haben.

»Wir wollen Bier kaufen.« Anne bleibt sachlich und direkt.

»Bier?«

Wir nicken so unauffällig wie möglich. Ich fühle mich, als hätten wir einen Dealer an der Straßenecke nach illegalen Drogen gefragt.

»Kommen Sie mit!«

Wir folgen ihm aus der Empfangshalle heraus, durch eine gut gepflegte, aber nur spärlich beleuchtete Gartenanlage. Mir schießt der Dealer-Gedanke wieder in den Kopf. Wir erreichen ein geschlossenes, etwa drei Meter hohes Metalltor, das allen Anschein nach wieder hinaus auf die Straße führt. Wirft er uns jetzt wieder vor die Tür? Mit einem lauten Quietschen schiebt er das Tor zur Seite, gerade so, dass wir uns hindurchquetschen können.

Worte sind anscheinend genug gewechselt. Seine letzte Amtshandlung besteht aus einem kurz angedeuteten Wink nach links auf die Straße. Dann verschwindet er wieder im Garten. Das Tor wird von innen geschlossen. Wir stehen auf einem Gehsteig.

Als Erstes fallen mir die betrunkenen Männer auf der Straße auf. Die meisten sitzen auf dem Bordstein, einer hält sich wankend an der Straßenlaterne fest. In einem geschlossenen Garagentor klafft eine schmale Auslassung, etwa fünf Zentimeter hoch, dreißig Zentimeter lang. Sie erinnert mich an die kleinen Klappen in Gefängnistüren, durch die der Insasse ein Tablett mit Essen gereicht bekommt. Ein heller Schein strahlt durch die Öffnung und erleuchtet den dunklen Gehweg wie ein horizontales Spotlight.

»Bier?«, fragt eine tiefe Stimme hinter dem Tor.

Das ist unser Stichwort. Jetzt entdecke ich eine Augenpartie, die uns aus dem Lichtbalken anschaut. Wieder nicken wir so unauffällig wie möglich.

Eine vorher völlig unsichtbare Tür öffnet sich. Der Raum sieht aus wie eine unsortierte Lagerhalle, die über und über mit Umzugskartons vollgestellt ist.

»Wo kommen Sie her?«, will der Mann wissen und kramt in einem der Kartons. Sein Englisch ist erstaunlich gut.

»Wir sind aus Deutschland«, antworte ich wahrheitsgemäß.

»Sie kommen auch aus Deutschland?!«, schießt es aus ihm heraus und zwar in bestem Hochdeutsch. Dabei plustert sich sein Gesicht zu dem eines Gute-Laune-Bärs auf. »Ich habe lange in Deutschland gewohnt. In Neustadt an der Weinstraße.«

»Ach! ... An der Weinstraße? Und jetzt verkaufen Sie ... Bier ... in Pakistan?«

»Gutes Bier. Was wollen Sie?« Ohne überhaupt auf unsere Antwort zu warten, stellt er vier verschiedene 0,5-Liter Dosen auf den Tisch: ein Pils, ein Weizenbier, ein Starkbier und ein Spezialbier namens Millennium-Brew.

Die Jahrhundertwende ist bekanntlich schon zwei Jahrzehnte her. Selbstredend entscheiden wir uns für das Starkbier.

»Okaaaay«, sagt er gut gelaunt und zieht dabei das »Aaaay« so lang, als wolle er den ganzen Abend damit überbrücken. Dann wieder mit der gleichen Inbrunst: »Wie viel wollen Sie?« Wieder greift er in einen der Kartons. »Zwei? Drei? Vier? Oder Fünf?« Bei jeder Erhöhung der Anzahl stellt er krachend eine Dose auf den Tisch und lacht.

Neun Dosen Bier werden es schließlich. Mehr passen nicht in meinen Rucksack.

Das Murree-Bier gilt als das beliebteste Bier in Pakistan, was aber auch nicht weiter verwunderlich ist: Die Brauerei wurde 1860 gegründet und ist der einzige Bierproduzent im Land. Die Einfuhr ausländischer Biere ist in Pakistan verboten. So kann man sich natürlich ein Monopol aufbauen.

Nach dem Ende des ersten Unabhängigkeitskrieges im Jahr 1857 hatte die britische Krone in der gesamten Punjab-Region das Sagen.

Offiziell hieß es, dass die Murree-Brauerei gegründet wurde, um die Nachfrage der Zivilbevölkerung nach Bier zu befriedigen. Man munkelt aber, dass es vielmehr als Lohn und als Stück Heimat für das britische Militär gedacht war.

Das schwerste Jahr für Freunde eines kühlen Blonden kam dann 1947. Mit der Unabhängigkeit von Großbritannien endete die Kolonialherrschaft – und damit auch der Bier-Boom. Natürlich verlor der Gerstensaft nach der Teilung Indiens den größten Teil seines Marktes. Die neue Islamische Republik Pakistan verbot den Muslimen den Alkoholkonsum. Die Traditionsbrauerei Murree durfte bleiben – ihr Bier jedoch bleibt für Muslime wie unseren neuen Freund Asif verboten.

 # Pakistan-Lektion #15: Alkohol wird in Pakistan nur an Nicht-Muslime verkauft und darf nicht in der Öffentlichkeit getrunken werden.

Bier gewinnt

LAHORE

Anne | »Und?«, fragt Asif erwartungsvoll in die Runde. Seine Augen sind so weit aufgerissen, wie die Schnäbel hungriger Vogelbabys im Nest.

Geht so. Ich habe mir den ersten Schluck Bier nach drei Wochen anders vorgestellt. Feinperlig, herb und spritzig sollte er sein. Dieser ist fad, süß und hat auf dem kurzen Weg von der Dose zu meinen Geschmacksknospen sämtliche Kohlensäure verloren.

Wir sitzen auf dem Boden in Asifs kleinem Zimmer. Ein schmales Bett steht in der einen Ecke, bezogen mit einem penibel unter die Matratze gestopften Laken. Der junge Pakistaner ist Grafikdesigner. Ob es schlau ist, im stillen Kämmerlein eines Unbekannten Bier zu trinken? Schon beim zweiten Schluck habe ich die Antwort vergessen.

Unser Gastgeber geht in seiner Rolle auf. Nach und nach teilt er die Bierdosen auf unsere Gläser auf. Zwei goldene Löwen glänzen auf dem Label, in der Hand halten sie ein Bierfass, darüber ein paar Getreidestängel, darunter kündigen sechs große Buchstaben das an, was drin ist: *S T R O N G.*

Etwas Verbotenes zu tun macht immer am meisten Spaß, wenn man es teilen kann.

»*Cheers*«, ruft Asif in die Runde.

Wir stoßen an. Wir kennen ihn noch keine Stunde, doch er fühlt sich jetzt schon an wie ein Verbündeter, dem wir alles erzählen können und der uns auch alles erzählt. Asif ist anders als die Pakistaner, die wir bisher kennengelernt haben. Auf seinem ausgeleierten schwarzen T-Shirt ist ein Cartoon gedruckt, dessen Farbe vom Waschen abbröckelt, seine Jeans hängt tief unter seinem Po.

»Wart ihr schon in Thailand?«, will er wissen und wartet dabei eigentlich nur auf das Go für seine eigene Geschichte. »Oh Mann! Ich war da so besoffen, dass ich nach einer heftigen Party irgendwo am Strand aufgewacht bin. Ich war so durch, muss irgendwas ins Getränk bekommen haben. Oder hab selbst was genommen, weiß nicht. Ich lag da und wusste nur, *fuck*, mein Flieger geht. Aber ich wusste nicht, wo ich bin. Mein Akku war leer.«

Asif redet so schnell, dass mein Gehirn automatisch nur die Buzzwords seines Monologs filtert. Wie ein Wasserfall rattert die Geschichte aus ihm heraus. So schnell, als hätte gerade jemand irgendwo den Stöpsel gezogen. Thailand! Alkohol! Drogen! Flug verpasst! Gekonnt schnippt er die Asche seiner Zigarette in die leere Bierdose. »Kifft ihr?« Schon wieder hat jemand den Stöpsel gezogen.

Es klingelt an der Tür. Ach ja, der Engländer! Vor ein paar Wochen hatte mich über Facebook noch jemand anders angeschrieben: Ajinder, ein junger Typ aus London. Ob er zu unserem spontanen Sit-in dazustoßen könne? Asif hatte überhaupt nichts dagegen, im Gegenteil. Er liebt es, mit Touristen in seinem kleinen Zimmer zu sitzen und seine Geschichten zu teilen, wie die aus Thailand.

Ajinder ist nicht groß, und doch wirkt er riesig. Seine sanfte Stimme und das perfekte britische Englisch, das er spricht, verpassen ihm eine solche Präsenz, dass ich seinen Ausführungen gebannt folgen muss. Seine schwarzen, krausen Haare hat er zu einem Dutt an der Hinterseite seines Kopfes zusammengebunden. Gestylt ist er eher leger. Normale Jeans, normales Shirt, nichts Großes. Dafür ist sein Bart umso filigraner und fein säuberlich gekämmt, als hätte er damit Stunden verbracht.

Das Brisante aber war mir verborgen geblieben. Die Wurzeln von Ajinder liegen in Indien. Seine Familie kommt aus dem Bundesstaat Punjab, der von Lahore genau 55 Kilometer entfernt ist, jenem Teil Indiens also, der mit der Provinz Punjab in Pakistan einmal tief verbunden war – bis zur Teilung in die Länder Indien und Pakistan. Sofort fühle ich mich an die Geschichte von Rashid erinnert, dem alten Mann, der uns noch gestern bis zur Wagah Border und zurück gefahren hatte. Wie seine, hat auch Ajinders Geschichte zwei Seiten. Mit einem Unterschied: Unser neuer Freund aus London hat seine nie am eigenen Leib erlebt.

»Ich habe mir schon ewig vorgenommen, einmal beides zu bereisen, das indische Punjab und das pakistanische.«

Aus dem Augenwinkel beobachte ich, wie Asif ihn misstrauisch mustert. Wie ein Hund, der einen anderen zum ersten Mal beschnuppert.

Wenn zwei Welten aufeinandertreffen, gibt es normalerweise zwei Möglichkeiten: Entweder die beiden Protagonisten haben Interesse an der Welt des anderen, oder sie liefern sich ein Wortgefecht aus Anschuldigungen, Vorwürfen und arroganten Ich-bin-viel-besser-als-du-Sprüchen. Wenn aber ein Pakistaner und ein Inder aufeinandertreffen und das auf dem Battlefield eines fünfmal fünf Meter großen Zimmers, dann könnte es innerhalb von Sekunden zur Explosion kommen. Und alles nur, weil ich den einen entscheidenden Schritt nicht weitergedacht habe. Wie kann man eigentlich so dumm sein und einen britischen Inder ungefragt in das Zuhause eines Pakistaners einladen? Ich kann gar nicht schnell genug an meinem Bier nippen, um mein schlechtes Gewissen herunterzuspülen.

»Und … was erhoffst du dir davon?«, fragt Asif zögerlich. Er wirkt nachdenklicher als noch vor wenigen Minuten, als die Wortsalven nur so aus ihm herausschossen. Unentschlossen wandern seine Blicke erst zu Ajinder, dann zu uns und wieder zurück.

»Ach, weiß auch nicht. Zu Hause in London wurde mir immer nur von der indischen Seite erzählt. Punjab hier, Punjab da. Aber ey, ich wollte mir mein eigenes Bild machen, sehen, was es wirklich unterscheidet. Wo ich wirklich herkomme …«

Ajinder stoppt und schaut gedankenverloren in den Raum. Asif nickt nachdenklich. Clemens und ich nicken mit, wie unbeteiligte Zuschauer, die jetzt lieber die Klappe halten sollten. Es ist, als würde ich mir eine Talkshow im Fernsehen ansehen. Ajinder und Asif sind beide 32 Jahre alt. 40 Jahre nach der Teilung Indiens wurden sie geboren. Der eine in London, der andere in Lahore. 6.284 Kilometer trennen die beiden.

»Na, und warst du schon da, in Indien?« Asif geht den nächsten Schritt.

»Ja, bis grad eben. Ich bin ich von Attari aus über die Grenze in Wagah nach Lahore gekommen. Da war ich gestern Abend noch bei dieser krassen Grenzzeremonie.«

Das lockt Clemens von seinem Stuhl: »Ja? Da waren wir gestern auch! Aber … halt auf der anderen Seite, also auf der pakistanischen.«

»Crazy, oder? Wie das da abging!«

Während wir uns über die Absurdität der Veranstaltung austauschen und uns gegenseitig Fotos aus der jeweils anderen Perspektive zeigen, wirkt Asif noch immer nachdenklich.

Er bohrt weiter: »Wieso hast du überhaupt ein Visum bekommen?«

»Ich bin Brite und habe einen britischen Pass«, erklärt Ajinder.

»Ach so«, erwidert Asif in einem dumpfen Ton.

Er ist Pakistaner. Als solcher wird er nie ein Visum für den Erzfeind Indien bekommen. Umso mehr will er es jetzt wissen: »Und wie ist es da so, im indischen Punjab?«

Ich befürchte, dass sich seine Stimmung schlagartig ändern könnte.

»Boah, es ist echt krass. Es ist mega laut, überall Tausende Gerüche und Garküchen, Lärm und Musik aus allen Ecken. Du kannst dich in den Straßen verirren wie in einem riesigen Labyrinth. Und alles zapft an deinen Sinnen, an allen gleichzeitig.«

Ajinder sagt das mit einer Begeisterung, dass ich mir sicher bin, das Pulverfass würde jetzt gleich, jeden Augenblick, mit einem dicken Bäm explodieren.

»Ach so, ja?«, fragt Asif.

Stille. Die Stimmung in dem kleinen Raum gleicht einem Hochleitungsmast.

Dann führt Asif plötzlich in einem neckischen Ton fort: »Dann ist es ja genau wie hier!«

Jetzt lachen beide lauthals los. Es ist ein Lachen, das sich brüderlich anhört und mit der gleichen tiefen Intonation daherkommt.

»Ich kann dir die Stadt morgen zeigen, wenn du willst. Also … mein Punjab«, fügt Asif gut gelaunt hinzu. In seiner Stimme liegt kein Funken Ironie. Er meint es wirklich.

Im Affekt greife ich zur nächsten Dose. »Will jemand noch einen Schluck Bier?«

Und da sitzen wir: zwei Deutsche, ein indischer Brite und ein Pakistaner in einer klitzekleinen Wohnung in Lahore und nippen an unserem Murree. Einem lokalen Bier, das zum ersten Mal gebraut wurde, als ihre Heimat, ihr Punjab, noch eins war. Ein Eisbrecher, damals wie heute.

3 Stunden später

Asif: Hey, danke für den coolen Abend! Hab ich euch eigentlich erzählt, dass schon oft der Geheimdienst unangemeldet in meiner Wohnung stand? Die wollen mich immer drankriegen. Wegen Bier, Drogen oder Kontakten zum Erzfeind. Hahaha! ✌😃

Hinter dem Delhi Gate links

LAHORE

Anne | 1,8 Milliarden Menschen zu einer Geburtstagsparty einzuladen ist eine ziemlich große Herausforderung. Und doch steigt das Fest jedes Jahr, wenn der Prophet Mohammed Geburtstag hat und alle Muslime der Welt den Maulid an-Nabī feiern. Morgen ist es soweit. Und schon heute hat sich Lahore in die allerschönsten Dekorationen geworfen. Die Altstadt ist geschmückt mit Girlanden, Wimpel zieren die Laternen. Am Delhi Gate hängen die Buchstaben ›Happy Birth Day‹.

Der Dampf, der aus den brutzelnden Töpfen in die Höhe steigt, hüllt die gesamte Straße in einen Kokon. An alten Holzbänken schlürfen ein paar Männer ihr Frühstück. Müde wirken sie, schon beim ersten Löffel Nihari, einem schweren Eintopf aus Lammfleisch und Innereien.

Viel ist am Delhi Gate noch nicht los. Die Altstadt wirkt genauso verschlafen wie wir. Die Esel ziehen ihre sperrigen Karren mühsam über den löchrigen Boden, erste Garagentore werden mit einem quietschenden Ruck nach oben gezogen, und Verkäufer stapeln ihre Ware liebevoll in die Höhe. Uns gefällt dieser träge Morgen. Wir passen gut zusammen, Lahore.

Die Altstadt wirkt wie eine Festung. Wegen der dicken Mauern und 13 Tore, die das kulturelle Zentrum umgeben, wird sie auch Walled City genannt. Würde man Lahore von oben betrachten, es käme einem Irrgarten gleich. Wild kreuzen sich die Gassen, führen um haarscharfe Winkel und saugen jeden Besucher in wenigen Sekunden ein. Wir sind mittendrin. Der scharfe Geruch von Chili liegt wie eine schwere Decke über unseren Köpfen. Hätte sie eine Farbe, sie wäre knallrot. Auf runden Holztabletts stapeln sich fein gemahlene Gewürze zu Pyramiden in die Höhe. Und dahinter? Dahinter sitzen die Künstler, die Hochstapler ihrer Branche, die Gewürzverkäufer von Lahore. Mit langen krausen Bärten und tiefen Falten müssen einige von ihnen schon eine ganze Weile auf dem Markt arbeiten, sicherlich Jahrzehnte, und sie könnten bestimmt die ein oder andere Geschichte erzählen. Manchmal ist es aber auch schön, die Geschichten aus ihren Gesichtern abzulesen.

Wenn ein Greis seinen Bart so orange gefärbt hat, dass seine Grellheit dem Kurkuma-Stapel vor ihm Konkurrenz macht, dann kann ich darin lesen, wie sehr er sich dem Islam hingegeben hat. Denn genau wie der Prophet Mohammed hat auch er sich seinen Bart mit Henna orange gefärbt, was man in Pakistan *mehndi* nennt. Die Farbe hat eine ganz besondere Verbindung zur Segen spendenden heiligen Kraft, *barakat*, und, finde ich, schützt außerdem perfekt vor grauen Haaren.

Langsam erwacht Lahore. Die Straßen füllen sich mit knatternden Motorrädern, deren Abgase immer tiefer in meine Luftröhre pressen. Der dicke Qualm steht jetzt schon zwischen den Mauern. Aus dem

Weg gehen können wir ihm nicht. Immer mehr Einheimische sind in den dichten Gassen unterwegs.

Clemens | Menschenmassen sind nicht jedermanns Sache. Und das müssen sie auch nicht sein. Wo viele Menschen sind, da ist auch viel Lärm, da sind viele Gerüche, da ist viel zu sehen. Das gefällt mir wiederum sehr gut.

Auf den Märkten dieser Welt passiert so viel gleichzeitig, dass man oft nicht weiß, wohin man schauen soll. Kaum hat man etwas erspäht, bimmelt schon an der nächsten Ecke ein Marktschreier mit seinen Gerätschaften, um Kunden anzuziehen. Im Affekt schaut man hin, und schon hat der Marktschreier gewonnen. Auf Märkten wie diesem in Lahore hat man als Erstbesucher die Aufmerksamkeitsspanne eines Zweijährigen.

Die Augen suchen etwas Spannendes, verlieren sich in einer Beobachtung, werden abgelenkt, und schon beginnt das Spiel von vorn. Fortgeschrittene können währenddessen einen Fuß vor den anderen setzen. Das bedarf aber ein wenig Übung. Allein schon deshalb, weil die Wahrscheinlichkeit, immer wieder etwas Neues zu entdecken, in Bewegung noch größer ist. Die Abstände zwischen den Wow-Momenten werden also kleiner und, je schneller man läuft, irgendwann zu einem einzigen langen »Wooooow!«, als würde man in das Kaleidoskop eines orientalischen Marktes steigen und anfangen, es immer schneller und schneller zu drehen.

Mehr Eindrücke auf einmal können auf die Sinne gar nicht einprasseln. Es sei denn, man steht plötzlich im Stau: im Fußgängerstau.

»Achtung, eine wichtige Durchsage: Auf dem Fußweg A1 in Richtung Delhi Gate kommt es zu Stau. Mit Verzögerungen ist zu rechnen.«

So oder so ähnlich werden sich die Verkehrsnachrichten bei 100 FM Lahore anhören. Für uns jedoch ist das eine ganz neue Erfahrung. Man kann sie sich ungefähr so vorstellen:

Wir sind in einer etwa zehn Meter breiten Marktstraße. Zu beiden Seiten reiht sich ein Laden an den anderen. Mal werden Teppiche verkauft, mal Maschinenbauteile, mal Gewürze. Ich gehe vor. Anne ist hinter mir, natürlich nicht Hand in Hand, dafür etwas seitlich versetzt, damit ich sie im Augenwinkel sehen kann. Vor mir ist ein Mann mit einem schubkarrenähnlichen Transportmittel, das mit einer Käfigvorrichtung versehen ist. Diese wiederum ist voll mit gackernden Hühnern. Neben mir schleifen vier voll verschleierte Frauen ihre langen Burkas über den staubigen Boden. Sie tragen große Plastiktüten, die bei jedem Schritt aneinander reiben und ein unangenehmes Geräusch erzeugen. Auf der linken Straßenseite klackert ein Teeverkäufer mit einer armlangen Kelle in einem noch größeren Kessel, während jemand ein paar Meter weiter in Schweißarbeiten vertieft ist. Auf der rechten Seite hämmert ein Handwerker eine Beule aus der an eine bröckelnde Wand gelehnten Motorhaube eines alten Peugeots. Von Weitem nähert sich ein Junge mit sechs Ziegen, die er wie Hunde an einer Kordel hält. Ein echter Geisterfahrer.

Die Luft ist gefüllt von einem Mischmasch wohliger und weniger wohliger Gerüche. Der angenehme Moschusduft des Mannes vor mir vermischt sich im Gehen mit dem Kotgestank der unentwegt zappelnden Hühner. Der kräftige Geruch des kochenden Schwarztees zu meiner Linken vermengt sich mit dem metallisch-beißenden Duft des Schweißgeräts. Dazu kommen die Rauchschwaden der Motorräder, die das Aroma von Diesel und verbranntem Gummi beisteuern. Je näher die Ziegen kommen, desto mehr tragen auch sie ihre Note bei.

Und dann: Stillstand. Es geht keinen Zentimeter weiter nach vorn und auch nicht zurück. Jeder Zentimeter des Asphalts wird in Anspruch genommen. An ein Vorankommen ist nicht zu denken. An eine Rettungsgasse schon gar nicht. Polizei, ADAC und ASB wären *not amused*. Alles steht still wie bei einem Freeze-Flashmob. Selbst die Ziegen können keinen Huf mehr vor den anderen setzen.

Und jetzt? Hupen kann man nicht. Die Vollschleier-Shopping-Frauen neben mir feuern wütende Wortsalven nach vorne. Der Ziegenpeter versucht, seine Tiere zu beruhigen, die anfangen, nervös mit den Hufen zu scharren. Irritiert vom Stillstand auf der Straße legt der Schweißer seine Gerätschaft zur Seite. Auch der Kfz-Mechaniker hört zu hämmern auf, der Teeverkäufer zu klackern. Stattdessen amüsiert er sich lauthals über die im wahrsten Sinne eingefahrene Situation. Dann prustet auch der Schweißer los, und der Kfz-Mechaniker auf der anderen Seite bricht in schallendes Gelächter aus. Ja, ich glaube, bei genauerem Hinhören sogar die Ziegen leise lachen zu hören. Nur die drei Frauen mit ihren Einkäufen, sie lachen nicht, sondern tottern unentwegt weiter, während der Geruch des Markts im Stillstand immer präsenter wird.

Und dann, als hätte Allah von oben mit dem Finger geschnipst, kommt die Masse wieder in Bewegung. Erst die Ziegen weiter vorne, dann der Mann mit seinen Hühnern, dann wir. Das Markttreiben geht weiter, als wäre nichts gewesen. Ja, Menschenmassen sind nicht jedermanns Sache.

Im Rotlichtviertel

LAHORE

Anne | Ein dumpfer Knall lässt mich zusammenzucken. Gerade ist ein glänzend scharfes Schlachtermesser durch eine Lammkeule auf einem dicken Holzbrocken gelandet. Und noch mal. Und noch mal. So lange, bis das Biest geteilt wurde. Dahinter sitzt ein Mann, Blutspritzer beflecken seine Tunika, als müsste es genauso sein.

Hygiene liegt im Auge des Betrachters. Gerade hängt sie in Form von halben Lämmern an rostigen Haken improvisierter Stände. Dicke Brummer schwirren drum herum. Sie alle möchten sich einmal auf die glänzende Oberfläche setzen und eines dieser blutigen Stücke abbekommen. Die dampfenden Kochtöpfe geben mir gerade ein wenig Sicherheit. Bakterien werden doch bei 100 Grad getötet, oder?

Die Metzgermeile ist endlos lang. Minutenlang laufen wir an totem Tier vorbei. Mein Schritttempo hat sich schon längt dem monotonen Aufprall der scharf geschliffenen Messer angepasst. Die schon jetzt wärmende Sonne wird von den vielen Zinntöpfen, den schwankenden Schildern und den Kannen reflektiert. Es wird gehämmert, geschliffen und poliert.

Hinter der nächsten Ecke ist alles anders. Als hätte jemand den Sound heruntergedreht und alle Boxen gedämmt. Kein Geräusch, kein Hupen, kein Klopfen, kein Klimpern. Nichts, wirklich gar nichts schafft es in diesen Durchgang, der mir noch enger als all die anderen vorkommt. Wir sind die einzigen. Keine Verkäufer, keine Einkäufer, keine Schlachter. Nur wir und die ehemals roten Wände alter Havelis, also der palastartigen Häuser früherer Fernhändler. Zwar ist der Lack ab von den Überresten der Mogulzeit, doch kann ich ihnen noch die frühere prunkvolle Zeit abkaufen. Ihre jetzt braunen, abgebröckelten Säulen halten bis heute die schweren Dächer, und all die Schnörkeleien an den Fenstern schwingen sich immer noch gekonnt um den Rahmen.

Auf den Balkonen in der zweiten Etage der Häuser steht eine junge Frau in einem knappen Oberteil. Sie verfolgt uns mit ihren schwarzen Augen, verschleiert sind sie nicht. Der Stoff ihrer Kleidung spannt zwischen den Brüsten. Hinter ihr bewegt sich ein schwerer roter Vorhang, immer dann, wenn eine leichte Brise den Geruch von süßem Parfüm von den Zimmern und Balkonen auf die Straßen presst. Ich kann immer mehr Frauen erkennen. Mal schauen sie schüchtern durch die Scheibe der kleinen Fenster, mal lehnen sie ihre Ellbogen auf die Fensterrahmen ihrer Häuser. Wir sind auf dem Juwelenmarkt, dem Heera Mandi. Eine Grauzone hier, in einem der muslimischsten Länder der Welt, erleuchtet nur durch die roten Lämpchen, die am Abend strahlen.

Tagsüber wirkt das Viertel wie jedes andere Rotlichtviertel. Wie die Reeperbahn in Hamburg oder De Wallen in Amsterdam, nur ohne die erloschenen Neon-Leuchtreklamen. Leer und verlassen. Und so ruhig, dass man selbst die auf dem Boden liegende leere Chipstüte beim Fliegen knistern hört.

»Hey!«, ruft eine Frau aus einem der geöffneten Fenster, den Gucklöchern der dicken Steinwände, und mustert Clemens von oben bis unten. Ihre zarte Hand winkt schüchtern. Eine Mittfünzigerin im knappen Bustier steht daneben und lächelt ebenfalls.

Die Juwelen in Lahores Altstadt gehen dem ältesten Business der Welt nach und sind nie gesellschaftlich akzeptiert worden. Schon vor Jahrhunderten wurde hinter den damals schönsten Fassaden der Stadt ausgelassen getanzt. Doch Prostitution ist eines der größten gesellschaftlichen Tabuthemen Pakistans. Regel Nummer eins ist die Diskretion.

Jeden Abend verwandelt sich der Juwelenmarkt in ein anderes Mekka. In eines für alle, die aus dem streng muslimischen Leben ausbrechen wollen, um einer tanzenden Frau ein paar Rupien zuzustecken. Immerhin so lange, bis am Morgen auf der anderen Seite des Juwelenmarkts der Muezzin der Badshahi-Moschee zum Gebet ruft.

Clemens | *»Sir, Sir!«*

Die Stimme klingt kindlich und aufgeregt, als sei jemand ziemlich aus der Puste. Ein Junge läuft uns hinterher, höchstens acht Jahre alt. Dahinter erkenne ich noch zwei Gleichaltrige, die ihn verfolgen. Die Szene wirkt sofort unfair. ›Gut‹ und ›Böse‹ sind klar verteilt. Nicht etwa, weil der Kleine eine dickliche Statur hat, sondern weil seine Gegenspieler auf Fahrrädern unterwegs sind.

»Sir! Sorry!« Er hastet schnaufend um uns herum und hüpft in einen Hauseingang. Die Fahrrad-Rowdys rauschen an uns vorbei, nicht ohne vorher mit den Beinen in unsere Richtung zu treten. Glück gehabt, sie treffen ihr Ziel nicht, sondern streifen nur den hervorstehenden Bauch ihres Mobbingopfers. Einen kleinen Klaps auf den Hinterkopf gibt es obendrauf. Sie verschwinden hinter der nächsten Ecke.

Der Kleine steht direkt vor uns, immer noch kurzatmig. Im bebendem Rhythmus bewegt sich seine Bauchdecke auf und ab, und jedes

Mal wenn er ausatmet, spannt sein zu enger Shalwar Kamiz, und es sieht aus, als könne er beim nächsten Luftholen platzen. Schweißperlen stehen dem Jungen auf der Nase.

»Danke!« Er strahlt uns an, als hätten wir ihm gerade das Leben gerettet.

Wir haben einen neuen Freund. Und er zwei Kontrahenten weniger, zumindest solange wir da sind.

»Ich, Sänger«, gibt er uns zu verstehen und pikst sich in seine Murmel, während er bemüht ist, seinen Atem zu kontrollieren. Er holt tief Luft, zieht seinen Bauch ein und lässt ihn dann mit voller Wucht nach vorne schnellen, so sehr, dass seine Tunika an ihre Grenzen kommt. Dann schließt er seine Augen, und aus seinem kleinen Mund kommt eine klare, fast engelsgleiche Stimme, erst tief, dann hoch und immer höher. Trotz seines jungen Alters hat sie eine unerwartete Wärme. Der Gesang füllt den schmalen Gang in Sekunden mit einer weihnachtlichen Wohnzimmeratmosphäre. Völlig in sich gekehrt und mit den Augen fest verschlossen, reißt der Kleine seine Arme nach oben und singt ein pakistanisches Lied in die angehende Nacht hinein.

Das Privatkonzert geht auch an den Anwohnern nicht vorbei. Eine junge Frau über uns öffnet ihre Fensterläden und lehnt sich auf das Fensterbrett, um dem spontanen Ständchen beizuwohnen. Ich kann ein gerührtes Lächeln in ihrem Gesicht erkennen. Eine ältere Dame tritt aus dem Gemüseladen an der Ecke. Weitere Türen werden von innen geöffnet, Balkone füllen sich mit weiblichem Publikum.

Aus heiterem Himmel scheinen die Geräusche des Marktgeschehens in der Parallelstraße abgestellt, als hätte mir jemand Noise-Cancelling-Kopfhörer aufgesetzt. Wir sprechen kein Wort. Eine Gänsehaut legt sich flächendeckend über meinen Körper. Minutenlang singt der Junge ein Ständchen, für uns und für die Frauen des Viertels. Für all jene, die im streng muslimischen Pakistan dem ältesten Gewerbe der Welt nachgehen, hinter verschlossenen Türen im stillen Kämmerlein – eine schöne, wenn auch kurze Ablenkung vom Alltag.

Den letzten Ton zieht er mit Absicht besonders lang. Und dann: Stille. Erst drei, vier Sekunden später öffnet er seine Augen wieder und schaut direkt in meine. Es ist ein tiefer und merkwürdig leerer Blick. Ein paar Sekunden lang schauen wir uns an, ich und der kleine Junge mit dem Kugelbauch. Ein Augenblick, der zu groß ist, um unterbrochen zu werden, in einer Stille, die zu schön ist, um zu applaudieren.

Man sagt, der schönste Moment der Oper sei die Stille. Das trifft mit Sicherheit auch auf die Walled City von Lahore zu. Noch Minuten nachdem wir uns bei ihm bedankt und uns verabschiedet haben, kann ich die Gänsehaut spüren.

Happy birthday, Mohammed!

LAHORE

Anne | »Seid ihr nicht die beiden Deutschen?«

Zwei junge Männer stehen neben uns am Schuhregal. Während sie sich nach dem Gebet gerade die Schuhe anziehen, stopfen wir unsere ausgelatschten Treter in das improvisierte Holzgebilde.

Einen Promistatus zu bekommen fühlt sich nur dann gut an, wenn man auch wirklich was dafür gemacht hat. Wir haben lediglich ein paar Fotos auf Instagram und Facebook geteilt. Trotzdem sind wir in den letzten Wochen zu kleinen VIPs geworden. Man kennt uns. Die beiden Deutschen. Der Typ mit dem Bart. Das Mädel mit den Sommersprossen.

Nach dem obligatorischen Selfie sind wir die Einzigen in der Moschee. Außer uns ist nur noch ein alter Mann in einem dicken Strickpullunder da, in dem ich bei den Temperaturen eingehen würde. Er ist der Hausmeister der Moschee und sammelt am Eingang ein paar Rupien für das Aufbewahren der Schuhe ein. Die beiden Jungs und uns hat er die ganze Zeit beobachtet.

»Dürfen wir auf das Minarett?«

Er versteht kein Wort. Und doch kann er unseren euphorischen Hand- und Fingerbewegungen folgen. Einer seiner Schlüssel passt in das dicke, schon rostige Schloss des Minaretts.

Oben sieht keiner, wenn wir uns in den Arm nehmen und kurz gemeinsam über den Tag nachdenken. Über die glänzenden Zinktöpfe, die dicken Vorhänge im Rotlichtviertel und den kugelrunden Bauch unseres kleinen Sängers. Oben sind wir für uns, während unten der Abend startet und sich gut behütet hinter dicken Mauern die Geheimnisse der Elf-Millionen-Stadt abspielen. Es ist kurz vor Sonnenuntergang, der Himmel verfärbt sich bereits in ein zartes Orange, das perfekt zu den flackernden Lichtern der Rikschas passt, die sich jetzt einen Weg durch das Labyrinth der Walled City suchen.

Punkt sieben ruft der Muezzin lautstark zum Gebet. Von hoch oben beobachten wir, wie Männer, Frauen und Kinder über den Hof in die Moscheen pilgern. Dann ist die schönste Stunde des Tages endlich gekommen. Irgendwo wird der Hauptschalter umgelegt. Nach und nach erstrahlt der Irrgarten von Lahores Altstadt in den knalligsten Farben. Mal grell gelb, mal giftig grün und mal sinnlich rot. Wir thronen im Minarett über dem Geschehen wie zwei Ehrengäste auf einem riesigen Kindergeburtstag. *Happy birthday*, Mohammed!

Plötzlich Terror

BAHAWALPUR

Anne | Heute ist kein normaler Tag. Nicht weil Freitag ist, der heiligste Tag für die Muslime, sondern weil in den letzten Stunden bei zwei Anschlägen 40 Menschen gestorben sind. Der eine ereignete sich in Form eines Selbstmordattentats auf einem Obstmarkt vor den Toren Peschawars, der Stadt an der Grenze zu Afghanistan, in der wir uns vor ein paar Tagen ein bisschen naiv im chaotischen Basar verirrt hatten. Zeitgleich überfielen drei Angreifer das chinesische Konsulat in Karatschi, im Süden des Landes. Zwei Anschläge, die wie eine Lawine über das Land rollen und alle in eine Schockstarre versetzen, auch uns.

Regungslos sitzen wir am Eingang des Flughafens von Bahawalpur. Hinter uns liegt ein einstündiger Flug und anscheinend ein Aufenthalt in einer Zeitkapsel. Denn beim Boarding war in Pakistan die Welt noch in Ordnung. Beim Check-in haben wir gemeinsam mit dem Personal Mohammeds Geburtstagskuchen gefuttert.

Angriff auf Konsulat in Pakistan

Anschlag auf die Seidenstraße

NEWS / ASIA

Gunmen attack Chinese consulate in Karachi

ASIE-PACIFIQUE

Pakistan : quatre morts dans une attaque contre le consulat de Chine à Karachi

Pakistan

Mehr als 40 Tote bei zwei Anschlägen

Dutzende von Toten nach Angriff auf chinesisches Konsulat und auf Obstmarkt in Pakistan

KARACHI

Dutzende Tote nach Anschlägen in Pakistan

MIDDLE EAST · **Published** November 23, 2018

2 police officers, 3 gunmen dead after attack on Chinese Consulate in Pakistan, police say

Karachi attack: China consulate attack leaves four dead

(Quellen: Al Jazeera, BBC, Fox News, Handelsblatt, Le Monde, NZZ, Tagesspiegel, taz)

Die Stimmung war ausgelassen. Doch das kann sich eben schnell ändern. Wieder wurde das Land erschüttert, wieder hat es unschuldige Menschen getroffen, und wieder ist Pakistan das Zentrum des Terrors. Mitbekommen haben wir davon natürlich nichts. Viel zu schön wirkte das Land aus der Vogelperspektive, als um 17:27 Uhr die Sonne langsam unterging und wir im Flugzeug am Orangensaft nippten.

Es ist komisch, wie schnell sich Gefühle ändern können. Wie schnell ein Land, das gerade einen festen Platz in unseren Herzen eingenommen hat, wieder zu einem Fremden wird, der wie ein Schatten im Augenwinkel verschwindet. Ist das noch das Pakistan, in dem wir heimlich Dosenbier getrunken haben? Das Pakistan, das uns mit Gastfreundschaft überschüttet? Gerade ist es das Pakistan, das die Medien lieben. Unsere Handys laufen auf Hochbetrieb.

»Kommt bitte sofort nach Hause«, befiehlt uns meine Mama.

»Seid ihr weit genug weg von den Anschlägen?«, erkundigt sich meine Oma.

»Bleibt in Sicherheit«, raten uns Clemens' Eltern.

»Alter, was für'n Scheiß«, schreibt ein Kumpel.

»Passt bloß auf euch auf«, empfiehlt uns eine Freundin.

5.341 Kilometer von uns entfernt haben gerade unsere Familien und engsten Freunde Schiss um uns. Auf der Luftlinie zwischen den beiden Anschlagsorten genau in der Mitte sitzen wir allein auf dem Bordstein und wissen nicht, wohin mit uns. Wenn dich deine Gedanken so richtig eingenommen haben und du mit ihnen allein bist, dann ist kein Raum mehr für meinen angeborenen Optimismus, dann ist alles schlecht, alles gefährlich und alles unschaffbar.

»Seid ihr gut gelandet?« Eine WhatsApp-Nachricht von Asif reißt mich aus meinem kleinen Gedankenkarussell.

»Ja, sind wir. Aber wir kommen nicht weg.«

Die Antwort kommt prompt. Er tippt so schnell, wie er redet. »Ich ruf Freunde an. Die holen euch ab. Dann schlaft ihr da.«

Bier schweißt zusammen.

Wenige Minuten später erhellen die knallgelben Scheinwerfer eines weißen Hyundai Santro den menschenleeren Parkplatz. Der Fahrer springt heraus und rennt aufgeregt auf uns zu.

»Anne, Clemens«, ruft er schon von Weitem.

Trotz der knapp 400 Kilometer Entfernung hat unser neuer Freund von Lahore aus Leute in Bahawalpur in Bewegung gesetzt. Man muss ihm schon lassen: Asif ist schneller als der ICE von Berlin nach München. Und jetzt steht vor uns ein schmaler Mann im feinen Zwirn. Seine Haare sind penibel zur Seite gescheitelt und müssen gefärbt sein, denn das Tintenschwarz passt wenig zu den schon angegrauten Stoppeln, die seine Wangen und sein Kinn bepunkten.

»Ich bin Rami, ein Freund von Asif.« Seine Aufregung steigt in Form stechender Zwiebelschwaden von seinen Achseln direkt zu uns. Es riecht nach der S-Bahn am heißesten Tag des Jahres, wenn die Klimaanlage der Intelligenz der Menschen zum Opfer gefallen ist. Leise Kapitulation. Ich bin ihr sehr nahe.

Die 40 Toten, der Terror, die unsichtbare Gefahr: Für Rami ist die Situation anscheinend noch sehr präsent. Übernervös brettert er über die Straße, nimmt alle Schlaglöcher mit und absolviert mit stumpfem Winkel einen regelmäßigen Schulterblick. Sein Kopf bleibt kaum in Fahrtrichtung.

Clemens und ich wechseln kein einziges Wort. Es herrscht betretene Stille. Ramis Nervosität, gepaart mit dem Unwissen darüber, wo er uns gerade hinfährt, ist ansteckend. Vielleicht ist es aber auch die Angst unserer Familien und Freunde, die ihren Weg zu uns nach Pakistan gefunden hat. Scheiße.

Bahawalpur ist noch wach. Die Straßen sind gefüllt mit Taxis und Motorrädern, die Läden am Straßenrand lassen ihre Schilder in den hellsten Farben leuchten. 20 Minuten Fahrt in Ramis Zwiebelexpress bringen uns in das Herz der elftgrößten Stadt des Landes mit über 760.000 Einwohnern. Wir stehen vor einem riesigen Tor, auf dem Stacheldraht seine Runden dreht. Auf dem Schild an der dicken Betonmauer neben dem Tor steht in goldenen Buchstaben ›Police House‹.

»Willkommen«, begrüßt uns ein junger Mann. Kamal ist nicht viel älter als Clemens. Sein Englisch ist dialektfrei und fast schon ein wenig britisch. »Was macht ihr in Bahawalpur?«, fragt er uns.

»Wir wollen uns die Festung in Derawar anschauen und vielleicht die Wüste. Wir kommen gerade aus Lahore und fahren jetzt weiter Richtung Süden bis nach Karatschi.«

Ich kann Kamal noch nicht einordnen. Mit seinen strahlenden Augen wirkt er sympathisch, vielleicht auch warm. Doch es versteckt sich etwas in seinen Augen, das mich zum Zweifeln bringt. Und Zweifel kann ich an einem Tag, an dem wir das erste Mal dem Terror in die Augen geschaut haben, an dem wir allein in der Dunkelheit saßen und an dem wir von einem Fremden mit starkem Schweißgeruch zu einem dubiosen Ort gebracht wurden, nicht auch noch gebrauchen.

»Wir sind das einzige Hotel, das Ausländer aufnehmen darf. Wir haben den Schutz, den ihr braucht.«

Schutz. Ein Wort, das bei mir ein Gefühl der Unsicherheit verursacht wie bisher noch nie in Pakistan. Es bewirkt das komplette Gegenteil. Ich gehe im Kopf die Fluchtmöglichkeiten durch. Das riesige Stahltor? Unmöglich. Die Mauer? Zu schmerzhaft mit dem Stacheldraht. Die Tür öffnet sich, und zwei bewaffnete Polizisten setzen sich auf die ausgesessenen Polstersessel in Kamals Büro. Damit hätte sich auch die letzte Option erübrigt, denn an den beiden Jungs schaffen wir es nicht vorbei. Wir sind eingesperrt. Eingesperrt hinter den dicken Mauern eines Hotels namens Police House. Eine nette Umschreibung für einen Knast.

Das Gebäude, in dem sich vier Zimmer befinden, wirkt kahl; die Fliesen des Bodens bieten jedem Geräusch eine ordentliche Basis zum Hallen und Schallen. Wir schließen die Tür hinter uns und lassen uns auf die muffige Polstercouch fallen.

Mein Handy vibriert. Es ist Asif, der sich erkundigt, ob alles geklappt hat. Asif, der uns von einem Zwiebelmann in ein Gefängnis hat bringen lassen. Ich schwanke zwischen einer richtig wütenden Sprachnachricht, die ich ihm jetzt gern ins Handy feuern würde, und einem einzigen Satz, der uns vielleicht eine Antwort auf unsere Fragen geben würde: »Was ist das Police House für ein Hotel?«, schreibe ich.

»*Fuck*«, kommt als Antwort. Nur ein Wort. So kenne ich Asif nicht. Wo ist sein Monolog aus unvollständigen Sätzen, der ohne Punkt und Komma heruntergerattert wird?

Es vergehen Minuten, in denen Clemens und ich gebannt auf diese kleine Anzeige unter seinem Namen starren: »Asif schreibt ...«

Mit einem breiten Grinsen strahlt er uns von seinem Profilfoto aus an.

»Die haben euch in ein überwachtes Hotel gebracht. Rami sollte euch zu meinen Freunden bringen. Ich versteh das nicht. Ich wurde verarscht. Sorry, Leute.«

Verarscht?

Es gibt nur wenige Hotels in Bahawalpur. Die touristische Infrastruktur ist noch weniger ausgebildet als in den größeren Städten. Dazu kommt, dass die Punjab-Region eine der am strengsten bewachten Regionen in Pakistan ist. An einem Tag, an dem zwei Terroranschläge das Land erschüttert haben, ist es unmöglich für zwei Touristen, in einem einfachen Hotel oder bei Freunden zu Hause zu schlafen.

Auf dem Weg zum Flughafen muss Rami bereits von der Polizei instruiert worden sein. Er muss gezwungen worden sein, uns herzubringen, in dieses Hotel, das gar kein Hotel ist. Gezwungen, uns in Sicherheit zu bringen, hinter dicke Mauern und Stacheldraht, so stechend wie Ramis Angstschweiß.

Kaum ein Ort in Pakistan wird stärker von der Polizei regiert und kontrolliert, als diese verhältnismäßig kleine Stadt, in der wir vor knapp vier Stunden gelandet sind. Die umgebaute Polizeiwache ist ein Sicherheitsbunker, in dem die Polizei all ihre ausländischen Schäfchen zusammenhält.

Ohne auch nur einen Ton zu sagen, reicht mir Clemens eine Dose Bier. Es ist die letzte von unserer illegalen Schmuggelaktion mit Asif.

Der süße Geschmack des Verbotenen schmeckt hinter den dicken Steinmauern eines Gefängnisses herrlich herb.

In Polizeigewahrsam

BAHAWALPUR

Anne | Ich bin nicht der Typ für Langeweile. Selbst ein Sonntag auf der Couch nervt mich. Aber auch der wäre mir jetzt lieber als Kamals kleine Enklave.

Heute dürfen wir nicht raus. Gar nicht. Das hat uns Kamal unmissverständlich wissen lassen. Es ist unser erster Tag in Bahawalpur. Ein Tag, den wir hinter den dicken Mauern des Police House verbringen werden. Beobachtet von Kameras, Kamal und Koch Ahmed.

In eine Falle zu tappen fühlt sich ungefähr so an, wie Kaffee mit saurer Milch zu trinken. Erst ist es noch okay, bis sich auf der Oberfläche Klumpen breitmachen, die das große Ganze versauen.

Unser Klumpen ist heute nicht nur der Terror von gestern, sondern auch die radikal-dschihadistische Partei TLP. Wenn es kommt, dann kommt es richtig. So wie mit den Elektrogeräten zu Hause. Früh am Morgen wurde der Anführer der TLP festgenommen. Ein großer Schritt für Pakistan, dessen Regierung dem Terror schon längst den Kampf angesagt hat. Und doch auch ein großer Schritt für die TLP-Anhänger, die Straßen im ganzen Land besetzt haben. Drei große rote Flaggen also, die sagen: Heute keine Touristen, bitte.

In unbekannten Situationen fängt man an zu zweifeln. Misstrauen macht sich breit. Man glaubt niemandem mehr. Man hinterfragt alles und ist sich unsicher. Eine beschissene Grundlage für einen Tag hinter Gittern, äh, dicken Mauern.

Das Police House wirkt genauso kahl wie gestern. Elf Chinesen, zwei Holländer und ein hohes Tier des pakistanischen Geheimdienstes teilen sich mit uns die Räume. Bisher haben wir nicht einen unserer 14 Nachbarn gesehen oder gehört. Bisher kennen wir sie nur aus Erzählungen von Koch Ahmed. Er ist Mitte 50 und sieht aus wie Balu der Bär: kreisrundes Gesicht, prächtiger Bauch unter der vom Kochen besprenkelten Tunika und Grübchen, die ihn wirken lassen, als würde er immer grinsen. Balu lebt fürs Kochen. Das hat er schon immer gemacht. Mal in einem Hotel in Islamabad, mal für chinesische Bauarbeiter im Norden Pakistans und jetzt für eingesperrte Touristen, die eigentlich nur sein Land kennenlernen wollten. Balu mag uns.

Vier Dinge brauche ich, um mir einen Sonntag auf der Couch doch noch halbwegs erträglich zu gestalten: einen Fernseher, ein bisschen Internet, ein gutes Buch und eine Umgebung, in der ich mich richtig wohlfühle. Vier Grundlagen, von denen ich jetzt keine haben.

Im penibel bepflanzten Garten (dem einzigen Ort auf dem gesamten Anwesen mit einem bisschen Farbe) schlagen wir uns im Stadt, Land, Fluss. Aachen, Braunschweig, Hongkong, Sydney und Berlin landen in unseren krakeligen Tabellen. Aber auch Heineken, Carlsberg und Bintang. Nichtstun macht erfinderisch.

Polizeigewahrsam in Pakistan? Das hat wohl keiner auf seiner Bucket List. Das Gefühl, eingesperrt zu sein, kennt man erst, wenn man es selbst erlebt hat. Für uns sind es jetzt 15 Stunden. Langsam macht die Langeweile wütend.

Clemens | Police House, 15 Uhr. Ein Kinderdreirad brettert an mir vorbei. Immer und immer wieder. Jedes Mal wird mir ein »Hallo, wie geht's dir?« in perfektem Englisch zugerufen. Fast so perfekt, wie das des Mannes am anderen Ende des Gartens. Seit 20 Minuten dreht er mit dem Telefon seine Runden wie ein Tiger im Käfig, apathisch ins Gespräch vertieft und wild gestikulierend. Beide sehen wir zum ersten Mal.

»Hallo, wie geht's dir?«, ruft der Junge vom Dreirad, nicht älter als fünf. Ganz sicher ist es sein Sohn, so ähnlich wie sie sich sehen.

Ein Kind ist eine gelungene Abwechslung vom trägen Alltag in diesem Freizeitgefängnis, bringt einen Funken Leben hinein. Als der Kleine seine Fahrt direkt vor mir mit seinen Füßen stoppt, spreche ihn an: »Wie heißt du denn?«

»Ich bin Suhail.«

»Und wie alt bist du?«

»Fünf!«, platzt es stolz aus ihm heraus. Ich sehe, wie sich seine kleine Brust aufplustert.

»Du sprichst aber wirklich gut Englisch.«

»Danke. Ich lerne das in der Schule.«

Es fühlt sich befreiend an, mit einem Kind zu reden, unbeschwert und weit weg von der Realität, die außerhalb der Stacheldrahtmauern anscheinend zu heftigen Demonstrationen führt.

»Was willst du denn mal werden, wenn du groß bist?«

»Ich möchte Kampfpilot werden.«

»Oh, Kampfpilot, wow!«

»Und dann, dann möchte ich über Indien fliegen und Menschen töten«, erklärt er. Seine Augen strahlen dabei, als hätte man ihm gerade ein großes Schokoeis gereicht.

»Wieso denn das?« Mehr bekomme ich in meiner Bestürzung nicht zusammen.

»Inder sind blöd, die glauben nicht an Allah.«

Darauf fällt mir nichts mehr ein. Suhail merkt das auch, tritt in die Pedale und verschwindet hinter der dicken Mauer.

Das muss er sein, der kleine Sohn vom Geheimdienstler, von dem uns Balu heute Morgen mit einem leichten Abwinken erzählt hat. Von Generation zu Generation. Das Spiel klappt auch in Pakistan.

Anne | 21:02 Uhr. Das Spiel ist zu Ende. Mit gepackten Rucksäcken stehen wir vor Kamal. Seit unserer Ankunft im Police House sind 24 Stunden vergangen. Wir haben dreimal bei Balu gegessen und vier Seiten unserer Notizbücher mit Städten, Ländern und Biersorten gefüllt. Aber wer nichts verbrochen hat, der muss auch kein Gefangener sein.

Um 22 Uhr fährt ein Zug von Bahawalpur ins 691 Kilometer entfernte Hyderabad. Weg von der TLP, weg von Terroranschlägen und vor allem raus aus dem Police House. Zehn Stunden würde es noch dauern, bis wir die streng überwachte Provinz Punjab verlassen hätten und uns in der Provinz Sindh wieder frei bewegen können.

Der Bahnhof ist nur zwei Kilometer vom Police House entfernt. Doch das sind zwei Kilometer zu viel, um zwei Touristen allein fahren zu lassen. Rami ist viel zu früh dran, als er mit seinem Hyundai um 21:30 Uhr auf den Hof fährt. Selten habe ich mich über strengen Schweißgeruch mehr gefreut als jetzt.

Mit dem Öffnen des schweren Stahltors betreten wir die Freiheit, wenn auch hinter den Fenstern eines von einer blinkenden Polizeieskorte geschützten Autos. Rami folgt dem Polizeiwagen vor uns auf eine holprige Straße. Es geht vorbei an einem Stahlgerüst, das vielleicht mal der neue Bahnhof wird, an einem großen Haufen Bauschutt und immer weiter weg vom Zentrum der Stadt. Gleise? Andere Reisende? Wir sind allein in der hintersten Ecke eines weiten Feldes, als das rot-blaue Blinken unserer Eskorte stoppt. Aussteigen dürfen wir nicht, das signalisiert uns Rami mit einer hastigen Handbewegung, die asienweit genutzt wird, um Autos zum Stehen zu bringen: Mit ausgestrecktem Arm drückt er seine Hand immer wieder nach unten.

In der Männertraube, die sich vor unserem Auto gebildet hat, ist Rami der Kleinste. Die vier Polizisten unserer Eskorte und die Polizisten aus der Hütte neben uns sind mindestens einen halben Kopf größer. Sie sind uniformiert und bewaffnet. Der Größte von ihnen zieht an einer glühenden Kippe, der Dampf, den er energisch auspustet, legt sich über die Gruppe und lässt das Ganze von außen wie eine Manege wirken. Es werden Köpfe geschüttelt, Hände in die Luft geworfen und Schultern gezuckt, bis Rami die Autotür öffnet.

»Heute gibt es keinen Zug für euch.«

Wir hatten uns alles ausgemalt, die Zugromantik schon vor uns gesehen, das Rütteln der Wagons schon gespürt. Doch Seifenblasen können schnell platzen. Dass eine Situation an einem zehrt, merkt man spätestens, wenn man den größten aller Polizisten mitten in der Nacht nach einer Zigarette fragt. Und das, obwohl weder Muslime noch Frauen in Pakistan gern beim Rauchen gesehen werden. Manchmal aber kann man den Glimmstängel als ein Freundschaftsangebot nutzen, das die Wogen glättet und das Gegenüber besänftigt.

Doch manchmal ist manchmal und eben nicht jetzt. Der große Polizist bleibt hart. Wir dürfen nicht fahren. Es sei zu gefährlich, sie können uns keine Sicherheit geben und sowieso, Touristen in einem Nachtzug, das gehe gar nicht.

Natürlich könnten wir jetzt einfach gehen. Wir könnten unsere Rucksäcke aus dem Kofferraum ziehen und zum Gleis gehen. Wir könnten Bahawalpur und den strengen Auflagen der Polizei den Rücken kehren und wieder unser eigenes Ding machen. Aber ehrlich, wie lange geht ›Reisen auf eigene Faust‹ gut, wenn man in einem Land ist, in dem die bewaffnete Sicherheit an jeder Ecke lauert?

Rami startet den Motor. Es geht zurück zum Police House.

Unsere Rucksäcke werden von einem der beiden Wachmänner zurück in unsere kleine Luxuszelle gebracht. Es ist noch alles so, wie wir es vorhin verlassen haben. Alles auf Anfang.

Vergessenes Weltkulturerbe

BAHAWALPUR

Clemens | Heute haben wir Ausgang bekommen. Kamal war gnädig mit uns. Vielleicht wegen guter Führung?

Schon vormittags ist es so brechend heiß, dass man ohne offenes Fenster nicht Autofahren kann. Auf Ramis Klimaanlage kann man sich auch nicht verlassen, sie rasselt wie ein klappriges Zahnrad. Trotzdem ist das Fahrerfenster nur einen klitzekleinen Schlitz geöffnet, damit von außen niemand die heiße Ware auf der Rückbank sehen kann, die er herumkutschiert: Anne und mich.

In manchen von Bürgerkriegen zerrütteten Ländern in Zentralafrika bekommen weiße Touristen oft einen unangenehmen Zweitnamen: weißes Gold. Und das nicht etwa, weil sie in der Masse so prima auffallen, sondern weil sie in Verhandlungen bares Geld wert sind. Der Schlitz in der Fahrertür ist höchstens acht Zentimeter hoch. Doch ich habe das Gefühl, die Passanten schauen uns durch die Scheiben an wie Motten das Licht.

Durch das geöffnete Fenster dringt ein leichter Windhauch zu uns nach hinten, der guttut. Denn die abgewetzte Rückbank setzt einen muffigen Geruch ab, der mir in der Nase hängt wie ein Büschel Staub.

Merkwürdig ist, dass Ramis Auftreten gar nicht zu seinem strengen Körpergeruch passt. Ihn umhüllt die Aura eines Lebemannes mit Stil – zumindest von weiter weg. Man sagt ja, dass der Schweißgeruch einer Person oft mit den Speisen zusammenhängt, die sie zuvor gegessen hat. Wenn das so ist, will ich von seinen kulinarischen Vorlieben am besten überhaupt nichts wissen. Hoffentlich hat ihm seine Frau heute kein Vesper mitgegeben.

Unsere spontane Idee, aus der Stadt hinauszufahren, kam anfangs überhaupt nicht gut an. Kamal schenkte uns nur ein müdes Lächeln. Doch Anne war hartnäckig genug. Und mit Frauen diskutieren, die eine Meinung haben? Das können nicht alle Pakistaner. Da knicken sie irgendwann ein. So auch heute. Dass er uns zum Schutz gleich ein halbes Bataillon an Polizisten mit auf den Tagesausflug schickt, hätten wir uns denken können. Was für ein Déjà-vu. Sofort fühle ich mich so wie in der Nachtfahrt von Chilas nach Islamabad, und ich hoffe, dass es diesmal nicht damit endet, dass ein Polizist hektisch mit seiner Funzel ins Gebirge leuchtet.

Um das fünf Meter hohe Metalltor aufzuschieben, braucht es zwei Männer in Uniform. Ich fühle mich auf der Rückbank des Autos wie ein Promi oder wichtiger Staatsgast. Vor und hinter unserem Wagen reiht sich je ein Polizei-Pick-up ein. Dort haben es sich Polizisten auf den Ladeflächen gemütlich gemacht – mit MGs auf dem Schoß. Sie nicken Rami zu. Über den genauen Ablauf der Mission braucht man sich also nicht mehr auszutauschen, es scheint alles minutiös geplant.

Für uns zwei, Anne und mich, gibt es nun also einen Fahrer und zwei Polizeieskorten mit je einem Fahrer und zwei schwer bewaffneten Polizisten. Sieben Mann für zwei Touristen, die doch eigentlich nur ein Ziel haben: das Derawar-Fort, eine uralte Festung.

Nach zwei Stunden Fahrt ist eine sandfarbene Anlage zu erkennen, die die steppenartige Umgebung bei Weitem überragt. Erst sind nur die Umrisse erkennbar. Das Fort bettet sich wie ein Chamäleon in das sandige Drumherum. Je näher wir kommen, desto surrealer wirkt alles: Die 30 Meter hohen Mauern der Bastionen sind nicht nur gewaltig groß, sondern auch gut erhalten.

»Seit wann steht das Fort denn hier?«, frage ich, ohne meine Augen von den perfekt aufeinander gestapelten Steinen zu lassen.

Wie Rami uns erzählt, wurde die Festung im 9. Jahrhundert errichtet. »Eigentlich hieß sie Dera Rawal, später dann Dera Rawar, und davon wurde Derawar abgeleitet.«

Der Zugang zur Festung ist verschlossen. Auch gibt es keine betonierte Einfahrt, kein Willkommensschild, keinen Ticketschalter. Nur einen alten Mann in einem für knapp 40 Grad viel zu dicken Wollpullover, der uns ein hölzernes Tor aufschließt. Und zwar mit einem dieser klobigen Kerkerschlüsselbunde, wie man sie aus Ritterfilmen und Geister-Cartoons kennt, mit mehreren Dutzend Eisenschlüsseln daran. Würde man ihn einem Einbrecher über den Kopf ziehen, er würde so schnell nicht mehr aufstehen. Wir aber sind keine Einbrecher, auch wenn wir genauso überraschend kommen, das kann ich dem Kerkermeister ansehen. Vier der Polizisten bleiben draußen bei den Autos, die zwei anderen folgen Rami, Anne und mir hinein.

Das Fort ist im Inneren nicht ganz so hübsch anzusehen wie von außen. Einiges ist sogar in bemitleidenswertem Zustand. Wir erkunden ehemalige Pferdeställe, Unterkünfte, Waschräume und einen leicht erhöhten Platz in der Mitte, wo Übeltäter einst vor den Augen aller hingerichtet wurden, falls ihnen der Kerkermeister nicht schon vorher den Schlüsselbund übergezogen hat.

An vielen Bauten bröckelt der Putz. Einzelne Ziegelsteine ragen aus den Mauern hervor und lassen die Konstruktion wirken, als würde sie spätestens der nächste Wüstensturm ein für allemal umpusten. Tausende liegen bereits verstreut über- und nebeneinander auf dem roten Sandboden. Manche wirken wie Grabsteine.

Andere Teile des Forts sind ausgesprochen gut erhalten. Zum Beispiel die Säulen aus Holz, die so hart und wetterfest sein müssen, dass sie seit Jahrhunderten allen Wetterlagen trotzen. Der zuständige Holzlieferant muss im 9. Jahrhundert einen echt guten Job gemacht haben. Gut zu erkennen sind die detailverliebten Verzierungen an den Decken und Wänden. Nur deren Farbe ist von der Sonne gebleicht.

Oben ist eine Handvoll Restaurateure am Werk, die damit beschäftigt sind, den hölzernen Innenbau der Bastion mit feinen Pinseln wieder in den Originalzustand zu versetzen.

»Sie bekommen so gut wie keine Unterstützung von der Regierung«, erklärt uns Rami.

»Was ist mit der UNESCO?«, bohrt Anne weiter.

»Dass der Staat nichts für den Erhalt beisteuert, ist schade«, stellt Rami mit bitterer Miene fest. »Dass aber selbst die UNESCO wegschaut, macht mich richtig wütend.« Während er spricht, ertasten seine Augen die talentierten Handbewegungen der Arbeiter.

Wie auch die Badshahi-Moschee in Lahore steht das Derawar-Fort seit 2016 auf der Liste der Welterbekandidaten und ist damit quasi nominiert. Mehr aber eben nicht.

Von oben kann ich noch ein weiteres Bauwerk auf dem Gelände erspähen. Eines, das nicht sandbraun ist, sondern marmorweiß. Die Abbasi-Moschee hebt sich wie ein Diamant von ihrem Umfeld ab. 1849 neben dem Derawar-Fort erbaut, erfreut sie sich normalerweise genauso vieler Touristen wie die Festung: keiner.

Heute aber ist ihr Glückstag. Denn heute kommen gleich fünf Besucher auf einmal. Anne, Rami, die bewaffnete Zwei-Mann-Eskorte und ich haben die Moschee ganz für uns allein. An den weißen Marmortreppen ziehe ich meine Schuhe aus und spaziere über die spiegelglatte Oberfläche. Das erste Mal habe ich für einen Moscheebesuch endlich mitgedacht: Ich habe Ersatzsocken dabei, um den Bakterien der Käsefußarmada zu entgehen. Der Boden fühlt sich trotzdem angenehm kühl an. Wäre der Marmor schwarz, man könnte es keine Minute darauf aushalten.

Wie die Badshahi-Moschee in Lahore besitzt auch dieses Gotteshaus drei zwiebelförmige Kuppeln, eine große in der Mitte und zwei kleinere zu beiden Seiten. Es ist keine Gebetszeit, und doch fühle ich mich unwillkürlich nach Lahore zurückversetzt. Dorthin, wo mir schon der erste Ton des Muezzins eine Gänsehaut auf den Körper zauberte. Jetzt aber höre ich kein *»Allahu akbar«*. Stattdessen Kinderlachen. Aber woher?

Die Antwort reicht Anne nur knapp übers Knie. Die beiden Racker, ein Mädchen und ein Junge, sind keine vier Jahre alt und posieren gut gelaunt vor dem Objektiv. Anschließend beugen sich alle drei über das Display von Annes Kamera und schmeißen sich im Sekundentakt weg vor Lachen, nämlich immer dann, wenn Anne im Wiedergabemodus ein Foto weiter klickt. Das spontane Fotoshooting scheint den Kindern Spaß gemacht zu haben. Ich frage mich, wie so ein riesiges Lachen in so kleine Gesichter passen kann.

Auch dem Vater der beiden ist der interkulturelle Austausch nicht verborgen geblieben. Er winkt uns zu einem improvisierten Teestand an der Ecke, auch Rami und die Polizisten. Für zehn Minuten sitzen wir zusammen und trinken pappsüßen Schwarztee aus kleinen Gläsern.

Unsere Rückfahrt führt uns mitten durch die Cholistan-Wüste, die weiter östlich in Indien in die Wüste Thar übergeht, die einzige fruchtbare Wüste der Welt. Wir verlassen die Schotterstraße und biegen auf eine flache Ebene, die so weiß ist, dass es in den Augen wehtut. Der Boden ist durchzogen von Rissen und sieht aus wie getrockneter Ton, den die Sonne zum Platzen gebracht hat. Die Wüste wirkt so ausgedörrt – es muss seit Wochen nicht mehr geregnet haben. Wenn überhaupt.

Wir steigen aus und gehen ein paar Meter zu Fuß weiter. Salz legt sich auf meine Zunge. Man kann den hohen Gehalt in der Luft mit geöffnetem Mund herausschmecken. Alles, was auch nur einen Funken Farbe in sich trägt, sticht aus dem hellen Einheitsweiß der Wüste heraus wie das Mädchen im roten Mantel in Spielbergs *Schindlers Liste*. Sollte Pakistan jemals ein beliebtes Reiseziel werden, wird die Cholistan-Wüste mit Sicherheit ein echter Magnet für Fashion-Instagrammer.

Die letzte Sehenswürdigkeit auf dem Tagesplan liegt in der historischen Stadt Uch Sharif, etwa 75 Kilometer südwestlich von Bahawalpur. Hier stehen die Mausoleen des Sufi-Predigers Bibi Jawindi und der islamischen Heiligen Baha'al-Halim und Jalaluddin Bukhari. Alle drei gelten als Meisterwerke der islamischen Architektur. Gerade ihre Fliesen können den hippen Gassen in Lissabon locker Konkurrenz machen. Genau wie das Derawar-Fort stehen auch sie auf Pakistans Vorschlagsliste für das UNESCO-Welterbe.

Heute sind wir nicht die einzigen Besucher. Die Mausoleen werden interessiert von einer großen Schulklasse beäugt, während ein Lehrer ihnen ausführliche Hintergrundinfos zu den Bauten gibt. Was für brave Schüler, denke ich mir, hören alle zu, gucken und machen. Zumindest bis Anne und ich in ihre Nähe kommen. Niemand interessiert sich mehr für die Sehenswürdigkeit. Stattdessen steht ein junges Pärchen aus Deutschland im Mittelpunkt.

Ein Aufeinandertreffen mit Schulklassen läuft immer gleich ab:

Stufe 1: Es wird leise gekichert mit vorgehaltenen Patschehändchen. Schüchterne Blicke werden uns zugeworfen, aber nur ganz kurze, bevor es peinlich wird und einer von uns die Blicke erwidert. Blick zu uns. Blick zu uns. Dann Kichern. Und wieder von vorn.

Stufe 2: Der Lehrer wird auf uns aufmerksam. Erst versucht er, unsere Anwesenheit zu überspielen, und redet kontinuierlich weiter zur Klasse. Je lauter das Kichern wird, desto unausweichlicher wird es für ihn, kurz innezuhalten. Sein Blick wandert zu uns. Er aber kichert uns nicht an, er lächelt, auch etwas schüchtern.

Stufe 3: Wir lächeln zurück, nicht schüchtern. Manchmal winken wir ganz kurz mit einer kleinen Bewegung aus dem Handgelenk.

Stufe 4: Jetzt kichern alle, auch der Lehrer, und viele winken uns auch zurück.

Stufe 5: Der Lehrer versucht, seine Schüler wieder auf seine Worte zu fokussieren, und nutzt die Gelegenheit, um sie ein paar Meter von uns weg zu führen.

Stufe 6: Von weiter weg winken wir ein letztes Mal. Die Schüler kichern.

»Das Wichtigste in Uch Sharif sind die Mausoleen«, erklärt Rami und deutet auf die großen Grabbauten vor uns.

Anne, ich und die Polizisten bleiben stehen und lauschen seinen Erläuterungen.

»Es gibt noch viele weitere Gräber«, führt Rami fort.

»Ja?« Ich drehe mich einmal um die eigene Achse. »Wo denn?«, entgegne ich ihm.

»Du stehst drauf.«

Manchmal ärgert man sich auf Reisen über seine eigene Dummheit. Man kann noch so weit gereist sein, noch so viele Kulturen erlebt, gesehen und geschmeckt haben, irgendwie gibt es immer ein Fettnäpfchen, in das man noch nicht getreten ist. Aber gut, wie langweilig wäre es denn ansonsten bitte?

Noch bevor ich rot werden kann, überspielt Rami meinen Fauxpas mit Erklärungen zu den Grabbauten. Wie wir lernen, sind die ältesten Denkmäler das Grab und die Moschee des zentralasiatischen Sufis Jalaluddin Bukhari aus dem 14. Jahrhundert.

Auf dem Weg zurück nach Bahawalpur lernen wir noch eine ganz andere Landwirtschaft kennen: den Anbau von Baumwolle. Alle paar Hundert Meter überholen wir einen Fahrradfahrer mit einem riesigen Sack voller frisch gezupfter Baumwollpuschel. Der Sack selbst besteht dabei aus einem klug zusammengeknöpften Tuch. Trotzdem durchfährt mich jedes Mal eine Angst, wir könnten die aberwitzige Konstruktion durch den Fahrtwind zerstören. Zu sehr würden mir die meist alten Männer leidtun. Bei uns wären sie schon längst im besten Rentenalter. Hier sind sie Teil des weltweit größten Baumwollexporteurs.

»Können wir noch zum Markt?« Ich weiß, dass Anne ihr Anliegen schon seit Stunden mit sich herumträgt. Aber jetzt bei der Rückfahrt zum Police House wird es höchste Zeit, es auszusprechen.

Ramis Gesicht verzieht sich zur Maske eines besorgten Vaters, als hätte die Tochter sich gerade etwas nicht Kindertaugliches gewünscht. »Ich glaube nicht … nein.« Dabei drückt er seine Lippen zu einem pantomimischen ›Sorry, Leute!‹ zusammen.

Wir bleiben hartnäckig, bis er doch sein Handy zückt und wir gespannt warten, was sein Verhandlungsgeschick bei Kamal erreichen kann. Es folgt eine fünfminütige Unterredung. Einen Rückruf später haben wir sein Okay. Also doch, wir dürfen auf den Markt von Bahawalpur. Aber nur ganz kurz. Und die Polizisten müssen alle mitkommen. Zu Fuß.

Sightseeing mit Bodyguards

BAHAWALPUR

Clemens | Meine erste Erinnerung an einen orientalischen Basar ist der Djemaa el-Fna, der weitläufige Marktplatz in der Medina von Marrakesch im Westen Marokkos. Wir schreiben Heiligabend 1993, Flug DE5600 landet pünktlich in Agadir, und wenige Stunden später bin ich ein neugieriger Junge, der den Soukh von Marrakesch in sich aufsaugt wie ein Schwamm das Wasser. Kein Geruch entgeht meinem für orientalische Wahrnehmungen noch jungfräulichen Näschen, keine Farbe meinen weit aufgerissenen Augen. Kaum einem Geschmack gehe ich aus dem Weg. Das bedeutet etwas für einen Neunjährigen, der seinen Kopf viel lieber in eine Schüssel mit Omas Hühnersuppe tauchen würde als in einen Kichererbseneintopf mit Couscous. Die Gerüche und Geschmäcker von damals habe ich noch fest im Kopf. Sie sind der Grund für meinen Hang zu urigen Märkten und den unersättlichen Drang, auf den Soukhs und Basaren dieser Welt zu sinneswandeln.

In den letzten Jahren kamen viele dazu: orientalische Basare wie der Große Basar von Teheran oder der Chan el-Chalili in Kairo. Aber auch asiatische Wet-Markets wie der Temple Street Night Market in Hongkong oder der Tekka Market in Singapur. Und natürlich die waschechten Fischmärkte wie in Mbour im Senegal an der Petite-Côte. Jeder Markt vereint die Quintessenz einer Stadt oder eines ganzen Landes auf kleinstem Raum. Er ist eine Miniaturausgabe des Lebens und verwischt die Grenzen von Tradition und Moderne.

Und ich? Ich verirre mich am liebsten im großen Wirrwarr der Labyrinthe, weil genau dort die größten Überraschungen warten. Heute wie damals. Genau wie der unscheinbare Junge, der schon im Jahr 1993 seine Nase tief in jeden Gewürzberg steckte.

Aber das ist lange her und Pakistan ein ganz anderes Land mit einer zum Teil brenzligen Sicherheitslage. Dass ich auf den Markt von Bahawalpur gespannt bin wie der Auslöser an meiner Kamera, liegt auch daran, dass die ganze Stadt seit Tagen in Alarmbereitschaft ist – und wir eigentlich in Polizeigewahrsam. Eigentlich.

»Bikaneri-Tor, Bohar-Tor, Multani-Tor, Ahmadpuri-Tor, Dirawari-Tor, Mori-Tor und Shikarpuri-Tor.« Die Namen der Stadttore betet uns Rami so schnell herunter, dass es schwer ist, seinen Worten zu folgen. Er steht sichtlich unter Strom. Dass Kamal uns das Go für den Marktbesuch gegeben hat, gefällt ihm überhaupt nicht.

Er parkt vor dem Ahmadpuri-Gate, das den englischen Namen auf einer mit Kacheln bestückten Fassade in gut sichtbaren Versalien trägt. Ich versuche, die anderen Namen gedanklich zu wiederholen, komme aber nur bis Multani. Dabei sind die meisten Namen leicht abzuleiten, wie Rami erklärt, nämlich von den Städten in der Umgebung. Verlässt man die Altstadt von Bahawalpur durch eines der Tore, befindet man sich schon auf der Verbindungsstraße zur nächstgelegensten Stadt.

Das Bikaneri-Tor wurde nach der Verbindung zum nahe gelegenen Bundesstaat Bikaner (jetzt in Rajasthan, Indien) benannt, das Multani-Tor nach der rund 100 Kilometer entfernten Großstadt Multan und das Dirawari-Tor führt in Richtung des Derawar-Forts. Nur das Bohar-Tor tanzt aus der Reihe. Namensgeber war der riesige Banyan-Baum in der Nähe des Tors, unter Einheimischen besser bekannt als Bohar.

Mit uns steigt auch unsere Leibwache aus: Auf Kamals Anweisung hin sollen uns vier Polizisten beim Gang durch den Markt begleiten.

»Das ist echt nicht notwendig«, versucht Anne den Begleitschutz abzuwenden. »Sie können einfach warten, wir sind bald wieder da. Sagen wir in einer halben Stunde?«

Rami lässt überhaupt nicht mit sich reden und reiht vor Anspannung nur noch Schlagworte aneinander: »Nein, nein, zu gefährlich, Bomben, Attacke, das ist nicht möglich!« Seine Nervosität hätte ich auch als Neunjähriger erkannt. »Anweisung von ganz oben«, betont er und zeigt dabei bedeutungsschwanger mit dem Zeigefinger seiner rechten Hand nach oben.

Von ganz oben? Sofort muss ich an das Herz des Basars denken: die Al-Sadiq-Moschee. Die wollte ich unbedingt besichtigen, denn sie soll 60.000 Gläubige auf einmal fassen können und gehört damit zu den wichtigsten Freitagsmoscheen in Pakistan. Bei einer Einwohnerzahl von 762.111 (laut einer Zählung im Jahr 2017) könnte also mehr als jeder dreizehnte Einwohner gleichzeitig dem Gebet in der Moschee beiwohnen, während die anderen sich darum kümmern, dass der Kauf und Verkauf auf dem Markt weitergeht. Eine ganz faire Sache also, bei der jeder mal an die Reihe kommt. Damit ist auch der da oben sicherlich fein, oder?

Wir ziehen los, zwei Polizisten vor uns, zwei hinter uns. Alle tragen sie ihr Sturmgewehr entweder in der Hand oder geschultert mit dem Schaft in Richtung Boden. Dann aber befindet sich zu jeder Zeit eine Hand am Hinterschaft, um das Gewehr im Notfall so schnell wie möglich benutzen zu können. Die finsteren Mienen der vier Männer sagen aus, dass das für sie auch nicht gerade Alltag ist. Da haben wir etwas gemeinsam.

Pakistan-Lektion #16: Männer mit Schusswaffen bedeuten nicht zwingend Gefahr, sondern oft auch Schutz.

Kaum haben wir den Markt durch das Tor betreten, schaut ein Gewürzverkäufer mitten im Kundengespräch zu uns auf, die eine Hand an der wuchtigen Metallschaufel, in der anderen eine Tüte voller Chilipulver. Auch der Kunde auf der anderen Seite der hölzernen Theke starrt in unsere Richtung. Ich sehe pulverförmiges Chili in Zeitlupe von der Schaufel zurück auf den Gewürzberg fallen.

Weiter vorne drehen sich drei verschleierte Frauen zu uns um. Ihr Gewand weht dabei einmal kreisförmig um sie herum und sackt dann wieder zu Boden. Vor einem Textilgeschäft pustet ein junger Mann mit Dreitagebart seinen Zigarettenrauch in die Luft, während er jeden Zentimeter, den wir vorangehen, präzise verfolgt. Irgendwo verstummt ein Kinderlachen. Als würde jemand den Lautstärkeregler runterdrehen, verändert sich das Bild des Basars schlagartig. Ich komme mir vor wie in dem zugespitzten Moment eines Westerns, in dem sich zwei Kontrahenten mit einer Hand am Colt gegenüberstehen. Nur dass jetzt keiner schießen wird. Hoffe ich zumindest.

Erbarmungslos bahnen wir uns unseren Weg über das holprige Pflaster und bringen den Markt zum Schweigen. Wo wir auch eintreffen, kommt das komplette Geschehen zum Erliegen.

Meine Kamera lasse ich bis auf ganz wenige Ausnahmen genauso an meiner Schulter baumeln wie die Polizisten ihre Sturmgewehre. Es ist nicht die offensichtliche Gefahr, die mir Angst macht, und das ist viel schlimmer, undankbarer und erdrückender.

Auf Anweisung unseres Begleitschutzes biegen wir in eine abgelegene Seitenstraße ab. Hier fallen wir nicht so auf. Ich spüre, wie nicht mehr Hunderte Augen gleichzeitig auf mir lasten. Meine angespannten Schultern fallen zurück in die Ausgangsposition.

Ich stehe auf einem kleinen Vorplatz aus flach geschliffenem Gestein, vor mir ein Tor, das zu beiden Seiten von hölzernen, mannshohen Regalen geflankt wird. Ungewohnt zaghaft gehe ich einen Schritt darauf zu, dann noch einen. Die Moschee! Anne und ich ziehen uns die Schuhe aus und laufen in unterschiedliche Himmelsrichtungen auf den weiten Innenhof. Die Sonne steht tief, genau auf Höhe des Minarettbalkons. Es sieht aus, als wolle sie hoch oben eine kurze Verschnaufpause einlegen, vor den letzten paar Hundert Kilometern bis zum Horizont.

Wir sind die Einzigen. Es ist mucksmäuschenstill. Wo ist eigentlich der Basar hin? Ich schaue zu beiden Seiten des riesigen Vorhofs. Es ist keine Stadt mehr zu sehen, nur vereinzelt ein paar Wohnhäuser weiter hinten. Als mir des Rätsels Lösung einfällt, schießt mir das Adrenalin direkt hinter die Augäpfel. Meine Mundwinkel wandern im Affekt zu einem freudigen Grinsen nach oben, noch bevor ich überhaupt überlegen kann, ob ich mit meiner Vermutung richtigliege. Ein kurzer Gang zur seitlichen Brüstung gibt mir recht: Die Al-Sadiq-Moschee ist auf den Basar gebaut worden. Oder etwa der Basar unter die Moschee?

Erst jetzt fällt mir ein quadratisches Loch im Boden des Vorplatzes auf, nur geschützt durch ein zentimeterdickes Eisengitter. Oben absolute Stille. Unten das Gewusel des Marktes, das ich wie durch einen Bilderrahmen beobachten kann. Ich beuge mich runter, höre Marktschreier rufen, sehe Frauen in schwarzen Umhängen Plastiktüten durch den engen Durchgang tragen, und wenn ich tief einatme, kann ich auch einen Duft von Safran, Nelken und Pfeffer wahrnehmen.

»Haaaatschi!« Und schon muss ich lauthals niesen. Das hat doch jetzt keiner gemerkt!?

Doch. An einem kleinen Jungen unten im Getümmel, vielleicht neun Jahre alt, ist mein Niesen nicht vorbeigegangen. Abrupt schaut er zu mir hoch, die Hand harrt aus an der großen Pranke seines Vaters. Unsere Augen treffen sich auf halber Höhe. Ein kurzes Lächeln. Ich lächle zurück. Dann zieht ihn die lotsende Pranke auch schon weiter. Sie verschwinden im Basargetümmel.

Auf meinem Weg zurück zum Eingangstor beginnt hoch oben im Minarett der Muezzin zu rufen. »*Allahu akbar!*«, schallt es von Marmorwand zu Marmorwand des weitläufigen Areals. Der Gesang begleitet uns die Stufen hinunter und zurück bis in die Gänge des Basars. Erste Gläubige kommen uns entgegen, erst nur eine Handvoll, dann immer mehr.

Wieder unten im Getümmel bedeckt der Ruf des Gebets das Labyrinth wie ein wohlwollender Klangteppich, nur etwas gedämpft, er kommt ja schließlich von der unsichtbaren Moschee weiter oben. Wer sich nicht zum Gebet aufmacht, der gibt sich, eingelullt von den so gewohnten Rufen des Muezzins, ganz und gar seiner Arbeit hin. Dabei scheint es jetzt, anders als vor einer halben Stunde, als wäre kein Platz für Störenfriede wie uns. Keiner schenkt uns mehr seine Aufmerksamkeit. Keiner lässt bei unserem Anblick seine Arbeit liegen.

Der Markt von Bahawalpur ist endlich genau so, wie ich ihn mir erhofft hatte: wild, bunt und echt. Gewürze wandern über Tresen, Stoffe werden verglichen, Gemüse wechselt den Besitzer, und Goldschmiede preisen lautstark ihre Kunst an. Mit einem Mal ist er wieder da, der neugierige Junge von 1993.

Eine neue Hoffnung

BAHAWALPUR

Clemens | Sesam, öffne dich! Die klopapierrollengroße Kamera über dem eisernen Tor des Police House ist leicht zu übersehen. Sie aber muss uns schon im Kreisverkehr erspäht haben. Das Tor wird aufgeschoben, sodass wir direkt hindurch fahren können, ohne davor stoppen zu müssen. Ali Baba wäre stolz auf mich.

Kamal kommt aus seinem Kabuff und läuft mit hastigen Schritten auf uns zu. Seine Aufregung steht ihm ins Gesicht geschrieben.

»Wir haben Tickets«, platzt es aus ihm heraus.

Tickets, was für Tickets?

Jetzt kommt auch der Geheimdienstler hinzu. »Ihr könnt los, mit dem Bus!« Er ist nicht weniger nervös und wedelt hektisch mit zwei Fahrkarten in der rechten Hand. »Aber nicht nach Hyderabad, das ist gerade zu gefährlich.«

»Okay … Wo fahren wir denn dann hin?« Ich kann Anne ansehen, dass sie versucht, die Ruhe zu bewahren.

»Ihr müsst bis Karatschi fahren, eine Nachtfahrt. Dort ist es sicher, in der Großstadt.«

Also dann, Karatschi. In Karatschi leben 15,74 Millionen Menschen, das sind viermal so viele wie in Berlin, 15-mal so viele wie in Köln und 98-mal so viele wie in Heidelberg. Warum sie uns gerade in die Stadt schicken, wo die chinesische Botschaft das Ziel eines Attentats wurde, ist mir ein Rätsel. Wir wollen aber nur noch weg. Der Wunsch nach Freiheit ist flexibel.

Wir verabschieden uns von Ahmed alias Balu, der uns die Tage so hingebungsvoll bekocht hat. Ein letztes Abendmahl wird es also nicht geben, schade.

Zum Abschied möchte der Koch ein Foto machen – aber nur mit Anne. Sie erfüllt ihm den Wunsch, und ich halte die kurzlebige Freundschaft mit seinem alten Samsung-Knochen fest. Ich bin mir nicht sicher, ob er sie eher als Tochter betrachtet oder doch eher als Freundin. Beides wird ein Traum bleiben. Das wehmütige Winken seiner fleischigen Hand vor dem prall hervorstehenden Bauch werde ich nicht so schnell vergessen.

Karatschi gilt als eine der gefährlichsten Städte der Welt. Sie ist quasi der Nebenwohnsitz der Taliban und ein Magnet für Straftaten aller Art. Davon gibt es in der Millionenmetropole bis zu 20.000 – am Tag. Na, prima. Wollte uns der Geheimdienstchef vielleicht doch einfach nur loswerden, nach dem Motto: aus den Augen, aus dem Zuständigkeitsbereich?

Am Busbahnhof geht alles extrem hektisch zu. Sowohl Rami als auch der Geheimdienstler begleiten uns zum Bus und beäugen jeden Schritt, den wir machen. Unser Gepäck wird in den Bauch des alten Daewoo-Busses verfrachtet und wir in die vorletzte Reihe – weit weg von unseren pakistanischen Mitreisenden. Als bräuchten wir einen Sicherheitsabstand.

Gerade wird die Ladeklappe mit einem scheppernden Rumms geschlossen, da kommt ein letzter Passagier die Treppe hoch. Er läuft bis nach hinten durch und nimmt hinter uns in der letzten Reihe Platz, dort, wo früher die coolen Kids mit ihren Ghettoblastern abhingen. Es ist ein groß gewachsener Mann in einer militärgrünen Uniform. Er trägt keinen Ghettoblaster auf der Schulter, sondern ein Maschinengewehr.

»Ihr, Anne, Clemens?« Er schaut uns eindringlich an und zeigt mit dem Finger erst auf Anne, dann auf mich.

Wir ahnen Schlimmes. Und nicken.

»Aus Deutschland, ja?« Er fixiert seine Kalaschnikow zwischen den breit aufgestellten Beinen.

Das Spiel beginnt von vorn.

Clemens: Sitzen jetzt im Bus nach Karatschi. Wurden ewig festgehalten, weil es wieder Ausschreitungen gab. Google Maps sagt 12 Stunden Fahrt. Wir rechnen mit mind. 14. Meld mich aus dem Süden!

Mama: Wir drücken die Daumen und hoffen, dass ihr bald nach Hause fliegt. Passt auf euch auf!

Im Moloch von Karatschi

KARATSCHI

Clemens | Wir sind zum Frühstück im Café verabredet. Das klingt nach westlichem Luxus, hat aber weniger mit Soja Lattes und Matchakuchen zu tun als mit frittiertem Teig und feurig scharfen Soßen. Der Treffpunkt: die berühmte Food Street von Karatschi, wo es das beste traditionelle Frühstück in ganz Südpakistan geben soll. Wir aber freuen uns noch auf etwas ganz anderes: das Wiedersehen mit Flo, meinem Schweizer Sherpa vom Nanga Parbat.

Erst wenn man den Mut hat, unterschiedliche Wege zu gehen, kann man sich auf ein Wiedersehen freuen. Denn erst dann hat man sich viel zu erzählen. So viel, dass es locker für fünf Frühstücke reichen würde.

Dosenbier? Polizeigewahrsam? Koranschüler? Flo ist erschlagen von unseren Erlebnissen der letzten Wochen. Seine dünnen Stoppeln auf der Halbglatze sind ordentlich nachgewachsen. Langsam zeichnet sich ein rauer Bart am Kinn ab. Wie er selbst ist auch sein T-Shirt von der Reise gezeichnet. Immer noch kann man mit gutem Auge mittig auf der Brust den etwa fünf Zentimeter großen Fettfleck erkennen, den er am ersten Tag beim Lammcurry in Islamabad verursacht hat. Mit der Zeit hat sich das restliche Oberteil dem Ton der Verfärbung angepasst. Auch die khakifarbene Outdoor-Hose kenne ich noch von Minuten in den Bergen, die ich kopfüber erlebte, mit einem umgedrehten Nanga Parbat im Hintergrund und Kotzreiz in der Kehle.

Als wir in Karatschi ankamen, zeigte meine Armbanduhr 4 Uhr am Morgen. Die Stadt schlief noch. Zart legte sich ein rötlicher Schimmer über die versmogte Metropole. Sieben Polizisten hatten sich die ganze Nacht über in der Rolle unseres Bodyguards abgewechselt. Bei jedem Halt des Busses stieg einer aus, ein neuer stieg zu und stellte sich bei uns persönlich vor, ganz gleich, ob wir gerade vor Erschöpfung eingeschlafen waren oder nicht. Der Staffelstab mit dem Titel ›Ätsch-bätsch-jetzt-bist-du-für-die-Touristen-zuständig‹ wurde reibungslos bis zu unserem Ziel weitergegeben: dem Daewoo-Busbahnhof im Norden von Karatschi.

Mittlerweile ist es 11 Uhr. Immer noch sitzen wir im zweiten Stock des Tooso in der Alamgir Road. Wenn man erzählt, vergisst man schnell die Zeit. Inzwischen sind wir auch thematisch bei Karatschi angekommen.

»Und? Was wollen wir als Erstes machen?«, will Anne wissen und gibt damit die Tagespläne wohlwollend in männliche Hände. Es ist eine gekonnte Anspielung darauf, dass sie sich auf der beschwerlichen Rückreise von Chilas nach Islamabad um alles kümmern musste, vor allen Dingen um die Dutzenden nächtlichen Passkontrollen an den Checkpoints mitten im Taliban-Gebiet. Flo schlief und ich kauerte jammernd in der Ecke des Autos.

Flo kontert taktisch klug und garniert seinen Vorschlag mit einem spitzbübischen Grinsen: »Wie wär's mit dem Militärmuseum?«

»Klar, wieso nicht?« Anne spielt den Ball leichtfüßig zurück.

Dass das Pakistan Air Force Museum nicht zufällig in Karatschi ist, erfahren wir im Taxi.

»Die Stadt ist nicht nur das wirtschaftliche, sondern auch das militärische Zentrum von Pakistan«, erklärt unser Fahrer, der dürrer aussieht als der Glimmstängel zwischen seinen knochigen Fingern. »Das pakistanische Militär hat großen Einfluss auf die Politik im Land, gerade in Karatschi.«

Er lässt uns am Shahrah-e-Faisal-Boulevard raus. Schon von außen begrüßt uns das Museum mit Bombern, Kampfjets und anderem Kriegsgerät. Die weitläufige Anlage wirkt wie ein Garten, den man statt mit Bäumen und Blumenbeeten kurzerhand mit Waffen geschmückt hat. Wie eine große Bundeskampfgeräteschau in der Aufmachung eines Freizeitparks.

Der Großteil steht im Freien. Daneben sind in einer großen Halle alle wichtigen Kampfflugzeuge ausgestellt, die von der pakistanischen Luftwaffe seit der Staatsgründung eingesetzt wurden. Das Museum beherbergt auch die Vickers VC.1 Viking, ein Flugzeug, das einst von Muhammad Ali Jinnah geflogen wurde.

Das eigentliche Highlight ist nicht zu übersehen. Denn es ist das eine Ausstellungsstück, vor dem eine große Menschentraube steht. Die verbeulte Folland Gnat gehörte der indischen Luftwaffe und wurde im Zweiten Indisch-Pakistanischen Krieg im Jahr 1965 durch pakistanische Kampfjets in Pasrur, Pakistan, zum Absturz gebracht. Jetzt steht sie unübersehbar in der Mitte des Areals. Symbolträchtiger geht es kaum.

Großfamilien und Schulklassen machen Selfies und Gruppenfotos vor dem legendären Silberpfeil mit der Nummer IE1083. Einer nach dem anderen posieren sie freudig vor der spitzen Flugzeugnase und schauen so stolz, als sei es ein Siegessymbol. Ja, man könnte schnell den Eindruck bekommen, Pakistan hätte den Krieg gegen den Erzfeind Indien damals gewonnen, so prestigeträchtig wirkt das alte

Kriegsrelikt und mit so stolzer Brust wird es inszeniert. Der Krieg aber endete ohne einen Sieger. Auch wenn sich beide Parteien selbst 50 Jahre danach als solchen feiern.

Das Pakistan Air Force Museum ist voller solcher Relikte aus den letzten 70 Jahren. Noch nicht ins Museum gehören hingegen die Atomwaffen, die Pakistan sein Eigen nennt. Am 28. Mai 1998 zündete Pakistan seine erste Atombombe. Das Land jubelte: Pakistan war als einziges islamisches Land in den Kreis der Atommächte aufgestiegen.

Plötzlich ist über uns ein Dröhnen zu hören, das immer näherkommt. Die Gesichter schrecken nach oben. Auch wir recken unsere Köpfe gen Himmel. Zwei Kampfjets rauschen über uns hinweg.

Flo ist ganz enthusiastisch. »Das waren keine Pakistaner. Das waren amerikanische Jets!« Schon hat er sein Handy gezückt.

»Quatsch, wieso sollten US-Kampfjets über Karatschi fliegen? Das macht ja keinen Sinn«, erwidert Anne.

»Die haben ganz sicher keine Flugerlaubnis. Das glaubst du ja wohl selbst nicht«, füge ich mein Halbwissen hinzu.

Über manche Dinge sollte man sich lieber gar nicht erst den Kopf zerbrechen. Aber dafür ist es schon zu spät. Flo ist in sein Handy vertieft wie in einen dicken Schmöker.

»Nein, eben …«, murmelt er in seinen nicht vorhandenen Bart.

Fast vier Wochen liegen zwischen unserem Aufenthalt in Karatschi und unserem Marsch zum Camp am Nanga Parbat. 1.858 Kilometer trennen die beiden Orte, das sind genau 840 Kilometer mehr, als wenn man einmal quer durch Deutschland fahren würde, von Flensburg bis Garmisch-Partenkirchen. Dazwischen passen, im wahrsten Sinne des Wortes, Welten. Und doch rauben uns beide Orte den Atem. Der eine aufgrund seiner Höhenlage, der andere aufgrund des Smogs.

Die Straßen von Karatschi seien heute irgendwie noch voller als sonst, meint der Taxifahrer und nimmt einen großen Schluck aus einer Dose Fanta Orange. Er hat bestimmt 50 Kilo mehr auf den Hüften als unser letzter Fahrer Mohammad. Und auf der Brust, an jedem Oberschenkel und jeder Wange. Flo sitzt vorne beim Fahrer, Anne und ich auf der Rückbank. Das hat sich seit unserer Zeit in Gilgit-Baltistan nicht geändert. *Never change a running system.* Der Fahrtwind weht durch die beidseitig geöffneten Fenster und bläst mir den Staub ins Gesicht. Ständig bin ich damit beschäftigt mir nanometergroße Partikel aus den Augen zu reiben. Doofe Idee.

»Karatschi!«

»Gesundheit.«

Der Staub legt sich innerhalb von Sekunden in jede Pore des Körpers. Die Stadt vereint alle Extreme unter einer Smogdecke, die wie eine gigantische Haube über der Stadt liegt. Wie zäher Schleim zieht sich die Metallkarawane durch die Straßen, wir mittendrin, und ich frage mich, was jetzt ungesünder wäre: atmen oder nicht atmen? Ich entscheide mich dann doch für Ersteres. Die Hitze ist kaum auszuhalten.

Anne | Wie immer schwitze ich zwischen der namenlosen Stelle unterhalb der Nase und oberhalb der Oberlippe. Wenn sich dort Schweißperlen breitmachen, wische ich sie meist mit der Innenseite meines Zeigefingers weg. Heute habe ich es schon aufgegeben, zu lästig sind die kleinen Perlen, zu schmutzig ist die Luft und zu kurz ist der Weg aller Bakterien in meinen Mund.

Wenn die Jungs wüssten, wie es sich anfühlt, als Frau durch Pakistan zu reisen, sie wären an meiner Stelle schon längst eingegangen wie eine Blume ohne Wasser. Zum ersten Mal spüre ich, wie sehr mich der Kleiderzwang nervt. Vielleicht liegt es daran, dass wir jetzt schon einen knappen Monat unterwegs sind. Lange Hose, Socken, feste Schuhe, ein Top, eine Tunika mit Über-dem-Arsch-Länge und einen Schal bei knapp 40 Grad im Schatten zu tragen ist eine Qual.

Schon längst haben sich alle Textilien so eng an meinen Körper geschmiegt, dass ich nur noch haarscharf im islamfreundlichen Bereich liege. Glück gehabt.

Clemens | Am Mazar-e-Quaid, dem Mausoleum von Jinnah, ist viel los. Es ist die Grabstätte des Vaters von Pakistan. Umso heiliger ist dieser Ort und umso imposanter die Gartenanlage, die um die Ruhestätte gebaut wurde.

Wie beim verbeulten Folland-Gnat-Kampfjet der Indian Air Force besteht die größte Ehre auch hier darin, sich selbst vor dem Mausoleum ablichten zu lassen. Manchmal sogar mit einer zum militärischen Gruße erhobenen Hand oder wahlweise einem zu Hasenohren geformten Victory-Zeichen. Getoppt werden kann das nur noch, wenn Touristen vor Ort sind, die man um ein gemeinsames Foto bitten kann. Ich ahne, was uns blüht.

Die Wünsche der Pakistaner sind wie schon in Islamabad unterschiedlich. Männer wollen meist ein Gruppenfoto mit Flo und mir. Anne schicken sie rigoros weg, selbst dann, wenn sie sich schon für das Foto aufgestellt hat. Auf einem Gruppenfoto mit Männern hat eine Frau in Pakistan nichts zu suchen.

»Meine Frau ist zu Hause«, bittet einer um Verständnis und wedelt dabei mit seiner Hand, als könne er Anne aus der Gruppe aller, die sich für das Foto bereitgestellt haben, einfach wegretuschieren wie in einem Bildbearbeitungsprogramm.

 # Pakistan-Lektion #17: Auf einem Gruppenfoto mit Männern hat eine Frau nichts zu suchen.

Viele der jüngeren Pakistaner wollen sich mit Flo und mir auch einzeln ablichten lassen. Bei 19 jungen Männern macht das 19-mal zwei, also 38 Fotos, wobei ja auch noch die Aufnahmen hinzukommen, auf denen wir beide mit drauf sind. Und jedes Mal müssen wir neu posieren.

Gleichzeitig müssen wir multitaskingfähig sein. Nicht nur weil oftmals alle gleichzeitig auf uns einreden, sondern weil wir vor, während und nach dem Posieren für einen Schnappschuss auch Freundschaftsanfragen beantworten müssen – in der echten Welt und der digitalen.

»Bist du auf Facebook? Kann ich dein Freund sein?«

Ja, kannst du. Klar! Mein halber Freundeskreis dürfte schon pakistanisch sein. Auch die Fanzahlen steigen minütlich. Like! Like! Like!

Anne wird von den Männern völlig ignoriert, wie immer. Ich kann sehen, wie sie Flo und mich auslacht, weil wir immer wieder aufs Neue Hände schütteln und uns dann in Position für das nächste Foto bringen. Außerdem sehe ich, wie sie von einer jungen Mutter angesprochen wird. Sie möchte, dass Anne ihr Neugeborenes in der Hand hält. Das erste offizielle Foto mit einer westlichen Touristin und dann sogar vor dem heiligen Grabmal des Gründers von Pakistan, das ist schon etwas ganz Besonderes. Der kleine Fratz weiß gar nicht, wie ihm geschieht. Ob die Mutter Anne in dem Facebook-Post auch taggen wird? Ich kann es kaum erwarten.

Tatsächlich scheint es sich schon herumgesprochen zu haben, dass ein junges deutsches Pärchen durch Pakistan reist. Schon in Lahore wurden wir direkt erkannt und sogar als »die zwei Deutschen« angesprochen. Auch unsere Facebook- und Instagram-Posts bekommen immer mehr Likes, der Zuspruch wächst mit jedem hochgeladenen Foto. Wir erhalten ständig neue Kommentare unter den Postings und private Nachrichten von Unbekannten, die vor Stolz nur so sprudeln und in denen uns Hilfe angeboten wird und auch Einladungen in die eigenen vier Wände ausgesprochen werden.

Willkommen in Pakistan! 🖤

Ich bin so froh zu sehen, wie ihr Pakistan entdeckt.

Hab euch heute gesehen, wie ihr versucht habt, eine Rikscha zu kriegen.

Genießt eure Zeit in Pakistan!

Ihr müsst unbedingt auch Mirpur Azad Kashmir besuchen! 🖤

Würdet ihr euch gerne mit mir treffen? 😃 Ich liebe das Reisen!

Es macht mich so glücklich, zu sehen, dass Ausländer eine so tolle Zeit in Pakistan haben!

Bro, schön, dich in Karatschi zu sehen. 👍 Schreib mir, wenn ihr Hilfe braucht.

Ihr beide müsst einen starken Magen haben, um von den Straßenständen zu essen. Sieht lecker aus! 😋

Es ist so wunderbar, all eure Abenteuer in unserem wunderschönen Land zu sehen! 😍

Danke, dass ihr meine Heimat besucht! 💖👏✨

Leute, bis wann seid ihr in Karatschi? Lasst uns zusammen zum Strand gehen.

Willkommen in der Stadt, in der ich in Pakistan lebe ... Peschawar!

Ich hoffe, ihr genießt die Kultur, Liebe und Gastfreundschaft des schönen Pakistan! 😍

Lasst mich wissen, wann ihr in Karachi seid. Ich würde euch echt gern treffen.

Völlig unbekannte Menschen melden sich und zeigen Interesse an dem, was wir machen. Weil sie stolz darauf sind, dass zwei Deutsche sich entschieden haben, gerade ihr Land zu bereisen.

»Zeigt der Welt, wie Pakistan wirklich ist!«

Schon komisch, wenn man alle paar Meter angehalten wird, um ein Foto mit Pakistanern zu schießen. Aber sie lieben uns. Uns, das Paar, das in ihr Land gereist ist, obwohl es doch überall hätte hinreisen können. Pakistan begrüßt uns mit offenen Teestuben, aber auch mit jeder Menge gestreckter Selfie-Arme und einem tiefen Stolz in den Gesichtern.

Fast haben wir die spontane Selfie-Orgie überstanden, da vibriert mein Handy: Eine neue WhatsApp-Nachricht kommt rein. Sie ist von Samir, dem coolen Draufgänger, den wir vor ein paar Wochen am Pakistan Monument in Islamabad kennengelernt haben. Im Gegensatz zu allen anderen wollte er damals kein Selfie mit uns machen. Auch wollte er kein Gruppenfoto. Nein, er wollte ein professionelles Foto von sich selbst und von seinen Freunden. Ich sollte es schießen, mit meiner dicken Kamera. Wie das A-Team stellte er sich mit seinen Freunden damals in Pose, und ich versprach, ihm die Fotos von meiner Kamera so schnell wie möglich per Nachricht zuzuschicken. Dass das seither nicht passiert ist, liegt schlichtweg daran, dass der Fototransfer erst zu Hause am Rechner möglich ist. Das weiß Samir nicht. Wochen nach dem spontanen Shooting holt mich mein Versprechen ein.

Samir: Du bist so Lugner.

Samir: Kein Bild geschickt.

Samir: So wie versprochen.

Clemens: Hey, sorry, dass ich mich erst jetzt melde. Ich schick dir das Foto, wenn ich in Deutschland bin.

Samir: Kein Problem 😍

Über eine Stunde verbringen wir mit Selfies und Gruppenfotos in der Parkanlage vor dem Mausoleum, bis wir endlich im Inneren stehen. Die eindrucksvolle Kuppel ist aus weißem Marmor und mit einem unübersehbaren Kronleuchter versehen, den Pakistan einmal von China erhalten hat. Eine große Auffassungsgabe kriege ich heute nicht mehr zustande. Paparazzi machen müde.

»Wetten, dass wir morgen aufwachen, und ihr habt 1.000 Facebook-Fans mehr als heute?« Flo macht sich über unseren plötzlichen Promistatus lustig.

Ich schlage darauf ein.

6:03, Sunset Time

CLIFTON BEACH, KARATSCHI

Clemens | Anne und ich haben ein Ritual: den Sonnenuntergang. Wo auch immer wir uns gerade in der Welt befinden, wir versuchen die schönste Stunde des Tages an einem schönen Ort zu verbringen, und sollte es ein Meer geben, dann ist dieser ganz sicher am Wasser.

Auch Karatschi liegt am Meer, am Arabischen. Der zugehörige Strand heißt Clifton Beach und lässt bei mir unterschiedlichste Bilder vor dem inneren Auge erscheinen. Zum einen von bilderbuchhaften Sonnenuntergängen, denn schaut man in Richtung Meer, dann schaut man nach Südwesten und damit genau dorthin, wo die Sonne untergeht. Zum anderen sind das Bilder von pakistanischen Strandbesuchern. Über eventuelle Kleidervorschriften an Badeorten hatten wir uns im Vorfeld überhaupt nicht informiert und einen Badetag kategorisch ausgeschlossen. Ob Frauen dort Burkinis tragen, die Badeanzugvariante einer Burka? Oder gehen Pakistanerinnen vielleicht sowieso nicht baden? Badet man überhaupt im Arabischen Meer?

Der Weg zum Clifton Beach gleicht einem Hindernislauf. Wir stehen mit den Füßen in einem Meer aus Müll und tänzeln mit mühsamen Schritten über zerrissene Plastiksandalen, verdreckte Plüschtiere, leere Cola-Flaschen und über Gegenstände, von denen ich lieber nicht wissen will, was es eigentlich ist oder mal war. Es riecht nach Urin, Kot und Verwesung.

»Der Clifton Beach ist der beliebteste Strand in Pakistan«, meinte der Taxifahrer noch. Seine Begeisterung stand ihm ins Gesicht geschrieben. Tatsächlich ist Clifton der einzige offizielle Strand in der Provinz Sindh, und es gibt auch in den anderen Provinzen Pakistans keinen richtigen Strand. Mit anderen Worten: Der Strand ist aus gutem Grund der beliebteste, schließlich ist er auch der einzige im ganzen Land.

Clifton Beach ist berühmt für die kleinen Flitzer, mit denen man über die fast gänzlich ebene Sandfläche heizen kann. Sie wirken wie tiefergelegte Prollautos mit neonfarbener Beleuchtung am Unterboden und an den Seiten, nicht selten in Form eines Blitzes. Der Spaß kostet nur wenige Rupien.

Wir entscheiden uns lieber für einen Strandspaziergang. Kunstvoll drapierte Dromedare trotten gelangweilt an uns vorbei. Weiter hinten im Watt der Ebbe spielen Kinder Fangen und malen immer neue Silhouetten auf den romantischen Vorhang des Himmelszelts hinter ihnen. Orange, Rot, Dunkelrot – auf Sonnenuntergänge, und das ist das Schönste an ihnen, kann man sich überall auf der Welt verlassen, egal ob auf Bali, in Marokko oder Los Angeles. Besonders am Meer entfalten sie verlässlich ihr schönstes Kleid und sind dabei stets pünktlich zur angesagten Uhrzeit.

Auf die Minute genau versinkt der rote Ball im Arabischen Meer und läutet damit am Clifton Beach die blaue Stunde ein. Es ist genau die kurze Zeitspanne zwischen Sonnenuntergang und Dunkelheit. Da ist es wieder, unser Ritual.

Die Abenddämmerung ist die zauberhafteste Zeit des Tages, auch im Süden von Pakistan. Hinter der Müllkippe funkelt die Dolmen Shopping Mall mit den modernen Seaview Apartments um die Wette. In Karatschi geht alles seinen gewohnten Gang. Bis ein Dröhnen über unseren Köpfen zu hören ist. Erst schauen die Kinder neugierig nach oben, dann die Kameltreiber und dann auch wir. Mit einem ohrenbetäubenden Lärm brettert ein Kampfjet über den Clifton Beach, von Südosten nach Nordwesten.

»Da! Die Amis!«, ruft Flo in den Smog über Karatschi.

Love Hotels auf Rädern

KARATSCHI

Anne | Am Abend sind die Märkte besonders voll. Und trotzdem werden wir im Getümmel erkannt. Nämlich von Azhar und Sajjad, einem jungen Pärchen, das uns wenige Tage zuvor auf Instagram angeschrieben hat. Heute möchten sie uns ihre Heimatstadt zeigen, ihr Karatschi.

Beim Spaziergang durch den Bohra Bazaar hält Azhar ihr Smartphone in der rechten Hand vor ihrem Oberkörper. Es ist der letzte Markt, der in der Millionenmetropole noch genauso steht, wie er 1957 errichtet worden war. Alle anderen wurden in einer Säuberungsaktion der Regierung geschlossen. Damit wurde zwar den illegalen Machenschaften der Garaus gemacht, jedoch sind die wirklich pulsierenden Adern der Altstadt von Karatschi vom Verkalken bedroht. Den Verkäufern auf dem Bohra Bazaar ist das egal. Sie schleppen Stapel an Tuniken, glitzernde Hochzeitskleidung und schwankende Teetabletts von rechts nach links und manövrieren so gekonnt durch den Markt, dass sie locker ihre Augen schließen könnten. Azhar hat alles festgehalten. In ihrem Video, das sie die letzten zehn Minuten aufgenommen hat, bewegt sich der Markt in 150-facher Geschwindigkeit im Zeitraffer, komprimiert auf 1.920-mal 1.080 Pixel.

»Was habt ihr bisher schon in Pakistan gegessen?«, fragt Sajjad. Es ist nicht das erste Mal, dass uns ein Pakistaner nach dem Essen fragt. Die hiesige Küche bringt die Aromen aus Indien mit der Schärfe Pakistans auf einen Teller, ohne über die Konsequenzen nachzudenken. Zwischen gegrilltem Fleisch und vor Fett triefendem Paratha-Brot sind Grenzen egal. Und gerade die Kombination aus beidem entfacht ein wahres Geschmacksfeuerwerk, ob die beiden Feinde es nun wahrhaben wollen oder nicht. Das Essen ist der größte Stolz des Landes.

Pakistan-Lektion #18: Die besten Essenstipps haben die Einheimischen der jeweiligen Region.

»Seekh Kebab, Daal, Aloo Keema, Mutton Nihari, Halwa«, beginne ich meine Aufzählung der Gerichte, die wir in den letzten Wochen gegessen haben. Fein säuberlich habe ich mir die Geschmäcker (sauer, scharf, schärfer, am allerschärfsten) und die korrekten Namen in mein Notizbuch geschrieben und sie mir gemerkt, wie damals die Gedichte in der neunten Klasse. Sajjad ist stolz. Und ich auch ein bisschen.

Azhar und Sajjad haben einen genauen Plan, wie sie den Abend mit uns verbringen wollen. Nach dem Slalom durch den Basar stehen wir vor einem Dhaba. Die traditionellen Restaurants sind teilweise so klein, dass man sie als Nicht-Einheimischer ganz sicher verfehlt.

Dieses ist nicht größer als zweimal zwei Meter. Dhabas sind das Zuhause der einfachen und vor allem authentischen Küche Pakistans. Es wird mit der Hand gegessen, das Essen wird schnell serviert, und meist versteckt sich dahinter eine Geschichte, die ein eigenes Buch füllen würde.

Das Bombay Chaat House ist hell beleuchtet. Vor dem Laden steht ein junger Mann, der sein Handwerk mehr als versteht. Er löffelt sich durch die einzelnen Schüsseln und schlägt dabei auf sie ein wie ein Schlagzeuger auf sein Tomtom. Von jeder Schüssel nimmt er sich ein bisschen. Mal Kichererbsen, mal Joghurt, mal Chili, mal Kartoffeln. Danach wirft er alles in die größte Schale und schwenkt sie gekonnt im Kreis. Nicht länger als 20 Sekunden braucht er, um das Chana Chaat fertig auf einem kleinen Teller zu servieren. Für den ganz großen Ansturm ist er auf jeden Fall gewappnet. Den Ursprung hat der Snack in Indien, so wie der Besitzer des Ladens mit seinem langen, krausen grauen Bart und den von Betelnussblättern knallrot gefärbten Zähnen. Seit 40 Jahren führt er das Bombay Chaat House, und er behauptet, dass er täglich selbst zwei Teller vom Chana Chaat isst. Das mache 29.200 Portionen. Heute 29.202.

Wir sind im Lieblings-Dhaba von Sajjad, in dem er zwischen knusprigen Teigkugeln und feurigem Chili seine Kindheit verbracht hat. Seine Augen leuchten bei jedem Bissen, den Azhar in einem Video festhält. Es ist der Geschmack seiner Kindheit, der Geschmack, den seine Eltern immer wieder für ihn gezaubert haben, um ihm zu zeigen, wo sie herkamen. Aus Bombay, dem jetzigen Mumbai, 1.365 Kilometer entfernt von Karatschi.

Die Abende in Karatschi beginnen spät, dann, wenn der Durchschnittsdeutsche mit geputzten Zähnen das letzte Glas Wasser vorm Einschlafen trinkt. Punkt 22 Uhr sind die Stände und Restaurants brechend voll. Schrammelige Taxis hupen sich ihren Weg vorbei an den glänzenden Karren der Oberschicht, dazwischen rostige Mopeds und brüchige Eselskarren, die die letzte Ware des Tages ins Lager bringen. Mittendrin sind die knallbunten Busse Karatschis, die alle Aufmerksamkeit auf sich ziehen. Verziert wie Zirkuselefanten geben sie sich jeden Abend den gleichen Battle: Wer schmettert die lautesten Beats durch die Straßen?

Die letzten Wochen sind sie immer wieder an uns vorbeigefahren. Mal als Bus, mal als Lkw. Wir haben sie immer bewundert, doch einen Blick reinwerfen, das durften wir nie. Zu geheimnisvoll und undurchschaubar wirkten sie. Touristen ist es fast unmöglich, einen solchen Bus zu nehmen. Es gibt weder ein festes System, noch Busnummern, Haltestellen oder Fahrpläne. Azhar und Sajjad sind aufgeregt. Sie sind noch nie mit Touristen in ihren einheimischen Bussen gefahren, haben auch noch nie einen Nicht-Pakistaner auf den knallroten Sitzen der ausgebauten Gefährte gesehen. Doch es gibt für alles ein erstes Mal. Und am schönsten ist es, wenn man es teilt.

Wir landen im lautesten Bus von allen. Und ganz sicher auch im schrillsten. Der Innenbereich sieht aus wie ein Mix aus einem japanischen Love-Hotel und einem Jahrmarkt. Überall klimpern Anhänger, die von der Decke hängen, die Seiten sind mit rotem Leder überzogen, und silberne Aluminiumschilder reflektieren die roten Glühbirnen der Lichterketten. Clemens und Flo dürfen hinten Platz nehmen, Azhar und ich sitzen vorne im gesonderten Bereich für Frauen direkt neben dem Fahrer. Drei Plätze gibt es für uns, dafür etwa 30 für Männer. Von jedem einzelnen Platz wandern die Blicke auf die beiden Mädels vorne links. Azhar ist das egal. Sie ist die kleine Rebellin, die darüber steht, die sich den festgelegten Regeln und Einschränkungen widersetzt. Trotzdem beobachte ich, wie sie ihren Schal ein kleines Stück über den Pferdeschwanz zieht.

Sajjad fährt im Schritttempo neben dem Bus her. Unsere Wertsachen und Taschen mussten wir bei ihm im Auto lassen. Sicher ist sicher. Dass Karatschi eine der gefährlichsten Städte der Welt ist, haben wir nicht vergessen. Aber vielleicht haben wir es in der Euphorie des Abends einfach weggespült und mit scharfem Chili verbrannt. Doch für Sajjad, der hier groß geworden ist, ist es Alltag. Nach nicht mehr als zehn Minuten stoppt der Bus an einer Kreuzung, nur Millimeter von Sajjads Auto entfernt. Er ist nervös und sichtlich erleichtert, als wir wieder einsteigen.

Karatschi hat die perfekte Lage für Schmuggelgeschäfte. Die Grenzen zwischen Pakistan und Indien ist nicht weit, und der Hafen im Viertel Kemari liegt direkt an der Straße von Hormus. Der ideale Umschlagplatz für Waffen und Drogen und natürlich andere Waren, von denen jährlich etwa 40 Millionen Tonnen verschifft werden. Kurz nach unserer Busfahrt stehen wir mittendrin. Die Kameras lassen wir diesmal lieber in der Tasche. Denn der Hafen ist streng bewachtes Militärareal, auf dem keine Fotos geschossen werden dürfen. Beleuchtet wird er von sperrigen Laternen, die ihre besten Jahre schon hatten, und Öllampen auf den kleinen Jollen der Fischer und Seemänner, die auf Kundschaft warten.

Hinter Kemari ist der Abend in vollem Gange. Die Fischermänner verkaufen die frische Ware vom Tag. Auf dem Boden und den Holztischen liegen glänzend-schuppige Fische locker aufgetürmt. Dahinter das gleiche Bild: bäuchige Männer in der traditionellen Kleidung, Messer in der Hand, langer Bart und dicke Blutflecken auf dem langen Oberteil. Sie könnten einige Hauptrollen in Filmen bekommen, da bin ich mir sicher.

Der Abend versprüht Leichtigkeit und lässt die vielen Gegensätze plötzlich wie gezähmt erscheinen. In den Fängen des Molochs von Karatschi wirkt unsere Geselligkeit wie ein Ventil für die Gefahr. Es fühlt sich an wie ein Abend mit Freunden, die uns ihre Stadt zeigen, uns ihre Geschichten erzählen und uns in ihre Welt entführen. Gedanklich sehe ich Azhar und Sajjad schon mit uns in Berlin am Späti sitzen, eine Limo trinken und über die viel zu ordentlichen gelben Busse mit Elektromotor lachen. Eine schöne Vorstellung.

»Wir bringen euch noch kurz an einen sicheren Ort, an dem ihr ein Taxi nehmen könnt«, erklärt Sajjad und beendet damit unseren Abend unter Freunden. Er bringt uns vor ein Einkaufszentrum, weit weg von den Fischermännern und den rauchenden Grills im Marktviertel. In Sicherheit also. Er ist definitiv der Nervösere von den beiden. Aufgeregt ruft er unseren Taxifahrer an, um sicherzugehen, dass er auch vertrauenswürdig ist, und lässt uns nicht aus den Augen. Mit Azhar nehmen wir noch ein Abschiedsvideo auf. Sie zückt ihr Smartphone, dreht die Kamera und drückt auf Play. Innerhalb von 15 Sekunden stellt sie ihrer Community das deutsche Pärchen vor, ihre neuen Freunde, mit denen sie den Abend verbracht hat. Ein Video für uns und für sie und für ihre Follower, wieder im Schnelldurchlauf, wieder auf nicht mehr als ein paar Pixeln.

Kurz nach Mitternacht ist der Highway noch genauso voll wie am Morgen auf dem Weg zum Frühstück. Immer noch brettern Taxis und dicke Autos an uns vorbei, Motorräder heizen durch die Nacht. Nur wir nicht. Unser Fahrer wird immer langsamer, bis er vor einer grell beleuchteten Tankstelle zum Stehen kommt. Der Motor ist aus, wir sitzen fest. Rechts und links von uns lassen pakistanische Harley-Davidson-Rocker ihre Motoren heulen. Wenn das die Gefahr ist, die Sajjad versucht hat zu vermeiden, dann hat sie sich ein ziemlich cooles und muskulöses Gewand ausgesucht. Sajjad würde jetzt ganz sicher ausrasten. Er würde aufgeregt von rechts nach links laufen und in hektischem Urdu den Taxifahrer anschreien. Uns bleibt nichts anderes übrig, als den Fahrer sitzen zu lassen und uns ein anderes Taxi zu nehmen.

Was uns in den zehn Minuten an der Tankstelle passiert? Genau gar nichts. Pures Glück oder reiner Zufall? Manchmal muss man den Lauf der Dinge nicht unbedingt hinterfragen.

Clemens | Beim Omelett-Gelage am nächsten Morgen erinnert mich Flo an unsere Wette vom Vortag: 1.000 neue Facebook-Fans über Nacht, das war die Zahl, die uns Flo prophezeit hatte. Nie im Leben würde unsere Fan-Page eintausend Fans über Nacht machen, da war ich mir sicher. Jetzt, glaube ich, schulde ich ihm einen Kasten Bier.

Lkws so bunt wie Smarties

KARATSCHI

Anne | Sie sind die Herrscher der Straßen, echte Monster, deren bunte Verzierungen oft schon aus vielen Kilometern Entfernung zu sehen sind: die Laster von Pakistan. Bei jeder Unebenheit wackelt ihr massiger Bauch wie der eines Elefanten. Mit ihrem blinkenden Klimbim sind sie sofort auf den kargen Straßen des Landes zu erkennen. Vor allem dann, wenn sie sich mit voller Wucht und dichten Auspuffgasen über die Gebirgspässe im Norden drücken, die schmalen und breiten Landstraßen quer durch alle Regionen passieren und sich in den dichten Verkehr von Karatschi quetschen. Dabei wirken sie wie das lieb gewonnene Haustier, das nie stubenrein wird, und wie die Sehenswürdigkeit, die man nicht besuchen muss, weil sie einen selbst findet. Sie gehören dazu und machen aus tristen Landstreifen, aus Armenvierteln in den Megastädten und aus völlig heruntergekommenen Fahrbahnen ein fröhliches Farbenspiel.

Ali holt uns von einem Café im feinen Expat-Bezirk Karatschis ab. Ich habe schon vor unserer Reise nach Pakistan mehrere Artikel über die Künstler hinter den bemalten Trucks gelesen und Ali über seine Facebook-Seite gefunden. »Kommt in meine Werkstatt«, hat er mir damals geschrieben. Jetzt brettert er mit uns über den Highway der Millionenstadt. Ich merke, wie sich meine Finger immer tiefer in den Plastikgriff der Autotür krallen, und fühle mich, als wäre ich mitten in einem illegalen Rennen gelandet. Ali ist das Sprachrohr der Truck Artists in Karatschi und – anscheinend – der King der Straße.

Eine knappe Stunde dauert es, bis wir das Zentrum des Molochs hinter uns lassen und im staubigen Speckgürtel landen. Den asphaltierten Highway mit seiner aalglatten Oberfläche haben wir gegen eine Schotterpiste mit Schlaglöchern getauscht. Das ist Ali egal. Er heizt über die Straße, lässt das dreckige Pfützenwasser gegen die Scheiben spritzen. Dann bleibt er abrupt vor einem eisernen Tor stehen. ›Phool Patti‹ steht darauf in schnörkeliger Schrift. Der Schriftzug wird geziert von einer Blume und einem Blatt, dem Paradebeispiel für alle Muster und Schnörkel auf den Bussen, Lkws und Rikschas des Landes.

Wir sind in der Geburtsstätte der Monster gelandet, die uns die letzten vier Wochen verfolgt haben, von den Gebirgspässen im Norden bis zum Grenzgebiet zu Afghanistan, in Lahore, an die Grenze zu Indien und bis nach Karatschi. Hinter dem eisernen Tor steht Haider, eine echte Celebrity des Landes. Seine 60er-Jahre-Fliegerbrille mit leicht bläulicher Tönung passt perfekt zum Pagenschnitt. Würde er nicht einen Shalwar Kamiz tragen, könnte man ihn auch in eine Gastrolle neben Atze Schröder packen. Doch ob er seinen Ruf als bester und begehrtester Truck Artist in ganz Pakistan für einen Auftritt neben einem deutschen Komiker mit Perücke aufgeben würde, das wage ich zu bezweifeln.

Haider ist 38 und seit dem siebten Lebensjahr damit beschäftigt, mit kleinen Pinseln riesige Trucks zu bemalen. Gelernt hat er das von seinem Vater, erzählt er uns. Heute hat er nicht nur einen guten Ruf im ganzen Land, sondern auch seinen eigenen Workshop mit Angestellten und einer Warteliste für alle, die ihren Truck von einer normalen Blechbüchse zu einem fahrenden Kunstwerk umbauen lassen wollen.

»Das ist nicht einfach nur Kunst, das ist ein Teil des Lifestyles«, erklärt Ali, als er uns unter der 40 Grad heißen Sonne einen Tee serviert. »Die Lkw- oder Busfahrer sparen jahrelang, um ihr Gefährt von uns verschönern zu lassen. Das gibt ihnen mehr Sicherheit auf den Straßen unseres Landes.«

Truck Art kann man nicht mit unseren deutschen Autostickern, den *Baby-on-board-* oder Sylt-Aufklebern, gleichsetzen. Phool Patti ist ein fester Bestandteil der pakistanischen Kultur und die einflussreichste Kunstszene des Landes.

Zusammen mit Haider werkeln auf diesem Innenhof zehn andere Männer gleichzeitig an verschiedenen Ecken und Kanten eines einzigen Lkws. Der eine macht den Auspuff schick, der andere poliert die Blechplatte, die bald das Fahrerhäuschen verschönern soll. Haider hat die Hauptrolle: Er steht auf einem kleinen Holzhocker. In seiner von einer ganzen Farbpalette gefärbten Hand hält er eine Büchse mit pinker Farbe. Eine Vorlage braucht Haider nicht, die hat er im Kopf. Seit über 30 Jahren ist das sein Alltag, der wohl bunteste im ganzen Land.

Phool Patti hat Potenzial. Das haben Ali und Haider längst verstanden. Zusammen reisen sie um die Welt, um ihre Kunst zu verbreiten. Sie bemalen Botschaften, amerikanische Luxusautos oder verpassen knapp bekleideten Frauen auf dem Burning-Man-Festival ein bunt verziertes Dekolleté.

Auf den Straßen von Pakistan sieht man ganz unterschiedliche Motive auf den Lkws. Das war früher anders. Schon in den 1930ern, vor der Unabhängigkeit, fingen hinduistische Fahrer an, die Konterfeis ihrer Heiligen auf die Laster zu malen. Diese sollten sie auf den scharfen Serpentinen des Landes beschützen. Kurz darauf wurden von den Muslimen, um die ewige Rivalität zwischen den beiden Bevölkerungsgruppen aufrecht zu erhalten, Sufi-Prediger auf die Blechwände ihrer rollenden Häuser gepinselt. Nach 1947 kam es zu einer neuen Revolution der Phool-Patti-Künstler. Denn nach Predigern folgten Militärgrößen und Regierungschefs, und sogar Bruce Lee schaffte es (als erster Nicht-Pakistaner) auf die riesengroßen Lkws.

»Die Lkw-Fahrer und ihre Trucks oder die Busfahrer und ihre Busse sind wie ein Ehepaar. Sie geben alles für ihre Fahrzeuge. Teilweise kosten die Renovierungen und der Umbau Zehntausende von Dollar«, erklärt Ali, der seinen Tee längst ausgeschlürft hat. 10.000 Dollar sind bei einem durchschnittlichen Monatsgehalt von 171 Euro fast 5 Jahre Ersparnis.

Der Lkw in Haiders Hinterhof wird schon seit fünf Wochen verziert. Gute Kunst will Weile haben. Nächste Woche wird er an den Besitzer übergeben, bevor er sich auf seine erste Tour in Richtung Norden macht, 1.900 Kilometer von Karatschi entfernt. Mit dabei ist dann die ganz eigene Geschichte des Fahrers, gepinselt auf eine knapp fünf Meter hohe Blechwand. Eine Geschichte, die von einem Vogel erzählt, der in die Freiheit fliegt, sich in farbigen Schnörkeln verliert und am Ende im Haus des Besitzers landet.

Dazwischen blühen Blumen in kugelrunden Kreisen. Arabische Schriftzeichen verraten Geheimnisse, die uns verborgen bleiben. Nur ein Panorama des Nanga Parbat lässt erahnen, wohin die Reise geht. Die Lkws sind wie fahrende Bilderbücher. Sie erzählen die Geschichten jener Männer, die ihr Leben auf den Fernstraßen des Landes verbringen; die jede Serpentine in- und auswendig kennen und die sich ab und zu mit ihren Kollegen am Straßenrand auf einen Chai treffen und sagen: »Hey, schaut mal meine neue Bemalung an!«

Es ist eine Investition in ihr Zuhause auf Zeit und in die endlos langen Straßen von Pakistan.

Mubarak und das Ende der Welt

MUBARAK

Clemens | Unser letzter Tag in Pakistan sollte ein ganz besonderer werden. Das Ziel, das wir dafür ins Auge gefasst haben, klingt unspektakulär: Mubarak Fishing Village, ein kleines Fischerdorf rund 50 Kilometer östlich von Karatschi, genau dort, wo das trockene Land spitz ins Meer züngelt. Es ist genau das, was wir gerade am meisten nötig haben, eine Verschnaufpause von der Großstadt.

»Mal sehen, ob der alte Uber-Careem-Trick noch funktioniert«, sagt Flo übereuphorisch beim Frühstück, bei dem er ein Sechs-Eier-Omelett so genüsslich verzehrt, als hätte er schon lange nichts mehr gegessen. Er scheint den Smog vom Vortag, der uns drei völlig erschlagen hatte, einfach weggeschlafen zu haben. Fit sieht er aus für unseren letzten Ausflug. Auch kann ich ihm die kindliche Aufregung an seiner Nasenspitze ansehen.

Wie schon in Islamabad bei unserem Ausflug nach Peschawar an der Grenze zu Afghanistan wollen wir also auch heute versuchen, einen Fahrdienstvermittler zweckzuentfremden. Nicht auf illegale Weise, nennen wir es lieber eine Win-win-Situation.

Die Idee: Wir rufen uns ein Auto und geben das entfernteste Ziel an, das möglich ist. Ist der Fahrer erst mal da, steigen wir zu und reichen ihm unser Handy. Der Fahrer schaut kurz verdutzt, wird dann aber von unserem Freund Asif im 1.240 Kilometer entfernten Lahore über unsere Reiseabsichten aufgeklärt. Die Wichtigkeit dieses Jobs ist nicht zu verachten. Ist sein Verhandlungsgeschick nicht überzeugend genug, könnte der Fahrer einen Rückzieher machen. Gespannt lauschen wir, ohne ein Wort zu verstehen. Die Mimik des Fahrers aber spricht Bände. Erst wirkt er überrascht, dann erstaunt, dann nachdenklich und dann – vor lauter Aufregung vergesse ich, beim Zuschauen zu Blinzeln –, dann lächelt er zustimmend. Deal? Deal.

Der Fahrer reicht das Handy zurück an Anne.

»Asif? Was hat er gesagt?«

»Er ist einverstanden. Ihr zahlt den normalen Preis und gebt ihm noch 1.000 Rupien obendrauf. Dann passt das.«

»Okay, wow, cool! Danke, wir melden uns heute Abend bei dir.«

1.000 Rupien, das sind umgerechnet weniger als 6 Euro. Der Fahrer erhält also vielleicht zehn Euro für den Tagesausflug. Bei diesem Gedanken fühle ich mich schlecht. Und wir? Wir teilen uns den Betrag sogar noch mal durch drei. Dafür kriegt man in vielen deutschen Städten gerade mal ein normales Ticket für die S-Bahn.

Wir verlassen Karatschi in Richtung Hafen, wo wir am Abend zuvor mit Azhar und Sajjad über den Fischermarkt spazierten. Monströse Metallkrähne ziehen am Autofenster vorbei. Die Luft wirkt wie eine milchige Suppe, dabei ist es noch nicht einmal 12 Uhr mittags. Allmählich verschwindet Karatschi im Rückspiegel. Wir biegen auf eine Landstraße ab, die uns immer weiter entlang des Meeres führt, nur getrennt von einer Reihe Häuser am Ufer. Unser erster Halt ist Hawke's Bay. Es ist der Ort, an dem die Oberschicht Karatschis ihre freien Tage verbringt. Ein Wochenendhäuschen reiht sich ans nächste, noch nicht jedes ist fertig. Während sich die einen mitten im Bau befinden, haben sich andere bereits wieder in Ruinen verwandelt. Dieser Teil der Oberschicht ist vielleicht gar keine mehr. Andere Häuser könnten genauso auch am Strand von Malibu stehen.

Als unser Auto zum Halten kommt, beachten uns die Bauarbeiter kaum. Ein Hund auf einem halb verwahrlosten Grundstück bellt uns an, als gäbe es noch etwas Wertvolles zu verteidigen. Der Strand ist wie leer gefegt. Gemächlich plätschern die Wellen auf den schmalen Sandstreifen. Hufspuren zieren den nassen Sand. Nebenan platzt der Putz von der Wand.

Auf den nächsten zehn Kilometern wird die Landschaft lebloser und vor allem immer gelber. Die Dunstwolke über uns hat ihr Aussehen verändert. Statt versmogter weißgrauer Luft fahren wir durch einen gigantischen Nebel aus gelb-rötlichem Staub. Nur selten öffnet sich ein kleines Fenster in der Sandwolke. Schaut man genau hin, in exakt der richtigen Sekunde, dann kann man weit oben den azurblauen Himmel erkennen wie ein Loch in einer Decke. Für einen Augenblick höre ich meine Lungenflügel Samba tanzen. Aber nur ganz kurz, dann schließt sich die Wolke wieder.

Die Dörfer sehen genauso aus wie die gottverlassenen Gegenden in den Great Plains der USA, den Bundesstaaten im amerikanischen Nirgendwo, wo man sich allabendlich am Road Stop trifft, die Barfrau mit Sicherheit fettige Haare hat und eine Pumpgun unter dem Tresen versteckt hält für den Fall, dass Störenfriede das gediegene Miteinander aus dem Gleichgewicht bringen könnten. Ich warte noch auf das schief hängende Motel-Schild am Straßenrand. Tarantino würde mit Sicherheit ein guter Plot einfallen.

Die Hütten sind provisorisch zusammengeschustert aus Blech, Stroh und morschen Holzbalken. Vereinzelt stehen verdorrte Büsche in der Einöde. Würde man jetzt einen Glimmstängel fallen lassen, die Landschaft würde in Sekunden lichterloh brennen.

Alle paar Kilometer passieren wir eine Moschee, die oft nicht mehr ist als ein quadratisches, einstöckiges Haus mit einer Halbmondsichel darüber. Manche tragen putzig kleine Minarette. Nicht selten steht neben dem Eingang ein Esel und döst vor sich hin.

Rizwan Ahmed ist Mitte 40 und trägt ein einfaches Hemd, wie man es auf dem Markt in der Stadt für weniger als einen Euro bekommt, und eine Blue Jeans der Marke Diesel. Zumindest steht das drauf. Er fährt einen silbernen Mazda Flair, ein kleines und recht modernes Auto. Jetzt, wo er seine anfängliche Scheu abgelegt hat, scheint er sich über den unerwarteten Deal mit den Touristen sogar richtig zu freuen. Ein kleines Lächeln huscht über sein Gesicht. Auf dem Armaturenbrett liegt ein blauer Gebetsteppich mit gelben und rosafarbenen Nuancen. Musik können wir leider nicht hören, denn dort, wo normalerweise das Autoradio steckt, ist ein großes Loch. Wenigstens funktioniert die Klimaanlage, ein bisschen zumindest.

»Kannst du sie höher stellen?«, fragt Flo vorsichtig vom Beifahrersitz und deutet auf den Regler.

»Nur 30 Grad heute«, erwidert Rizwan Ahmed sichtlich erstaunt und dreht lachend am Rädchen.

Ja, und das im Winter. Der Sommer muss im Süden unerträglich sein.

Hinter der flachen Steppe werden die gewaltigen Bergformationen von Balutschistan sichtbar. Sie bilden die Grenze zur Provinz Sindh. Davor sind riesige Ölraffinerien zu erkennen, ins Nichts gebaut. Unentwegt blasen sie schwarzen Rauch in den dreckigen Himmel.

Wo Industrie ist, sind Sicherheitsanlagen nicht weit. So wundert es mich nicht, dass vor uns ein Checkpoint zu sehen ist. Im Gegensatz zu seinen Ebenbildern in der nördlichen Region Gilgit-Baltistan wirkt er provisorisch zusammengebaut. Ein Wellblechdach schenkt einem simplen Klapptisch Schatten. Daneben sitzen vier Polizisten so zusammengekauert, dass keiner auch nur ein Fleckchen Sonne abbekommt. Worte werden nicht gewechselt, Blicke umso mehr. Dass Rizwan Ahmed Touristen herumkutschiert, stößt den Polizisten auf. Doch zum Aussteigen zwingen sie uns nicht. Der Wegzoll liegt bei 30 Rupien, 0,17 Euro. Unser Kompagnon zahlt sie, ohne mit der Wimper zu zucken, und zwar aus eigener Tasche.

Wir revanchieren uns bei einem Road Stop. ›*Grab a Pepsi*‹, begrüßt uns die von der Sonne ausgeblichene Werbebotschaft von der Hauswand. Wir entscheiden uns dennoch für 7up und dafür, unserem Fahrer eine Pepsi zu kaufen. Am liebsten hätten wir ja Wasser gehabt, aber das gibt es nicht, so groß ist die Übermacht der US-amerikanischen Softdrink-Giganten im entfernten Pakistan.

Alle Kioske entlang der Strecke sind komplett in Pepsi-Blau gehalten. Kundenbindung mal anders. Während die Coca-Cola Company seit Jahrzehnten ganz Afrika mit kostenlos zur Verfügung gestellten Barschildern und Blechwänden vollpflastert – natürlich samt ikonischem Logo –, hat sich Pepsi das Umland von Karatschi gesichert. ›Schnapp dir eine Pepsi‹, eine Aufforderung, die sich in Anbetracht des nicht vorhandenen Angebots an Alternativen als unausweichlich herausstellt.

Rizwan Ahmed nimmt die Pepsi, die wir ihm reichen, nur widerwillig entgegen und stellt sie in seinen Fußraum, ohne auch nur einmal daran zu nippen.

Der nächste Checkpoint wirft unsere Pläne erst einmal über den Haufen. Die Soldaten weisen uns nett, aber bestimmt darauf hin, dass wir an dieser Stelle nicht weiterfahren dürfen. Die Küstenstraße sei für Zivilisten gesperrt: Ein umzäuntes Militärgebiet liege vor uns. Wir haben aber Glück, denn unser Fahrer und seine pakistanische Navigations-App auf dem Handy kennen noch einen anderen Weg nach Mubarak. Dieser führt uns weiter ins Landesinnere, auf eine

Straße, die zwischen gut befahrbar und völlig unzumutbar variiert. Mal müssen wir 20 Zentimeter hohen Bodenschwellen ausweichen, mal Schlaglöchern, so groß wie Wassereimer. Während sich Rizwan Ahmed wie ein Crossfahrer an seinem Lenkrad festkrallt, rappelt es im Auto, dass mir schlecht wird. Die Augen immer auf dem Horizont lassen, sage ich zu mir selbst.

Eine weitere halbe Stunde später fühle ich mich so durchgerüttelt wie zuletzt nach der Wilden Maus auf dem Hamburger Dom. Aus dem Horizont, den ich im Auge behalten wollte, ist das Meer geworden oder das, was der Dunst davon übrig lässt.

Am Ende dieser unsäglichen Buckelpiste, nach vielen Kilometern in der Smogwolke von Karatschi und einem im Sand versinkenden Umland endet die Landzunge wie eine Sackgasse im Arabischen Meer. Sanft schmiegt sie sich an das letzte Dorf: Mubarak. Der erste Eindruck ist wie vom Ende der Welt.

Wir halten auf einem staubigen, unscheinbaren Platz. Keine Menschenseele ist zu sehen. Also erkunden wir den Strand, wo wir zumindest auf zwei Hundeseelen treffen, zwei sehr junge, mit runden Stupsnasen und zu kurz geratenen Beinen. Verspielt hüpfen sie über den Sand und verbringen die Zeit damit, sich Flöhe vom Fell zu kratzen. Dann zanken sie sich um Treibgut: ein etwa handflächengroßes Stück Styropor.

In einer verschlafenen Bucht liegen etwa ein Dutzend 30 Meter lange Holzboote vor Anker. Auf manchen sind Fischer damit beschäftigt, ihre Netze einzuholen. Anders als am Clifton Beach wirkt das Meer sauber. Nur vereinzelt lassen sich Plastikflaschen im Wasser erspähen.

Im Dorf reiht sich eine zerfallene Baracke an die andere. Entweder handelt es sich um simple Strohbehausungen oder um kleine Steinhäuser, deren Fassaden seitlich einen Schriftzug tragen: ›*Grab a Pepsi!*‹

»Hallo!«, ruft eine piepsige Stimme. Noch bevor ich herausfinden kann, woher sie kommt, ergänzt sie den Willkommensgruß auf Arabisch: »*As-Salamu alaikum!*« – der Friede sei mit euch! Hinter einer der Werbebotschaften gucken drei Jungs hervor, nicht älter als zehn Jahre.

»*Wa alaikum as-Salam*«, erwidern Anne und ich den Gruß, als hätten wir uns abgesprochen. Frieden auch mit euch.

Schon springen sie uns mit ausgestreckter Hand entgegen. »Hallo, *Sir!* Hallo, *Ma'am!*« Sie sind ganz außer Atem. In ihrem Gesicht tragen sie ein Grinsen, so offen und echt wie eine Siegestrophäe. »Kommen Sie mit …«

Wir landen im Gemeindehaus. Es ist eines der größeren Steinhäuser, das wie ein Local Pub wirkt, nur ohne Alkohol. In dem kleinen Raum ist ein Kiosk, hinter dem ein älterer Herr kauernd auf einen Kunden wartet. Der einzige Erwachsene in den vier Wänden grüßt uns mit einem dezent angedeuteten Heben der Mundwinkel. Allein sind wir aber dennoch nicht.

Um einen Spieltisch herum stehen 15 Kinder ganz unterschiedlichen Alters, wobei der jüngste Stöpsel vielleicht drei Jahre alt ist. Ein Teen lässt gerade einen Gleichaltrigen ziemlich alt aussehen, nämlich bei einem traditionellen Spiel, das wir noch nie zuvor gesehen haben: Carambol. Wir müssen ein paar Spielzüge zuschauen, um die Regeln zu begreifen. Ziel ist es, mit einem runden Gegenstand einen puckartigen Ball über die Bande zu spielen und runde Bausteine in ein Loch zu katapultieren. Dabei wird wild gestikuliert und die Aktionen beider Spieler genauestens beobachtet, auch von den ganz Kleinen. Alle schauen gebannt zu und lachen bei jeder Bewegung lauthals los.

Durch zwei Fenster auf der dem Meer zugewandten Seite scheint die Nachmittagssonne. Sie durchflutet den Raum mit einem warmen, einladenden Licht. Erst jetzt fällt mir auf, wie schick gekleidet die Kinder sind. Die meisten tragen einen Shalwar Kamiz, aber in einer schönen Variante, die wie die frisch gebügelte Sonntagsversion aussieht. Besonders die Jungs treten mit einer bemerkenswerten Grazie auf. Sie haben hübsche, markante Gesichter.

Immer öfter wenden sich vor allem die kleineren Zuschauer vom Tisch ab und beobachten uns. Ein Junge, etwa acht Jahre alt, ist der mutigste. Seit unserer Ankunft tummelt er sich bei uns am Fenster. Seine Augen pendeln zwischen mir und dem Meer hin und her.

»Hallo!« Er grinst und zeigt auf ein kleines Fischerboot in der Bucht. »Das ist mein Vater, das will ich auch machen«, erklärt er mit strahlenden Augen. »Fischer!« Dazu reißt er seine Augen weit auf. Sie glühen vor Neugier und Vorfreude. Als wolle er seine Aussage noch mal unterstreichen, zeigt er hinaus in die Bucht. Sein kleiner Körper reicht nur mit Mühe über das Fensterbrett.

Er dreht sich um und zeigt mit dem ausgestreckten Finger auf einen anderen, etwa gleichaltrigen Jungen. »Er geht nicht in die Schule … Er ist schon Fischer.« Dabei strahlt er über das ganze Gesicht, als wäre genau das sein allergrößter Traum. Wer braucht schon die Schule, wenn er Fischer sein kann? Recht hat der kleine Mann ja irgendwie.

Auf der anderen Seite des Raumes sitzt Anne auf einer Holzbank und grübelt immer noch über die Sonderregeln des Spiels. Ich sehe, wie ein Mädchen sie anspricht, und höre ihr gutes Englisch.

»Sie ist meine Tochter«, ruft der Kioskverkäufer von hinten. Eine ordentliche Portion Stolz ist nicht zu verkennen.

Anne | Shabana ist zwölf. Ihre Gesichtszüge werden von einem pastellfarbenen Seidenkopftuch eingehüllt. Schüchtern reicht sie mir ihre Hand. Sie ist das einzige Mädchen unter all den Kindern, die in der kleinen Hütte ihres Papas am Nachmittag spielen und überzuckerte Getränke schlürfen. Shabana gehe gern in die Schule, am liebsten sei sie im Englischunterricht, das möchte sie später auch einmal machen. Und ich bin mir sicher, dass sie das auch schaffen könnte. Ihr Englisch ist dialektfrei und grammatikalisch so, wie es sich meine Englischlehrerin von mir in der siebten Klasse gewünscht hätte. Ich verrate Shabana, was wir in Pakistan bisher gemacht haben und dass wir morgen abfliegen werden. Sie legt ihren Kopf traurig auf die Seite.

»Aber du kommst wieder, oder?«, fragt sie, bevor sie ein paar Münzen über den Tresen des Kiosks ihres Papas schiebt und eine Tüte Bonbons bekommt. Business bleibt Business, auch in der Familie.

»Ja, klar komm ich wieder«, rufe ich Shabana zu, als sie schon fast aus der Hütte verschwunden ist.

Clemens | Flo hat es geschafft, die Aufmerksamkeit aller Kinder auf sich zu ziehen. Sie stehen im Kreis um ihn herum und verfolgen begeistert seine Bewegungen. Er führt einen Handtrick vor, bei dem er seinen Arm ausstreckt und dann roboterartig hin und her faltet. Die Kleinen brechen bei jeder neuen Bewegung in schallendes Gelächter aus, ein so ehrliches, befreites Lachen, wie es nur Kinder können. Und dann versuchen sie, Flo nachzumachen.

Das ist er also, der letzte Tag in Pakistan. Wir stehen am Ende der Welt in einem verschlafenen Fischerdorf am südlichsten Zipfel des Landes. Wir spielen Spiele mit einer Gruppe Kinder, während ihre Väter in der Bucht die Netze einholen. Wir lauschen den großen Zukunftsplänen eines Achtjährigen und dem sanften Plätschern der Wellen des Arabischen Meeres.

Beim Verabschieden wird jedes Kind von uns gehighfivet. Die Hand mit allen Fingern nach oben zu strecken, um abzuklatschen, das scheinen sie noch nicht zu kennen. Aber sie steigen sofort darauf ein. Jeder will mal abklatschen: einmal mit Flo, einmal mit Anne und einmal mit mir. Die Gender-Regeln der Erwachsenen haben für die Kids noch keine Bedeutung. Wie eine kleine Armee stehen sie nebeneinander. Keiner kann es abwarten, an die Reihe zu kommen. Und so stehen sie auch noch da, als wir abfahren und durch die weit geöffneten Fenster des Mazdas winken, als würden wir alten Freunden Lebewohl sagen.

Leb wohl, Mubarak, leb wohl, kleiner Fischer!

Alle stehen in Reih und Glied und winken und winken, bis wir am Horizont verschwinden.

TK709: Ein Abschied in Weiß

KARATSCHI

Clemens | »Zum Flughafen?« Der Fahrer weiß genau, wohin es geht, schließlich zeigt es ihm die App seines Handys an. Es ist unser letzter Morgen in Karatschi, der letzte Tag unseres Abenteuers. Die Zeiger meiner Armbanduhr zeigen auf 4:32 Uhr und ticken damit schon zuverlässiger als wir. Wir sind gerade erst aus dem Bett gefallen.

Die Straßen wirken genauso verschlafen. Keine Menschenseele ist unterwegs. Eine Katze hat sich auf einer Motorhaube eingerollt und schläft selig. Erst auf dem Highway sind andere Autos unterwegs.

»Euer letzter Tag in Pakistan?«, will der Fahrer wissen.

Wir nicken träge.

Er aber löchert uns mit Fragen, gerade so, als hätte ihn jemand geschickt, um uns unseren Trip Revue passieren zu lassen. Wo wir überall waren, will er wissen, und wo es uns am besten gefallen hat. Dann fragt er, ob wir in Pakistan etwas Verrücktes erlebt haben.

Die letzten Wochen waren so verrückt, er könnte mit uns von Karatschi bis zum Nanga Parbat fahren, wir hätten sogar genug Erzählstoff für die Rückfahrt. Natürlich kommen wir nicht einmal bis Peschawar, da passieren wir schon die Zufahrt zum Jinnah International Airport.

»Wenn ihr wieder da seid, ruft mich an«, sagt er in einem kumpelhaften Ton. »Und erzählt der Welt, wie schön Pakistan ist!«

Es dauert keine Viertelstunde, bis wir das Gepäck aufgegeben, die Sicherheitskontrolle und das Ausreiseprozedere hinter uns gebracht haben. Es ist viel los: Die Abflughalle ist gefüllt mit Familien, Geschäftsmännern und Pärchen, die den Geräuschpegel nach oben treiben. Mehr und mehr füllt sie sich mit Passagieren wie der Himmel vor der hohen Glasfront mit Farbe.

Auf der Suche nach einem Sitzplatz am Gate 5 fällt mir das Ziel des Nachbargates ins Auge: Der Flug geht nach Dschidda in Saudi-Arabien, jene Stadt, die als Tor zu Mekka gilt. Erst jetzt sehe ich die Passagiere, die vor der Absperrung stehen, ins Gespräch vertieft. Wie schon bei unserer Ankunft in den frühen Stunden am Flughafen von Islamabad sind es gläubige Muslime auf der Haddsch, der Pilgerfahrt in die heiligste Stadt des Islams. Wie vor vielen Wochen sind auch jetzt alle in weiße Gewänder gekleidet, die ihnen bis zu den Knöcheln reichen. Ihr Murmeln erfüllt die ganze Halle.

Dann höre ich noch etwas, ein lautes Räuspern von der Decke. »Hrhm!« Und noch mal: »Hrhm!« Wie auf ein Kommando kommt die weiße Masse in Bewegung. Keine Minute später knien sie auf dem Boden, ihre Köpfe zeigen alle in die gleiche Richtung. Dann ruft es von Seite zu Seite, in einem gesungenen, melancholischen Ton: »*Allaaahu ... akbar!*« Die Köpfe gehen zu Boden. Alles kniet, außer uns.

Mitten im Klangteppich hallt ein letztes Räuspern durch die Halle: »Hrhm … TK709 nach Istanbul ist jetzt zum Einsteigen bereit.«

Danke und *shukria!*

Ein Buch zu schreiben war immer unser Traum. Klingt kitschig, ist aber wirklich so. Ein Buch über eine Destination zu schreiben, die uns so gepackt hat wie Pakistan, hat dem Ganzen noch mal die Krone aufgesetzt. Wir hätten uns kein besseres Thema für unser allererstes gedrucktes Werk vorstellen können. Aber vor allem hätten wir uns keine besseren Weggefährten vorstellen können. Denn mal ehrlich: ein Abenteuer in Eigenregie? Das geht nur selten gut.

Ein riesengroßer Dank geht an unseren Schweizer Sherpa Flo, der uns kurz nach unserem Kennenlernen nicht nur das gesamte Gepäck abgenommen, sondern uns vor allem den Berg hoch- und auch wieder heruntergeprügelt hat. Man sollte immer mit einem Flo reisen!

Auch möchten wir uns beim gesamten Team unseres Gasthauses in Islamabad bedanken. Ja, wir kamen wie zwei zerstreute Professoren ohne Plan und Idee von unserer Pakistan-Reise bei euch an. Und, ja, ihr habt vieles überhaupt erst in die Wege geleitet. *Shukria!*

Mina und Abdul, ihr wart die weltbesten spontanen Reiseführer in Islamabad. Am ersten Abend in Pakistan direkt an Leute wie euch zu geraten? Das wünschen wir wirklich jedem, der in euer Land reist. Ihr seid toll!

Eine ganz besonders feste Umarmung geht an die Rosenmänner. Ohne euch hätte Anne ganz sicher nicht schon als kleines Kind von Pakistan geträumt. Danke, dass ihr uns in eure Welt entführt habt.

Asif, du verrücktes Huhn. Ganz ehrlich, wir haben noch nie jemanden so schnell reden gehört wie dich. Uns auf Biersuche durch Lahore zu schicken, das kannst echt nur du bringen, und doch hatten wir mit dir einen der kuriosesten Abende der gesamten Reise. Du bist und bleibst ein Freund, der uns auch mitten in der Nacht noch bei Urdu-Übersetzungen hilft.

Azhar und Sajjad, ihr habt uns gezeigt, was es bedeutet in Karatschi zu leben. Insider wie euch in einer 18-Millionen-Stadt an der Seite zu haben ist Beste, was einem passieren kann.

Ein großes Dankeschön geht auch an Haider und Ali, die uns in den Speckgürtel von Karatschi gebracht haben. Wir sind immer noch froh, dass wir keines eurer Phool Patti Gemälde versaut haben – puh!

Und auch sonst möchten wir all den lieben Menschen danken, die wir unterwegs getroffen haben. Das geht bei den Taxi-, Uber- und Careem-Fahrern los, die uns mal auf legale und mal auf halblegale Weise in die unterschiedlichsten Ecken des Landes gebracht haben. Es geht weiter mit den Polizisten und Rangern, die sogar unsere Hand genommen haben, als die Lunge einfach nicht mehr wollte. Bis hin zu all den Kids, die uns mit ihrem herzlichen Lachen immer wieder willkommen geheißen haben – *shukria!*

Aber auch auf der anderen Seite der Welt gibt es einige Leute, ohne die das Buch nie in deinen Händen liegen würde. Danke an den CONBOOK Verlag, an Artur und an Svenja und vor allem an Matthias, der schon von Anfang an an dieses Buch geglaubt hat.

Und danke an unsere Familien! Dafür, dass ihr euch für uns den Kopf zerbrecht und trotzdem immer für uns da seid. Es tut uns leid, dass ihr durch uns immer wieder neue graue Haare bekommt, wirklich.

Und zu guter Letzt: Danke an dich! Denn du bist genau wie wir ein Reiseverrückter, der Lust auf Abenteuer hat. Sonst würdest du dieses Buch nicht in den Händen halten.

 # Alle Pakistan-Lektionen gibt es hier im Überblick:

Inhaltsverzeichnis

Prolog 7

Pakistan? Das ist doch verrückt 9

Destination: Unbekannt 13
ISLAMABAD

Der Schwarze Afghane 25
ISLAMABAD

Freundschaftsanfrage versendet 31
ISLAMABAD

Inside Islamabad 45
ISLAMABAD

Zu Besuch bei Osama bin Laden 51
RAWALPINDI

Der Zehn-Stunden-Stau 59
CHAKAI

Im Land der Taliban: Geh mit Allah, aber geh 65
GILGIT-BALTISTAN

Old Shatterhand in Bollywood 73
RAIKOT BRIDGE

Die gefährlichste Straße der Welt 81
FAIRY POINT

Nanga Parbat: Mein Schicksalsberg 85
FAIRY MEADOWS

Der Morgen danach. 95
FAIRY MEADOWS

Mit Blaulicht durchs Rebellengebiet 101
GILGIT-BALTISTAN

Salam, Afghanistan! 111
PESCHAWAR

Säbelrasseln in der Lamm-Manege 119
PESCHAWAR

Im Labyrinth der Särge. 125
PESCHAWAR

Der Rosenmann vom Alexanderplatz 129
ISLAMABAD

Nächster Halt: Koranschule. 135
ZUG NACH LAHORE

1.000 Prozent Pakistan 141
LAHORE

Lahores Herz ist blutrot 145
LAHORE

Schrein nach Liebe 155
LAHORE

An der Grenze zum Wahnsinn 163
WAGAH (PAKISTAN)/ATTARI (INDIEN)

Schnapsideen brauchen keinen Alkohol 177
LAHORE

Bier gewinnt 183
LAHORE

Hinter dem Delhi Gate links 189
LAHORE

Im Rotlichtviertel 195
LAHORE

Happy birthday, Mohammed! 201
LAHORE

Plötzlich Terror. 203
BAHAWALPUR

In Polizeigewahrsam 211
BAHAWALPUR

Vergessenes Weltkulturerbe. 217
BAHAWALPUR

Sightseeing mit Bodyguards 225
BAHAWALPUR

Eine neue Hoffnung 231
BAHAWALPUR

Im Moloch von Karatschi 235
KARATSCHI

6:03, Sunset Time 245
CLIFTON BEACH, KARATSCHI

Love Hotels auf Rädern 249
KARATSCHI

Lkws so bunt wie Smarties 257
KARATSCHI

Mubarak und das Ende der Welt 263
MUBARAK

TK709: Ein Abschied in Weiß 273
KARATSCHI

Danke und *shukria!* 277

Die ungeschönte Wahrheit über das Reisen

Reisen erweitert bekanntlich den Horizont, doch wer weiß schon, dass man sich auf der Fähre in den Ruin telefonieren kann? Dass im Fall der Fälle nur die wenigsten Länder einen Rettungsdienst haben? Auch über die Regeln beim Kampf um den besten Sitzplatz auf Gruppenreise sind sich die meisten nicht im Klaren und müssen zur Strafe zwei Wochen lang ganz hinten sitzen.

Erfahren Sie, warum es keinen Platz zurück aus der Ersten Klasse gibt, warum Rollkoffer uncool sind und Luxushotels in manchen Ländern der unsicherste Ort der Stadt sein können – und natürlich, warum Reisen trotzdem richtig Spaß machen kann.

Françoise Hauser
Was Sie dachten, NIEMALS über das REISEN wissen zu wollen
55 unwillkommene Einblicke unterwegs

ISBN 978-3-95889-337-5
ISBN 978-3-95889-346-7

Der neue Ratgeber fürs Reisen mit Kindern

Was braucht man, wenn man mit kleinen Kindern groß verreisen will? Sonnencreme, Schwimmflügel und eine Handvoll Valium? Oder einfach nur ein bisschen Mut und die Entscheidung, endlich loszuziehen? Reisen mit Kindern ist nicht nur möglich, sondern ein ganz besonderes Abenteuer.

Davon ist Gabriela Urban überzeugt. Zusammen mit ihrem Sohn hat sie 35 Länder bereist – darunter Sri Lanka, Guatemala und Albanien. In ihrem neuen Ratgeber lässt sie die Leserinnen und Leser an ihren eigenen Erfahrungen teilhaben und zeigt, wie mit ein bisschen Planung und einer großen Portion Gelassenheit das Reisen mit Kindern zu einem wundervollen Erlebnis wird.

Gabriela Urban
Wenn ich groß bin, werd' ich auch ein Machu Picchu
Ein Mut machender Ratgeber fürs Reisen mit Kindern

ISBN 978-3-95889-187-6
ISBN 978-3-95889-358-0

CON BOOK.